中国问题报告

China's
Problems

许　明／主编

中 国 问 题 报 告

现代化的陷阱

——当代中国的经济社会问题

何清涟／著

今日中国出版社

"现代化规律——这是任何指导现代化事业的人不能不研究和不能不解决的问题；

社会主义现代化的规律——这是任何指导社会主义现代化事业的人不能不研究和不能不解决的问题；

中国社会主义现代化的规律——这是任何指导中国社会主义现代化事业的人不能不研究和不能不解决的问题。"

邓小平同志创立的中国特色的社会主义理论，正是指导中国社会主义现代化事业的基本理论。在邓小平理论的指引下，中国社会主义现代化事业取得了举世公认的成就，中国现代化事业正在昂首阔步地前进。在前进的同时，新情况、新问题不断涌现，这是生活的辩证法，历史的辩证法。邓小平同志对我们的教导是："研究新情况，解决新问题。"解决了新问题，必将是中国社会主义现代化事业新的前进。

了解中国！中国人是否已经真正了解了或者说透彻了解了自己的祖国？

了解中国社会主义现代化事业面临的种种问题！我们这代正在献身这一伟大事业的中国人是否已经真正了解了或者说透彻了解了自己的问题？

真正了解和透彻了解了问题是解决问题的起点，或者正如许多巨人所说是解决了问题的一半。这是中国人历史性的命题。特别是，正如江泽民同志一再指出的，当前中国正处在中国社会主义改革、中国社会主义现代化建设的"关键阶段"、"关键时刻"，这个历史性命题尤其显得重要，显得紧迫。

为什么是关键时刻？至少有下面几重含义：

一、21世纪即将来临。21世纪竞争将更加激烈，形势将更加复杂多变，中国以什么样的姿态进入21世纪，中国能不能在21世纪屹立先进民族之林，现在是打下基础的关键时刻。

二、中国的社会主义改革,中国社会主义现代化事业,经过将近 20 年百折不挠的努力和持续渐进的推行,现在已经到了质的飞跃的关键时刻。能否完成这一质的飞跃,将决定中国社会主义现代化事业的成败。

三、在中国社会主义改革和现代化建设取得辉煌成就的同时,也出现和积累了许多问题,现在也已到了非要解决这些问题的关键时刻了。如果不能顺利解决这些问题,就可能成为中国社会主义现代化事业前进的羁绊。

正是在这样的"关键时刻",一群以青年学者为主体的各个专业研究有素的专家,他们虽然不是指导中国社会主义事业的人们,但是"位卑不敢忘忧国",聚集一堂,组织撰写了《中国问题报告》系列丛书。这是中华民族的优秀文化传统,也是中国社会主义民主的崭新体现。

我不敢说他们所提问题都十分准确,观点都绝对正确。万事开头难。即使先行者的错误,也会是后继者正确的先导。因此,我敢说,这是一项有重大价值的工程,是一切关心中国社会主义现代化事业的人值得认真关心的事业。

中国社会主义现代化的问题和规律,无法也不可能依靠别人来解决,只有脚踏实地地站在中国大地上为中国社会主义现代化卧薪尝胆地耕耘的人们,才可能真正认识、透彻了解和认真解决它。

历史已经显示,并将越来越证明,1997 年是中国命运的关键一年。让我们在以江泽民为核心的中国共产党领导下,奋勇前进吧。

刘 吉

1997.1.13 深夜于五乐斋

主编的话

　　牛年伊始,我受邀参加全国青联组织的"青年志愿者扶贫团"赴河南南部山区。对我这样一个书斋学者来讲,切身感受一下中国开放改革的现实进展,遭遇一下生活中涌现出来的各种问题,这正是盼望已久的机会。

　　初春还是那么寒冷,南下的火车带我们一行驰过辽阔的中原。出京门,过邯郸,下南阳。中原古地,当年金戈铁马厮杀的疆场,如今成了中国社会主义现代化发展的腹地,成了中西部发展对比的试验场所。而这里,正是当年小平同志率刘邓大军数十万兵马进行中原逐鹿的主战场。在本世纪的下半叶,正是小平同志领导了发生在这块土地上的第二次"决战"——不过,这次他是全局的总指挥。

　　我们正是,也不过只是这次中国迈向社会主义现代化决战中的普通的一员。我们的生命与它相联,我们的荣辱与它相关,我们的信念被它所溶化,我们的志向被它所感染。

　　南下的一路上,我想着我们这套书。在筹划这套书的时候,我们的目的是非常明确的:回答改革进程中遇到的热点、焦点、难点问题。我们有责任,因为我们是职业理论工作者。十多年中,我们的学者浸润在这一个个充满挑战和诱惑的领域中,思考着,研究着,阐述着,与祖国的现代化进程同呼吸,与小平指引的改革总战略共命运。

改革18年了,我们亲身经历了发生在中华大地上的这场伟大的变革。与前苏联的那种败家子式的"改革"相比,我们作为中国人不禁为自己拥有邓小平这样成熟的杰出的领导人感到自豪。邓小平挽救了社会主义的命运,从文革的灾难性后果中挽救了中国。

正如不少作者所论述、所预料的,我在河南南部的县里与干部群众座谈中了解到的问题,是那么迫切地要求有个明确的说法——社会主义市场经济是什么? 与西方的市场经济区别在哪里? 提出中国特色的社会主义的历史理据是什么? 今天的意识形态战略要增添什么新的内容? 国有企业效益下滑,它的出路在何方? 我们的500家大企业的总销售额还不及日本三菱一家,为什么? 下一个世纪,中国还能养活自己吗? ……这些问题,正是日夜困扰着我们的啊! 不仅领导者,不仅理论家,而且茶前饭后,在普通老百姓的饭桌上,我们也常常听到对这些问题的议论。因为它们与我们的生活息息相关,与每一个中国人的命运息息相关。

在组稿写作过程中召开过几次全体作者的会议。这些作者都是本行业的佼佼者,有的是中国社会科学院的博导、所长、副所长,但大家坐在一起讨论这些话题的时候,年无长少,学无先后。大家深切感受到了小平同志开创的中国特色的社会主义道路的正确和英明,体会到中国取得今日之发展和成就来之不易。我们要万分珍惜这一历史机遇,为小平同志开创的、以江泽民同志为核心的第三代领导集体所继承的社会主义改革事业添砖加瓦,维护它健康地朝前发展。这是我们这群作者的共识。在今日中国的言论空间很大、立场多元的情况下,我们不隐讳自己是社会主义的改革派,或是改革的社会主义者。也就是说,我们反对各种极端立场,抱着解决问题的、建设的心态面对我们的各种问题。左和右的极端都会将中国引向灾难。

正是基于这一立场,我们的学者从掌握的大量材料出发,有理有据地叙述了当前改革遇到的关键问题,并试图从解决这些问题的态度出发,提出了种种选择。我们怀着与大多数中国人一样的心情,企盼着社会主义改革的成功。我们从自己的研究出发,企图告诉我们的读者:

中国的改革是社会主义运动史上的创举,是中国共产党人对世界文明作出的一大贡献;

改革进程中必然会出现一些问题,新旧体制调整必然会发生冲撞。我们的任务是积极地去解决它、克服它,而不是因此消极对待它。

我们要告诉我们的读者,我们在日常生活中感知到的问题的真相是什么?比如失业问题,它为什么产生?它在整个改革进程中的轻重如何?在社会主义制度下我们应对的办法是什么?学界提供的思路有效性怎样?从全局上了解一个问题的来龙去脉,就不会轻易地情绪化地去对待了。

问题暴露得越彻底,展现得越深刻,说明改革发展越是走向纵深。这给一切实践者和理论工作者提供了用武之地和发挥自己聪明才智的机会。当年刘邓大军千里挺进大别山,就是为了解决解放战争相持阶段的难点问题。道理是一样的。丛书所描述和展现的诸多问题,个个是难点,不可能有现成的答案。实践正在进行,实践还没有结束。我们作为理论工作者,有责任、有义务对这些问题研究、论述,提供解决问题的种种选择,不仅可供领导者参考，而且也可供广大群众了解中国当代的历史进程，如果可能，也可起到解疑答惑的作用。把前景和希望告诉群众，把困难和问题告诉群众，这就是将社会主义改革的命运与亿万人的自身利益结合在一起。邓小平同志正是这样做的。

作为社会科学工作者，我们的职责就是研究社会，特别是研究当代中国。但囿于学科分工，我们一直缺少这样的机会聚集一堂，从多学科的角度来探讨这些问题。现在，今日中国出版社提供了这样的机会，使我们可以一册在手，全貌在胸。出这样的书，实在是好主意，好举措。

最后，我想说明一点，中国的学者谈论中国问题是应尽之职。这部书的作者虽然政治倾向相似，但由于视点不同，知识背景不同，论述问题的提法可能会有差异，也可能有不妥之处，祈希读者提出批评。

丛书组稿的时候，正逢我们敬爱的邓小平同志逝世。一代伟人与世长辞，但他开创的事业将会永存。我想，作为理论工作者，我们尽可能地将前进道路上的问题研究透彻，阐述明白，给老百姓一个"说法"，为各级领导同志的决策提供一种参考——这是最好的纪念吧！

许　明

1997.3.28 于北京建内 5 号

目　录

知耻者为勇，思索痛切才会领悟深刻。可以说，改革的更大成功，有赖于反思的深度和广度。

改革进入"深水区"以后，大家才发现，所有被小心翼翼绕开的问题，最后形成了一种滞后效应，累积成今日无法避开的社会矛盾。

在权力市场化作用下由资源分配所造成的收入差距，其后果的严重性远远超出了国民收入的分配所造成的差距。

只要劣币与良币等值，只要现存体制不能使手持劣币者受到惩罚，人们便不会奉公守法。

导　　论

两个多世纪以来，社会主义理想一直作为资本主义制度的忠实批判者而存在，计划经济体制就是这一理想在特定时期的经济实践。从本世纪 70 年代起，实行计划经济体制的国家都先后踏上了改革之途，但由于各国的国情不同，也就决定了改革的起始点相异，终极目标有别，取得的成效也大不一样。

计划经济体制最明显的缺陷是在对资源巨大浪费的同时，出现了严重的物资匮乏，凡实行计划经济体制的国度都曾为这一问题深深苦恼。从目前的情况看来，只有中国才成功地通过改革摆脱了短缺经济的困扰，在短短10多年间，从一个物资匮乏的社会迅速成为一个相对丰裕的社会。对于中国人来说，那种购买任何生活必需品要凭票证的日子已成了似乎非常遥远的回忆。这样巨大的经济成就，无疑值得全体中国人深深为之骄傲。

回首18年经济改革，走过的道路崎岖曲折，取得的成就举世瞩目，但教训也相当痛苦深刻。行将进入改革向纵深拓展的关键时刻，有必要对改革中出现的问题进行深刻反思。这种反思的目的是促进改革向纵深拓展，而不是否定改革。知耻者为勇，思索痛切才会领悟深刻。可以说，改革的更大成功，有赖于反思的深度和广度。

转轨时期的政治经济学问题

本书是作者从中国18年改革的经验性体验出发，在占有大量实证材料(包括作者本人搜集而得的许多调查材料)的基础上，对中国的现实经济问题进行分析的著作。它所分析的对象，不是整个改革的全部过程，而只是在权力介入市场前分配的情况下，对中国财富流向及资源分配起作用的"灰色分配"以及社会对"灰色分配"的不良反应，同时剖析了一些对中国未来发展必然起制约作用的经济社会问题，这些问题如不及时探讨并厘清，有可能成为阻碍改革深化的极大障碍。它预想的读者不只是学术界同仁，而是一切关心中国改革的人士。本书在写作上没有采用一般读者难以读懂的纯学术语言，相信所有的知识分子都能毫无困难地阅读这本书并理解作者所要提出的问题。

纵观世界历史，改革无非是通过两种方式进行，一是通过法律或政府命令强制性地修改旧制度，实行制度创新；二是通过部分人自发地追求个人利益，导致旧社会结构进行调整。在我国来说，这些年的改革是两种方式的结合。政府用第一种方式发动并推进了改革，促使中国走上了现代化之路，而与此同时少部分人利用权力开始了自发私有化进程。

中国的经济改革所取得的成绩世所瞩目，但在10多年转轨过程中所暴露的种种问题却也说明了一个事实：有关转轨问题的分析家们严重低估了非经济约束因素对于改革的影响。和前苏联东欧相反，中国改革走的是一条由易到难、由浅入深、从体制外围到体制内部的路子。当时的设想是，走这样一条路子，可以避开矛盾并容易为社会各界所接受。然而实际情况并非完全如此。在改革进入"深水区"以后，大家才发现，所有被小心翼翼绕开的问题，最后都形成了一种滞后效应，累积成今日无法避开的社会矛盾。而由于当时一些特定的历史因素所要回避的一些社会转轨时期的政治经济学问题，这时候却深深困扰着中国思想界人士。避开经济学这个大家族的心脏地带即政治经济学，去建构经济学理论框架，实际上使很多带有根本性质的问题得不到正确梳理，经济学也因此被许多人文学者斥之为"没有良心"。

所谓转轨期的政治经济学问题，就是研究中国社会转轨期资源配置的全过程及决定和影响资源配置方式的全部因素，它要揭示的是在社会变迁过程中人和物之间关系变化的实质，其中一个主要方面就是如何清理计划体制留下的遗产问题。计划经济体制留下的遗产很多，从资源的管理配置到财富的生产、分配，几乎无所不包。其中对今天影响最大的遗产主要有下列几项：

第一项遗产即资源的管理配置问题。由于历史原因，我国现在的市场经济体制只能称之为"模拟市场经济体制"，它和真正的市场经济体制的区别在于一点：市场经济体制中，资源配置的功能由市场这只"看不见的手"承担；而我国由于种种无法规避的历史原因，在目前这种"模拟市场经济体制"中，资源配置的功能却是由政府部门在承担。在转轨期，变形的权力之手介入资源配置，导致腐败现象丛生，寻租活动猖獗。所谓分配不公，其实不是体现在国民收入的一次分配、二次分配中的不公，而主要是资源分配和占有（即市场前权力分配）的不公。目前这种财富占有格局的不公，归根结底，不是由国民收入分配不公引起的，而是由于资源的分配、占有及使用不公而引起的。

第二项遗产即庞大的国有资产的处理问题。中国在所有制问题上走的是这样一条道路，用形象的话来说，就是避开国有资产这一辆旧车，另外造了一辆新车，即发展了私有、民营、中外合资这些新的经济成分，形成了现在的综合经济体制，而庞大的国有资产却处于不断流失当中。

前18年的改革成本主要是中央政府承担，先吃计划经济时代留下的老本，后借外债内债。可以说，在80年代及90年代最初一两年，全体中国人在吃计划经济老本时，或多或少都得到利益。但问题是转轨期的资源配置方式与国有资产管理方式有严重缺陷，这就使得掌握庞大社会资源的政府及国有资产成为各种利益集团寻租的"猎物"。故此我国在理论上坚决反对私有化的同时，因没有有效地阻止腐败现象的蔓延，少数权力的不法使用者却利用权力系统的机制缺陷完成了资本原始积累。这条道路和东欧国家的"奉送私有化"的寻租方式有所不同，但结果却相差不大：财富最终都集中在少数人手中。这就牵涉到一个问

4

题:国有企业的下一步改革究竟应该怎样进行?

第三项遗产是没有失业之虞的高度工作保障,这是现在国有企业改制与企业生产要素重组的一个最重要的制约因素。以往那种行政性的计划分配就业制度造成了国有单位严重的过度就业,国家现在每年用于 2000 余万企业富余人员的支出约需 2000 亿元人民币。由于其它所有制企业吸纳劳动力的能力有限,所以裁汰冗员的问题现在已成为国有企业继续深化改革的一大障碍,许多人都将社会保险体制的建立视作这一问题的突破口,但其实深究下来,就会发现这一希望之脆弱:"现炒现卖"的社会保险体制究竟能否在全国范围内为国有企业解除负担,实在让人不敢乐观。

第四项重要遗产,即收入分配上的平均主义则被破坏得相当彻底。由于严重变质的权力之手介入资源分配,在短短 10 多年的改革过程中,中国已走完从平均主义到贫富差距过大这一段漫长的路。处理平等和效率的关系,并不像当初一些人设想的那样:如果总体平均收入水平能相应有所提高,则收入档次拉开不会造成社会问题。这种设想过于简单,因为它忽视了一个问题:在权力市场化作用下由资源分配所造成的收入差距,其后果的严重性远远超出了国民收入的分配所造成的差距,这种贫富差距造成的影响已不仅仅只是经济上的,而是政治上的。

上述问题引起了社会的不良反应,累积成今日无法避开的社会矛盾。因为一个人靠勤劳致富,另一个人靠投机、贪污受贿发财,就其金钱来源进行道德评判当然是两回事,但在市场经济的世界里,这两者是一样的,金钱并不因为它的不同来源而留下不同的痕迹。这在经济学里有个专门的说法,就是"劣币驱逐良币"。而"劣币驱逐良币"的逻辑结果是:只要劣币与良币等值,只要现存体制不能使手持劣币者受到惩罚,人们便不会奉公守法,而是会仿效那些投机取巧以及贪污受贿者。我国今后面临的一个大问题,就是如何改变利益主体的行为方式,这种改变既要依靠制度,也还要依靠人们的社会良知。

此外还有一些很突出的社会问题,如怎样才能释放国民经济中不利于就业的因素,有关就业与犯罪的关系问题等等,可以说政府今后若干年内制定的各项经济政策都必须考虑就业含义,否则任何"严打"活动都难以奏效。在1996年7月举行的第四次全国环境保护会议上,总书记江泽民已强调经济发展必须与人口环境资源统筹考虑,但无论是人口问题还是环境问题,都不是单纯的通过中央政府行为就可以取得成效的。

改革之初,一项小小的放权让利都会获得成倍效益,而现在人们却面对着改革边际效益日益收缩的现实。更兼自发私有化造成的问题日益尖锐,而政府对这一事实采取的事后政治约束显得缺乏力度。这种情况让公众对改革的期望值在某种程度上落空,直接影响到公众对改革的基本态度。所以对中国政府来说,现在最大的问题倒还不是每一改革措施出台之前的政治约束,而是事后的不良反应。中国目前的改革,恐怕不能在清算一种偶像的时候,又用另一种偶像来误导社会。我国的现状表明,就在我们抛弃"计划偶像"的时候,又引进了"市场偶像",但由于中国的历史文化和西方完全不一样,"市场失灵"的现象相当严重。所以对中国来说,现在面临的问题一是如何正确认识转型期的政治经济学问题,二是找出解决这些问题的方法。

这里必须再次强调,建立中国转轨时期的政治经济学之所以必要,就在于一点:中国目前处在由计划经济向市场经济过渡的阶段,而这种"过渡"恰恰是在对掌握国有资源的分配和使用权者缺乏有效的监督机制的情况下进行的。脱离这一点来谈中国的经济问题,将使对经济问题的研究变成一种"屠龙术"。

寻找经济决策的政治基础

对于从事当前国情研究的分析家来说，目前最困难的事情大概要算是区分"经济学"和"政治经济学"这两个既有关系又有区别的两大"科学"之间那种微妙和难以把握的差别。其实要弄清这两大科学的差别，只要仔细读读公共选择理论的创始人——1986年诺贝尔经济学奖得主詹姆斯·M·布坎南的《公共选择论》、《自由、市场和国家》就可明白二者的区别到底何在。

在现代西方经济学家当中，始终存在两种分歧极大的观点：一种观点深信政府可以纠正市场缺陷，这一观点目前在发达国家中，已因国家债务失控，各种政府调节手段最终使经济窒息而受到各方面的质疑；另一批经济学家则始终对政府纠正市场缺陷的能力表示深刻的怀疑。美国经济学家詹姆斯·M·布坎南和其他几位开拓者，以他们创立的公共选择理论革新了经济学分析政府行为的工具。

公共选择理论的基础奠定在一个十分简单但却很有争议的根本思想之上，即担任政府公职的是有理性的自私人，其行为可通过分析这些公职担任者在其任期内面临的各种诱因而得到理解。布坎南指出，在作为"预测科学的经济学和旨在设计合适的法律和宪法限制而塑造相互作用的模式的政治经济学科学中，只有把私人看作是无例外的最大限度的追求财富者，市场的法律构架——法律和宪法才能设计出来"。针对此，布坎南指出经济学的"经济人"与政治学的国家理论的困境：经济学以"经济人"的成本－收益分析作为唯一的工具，而作为政治学的国家理论则以国家代表社会利益作为分析的出发点。这两个学科的分离，使对经济行为的分析和对政府行为的分析分属于两个不同的概念体系。布坎南指出,国家不是神的造物,它并没有无所不知和正确无误的天赋。因为国家仍是一种人类的组织,在这里做决定的人和其他人没有什么差别,既不更好,也不更坏,这些人一样会犯错误。因此建立在道德神话基础之上的国家政治理论一遇上"经济人"这一现实问题便陷入难以解决的困境。为此,布坎南指出"我们必须从一方面是利己主义和狭隘个人利益所驱使的经济人,另一方面是超凡入圣的国家这一逻辑虚构中摆脱出来,将调查市场经济的缺陷与过失的方法应用于国家和公共经济的一切部门。"这样便使所有的分析有了一个共同的出发点:当人们——亦即"经济人"面临诱惑必须在若干取舍面前进行选择时,他们将更愿意选择那种能为自己带来较多好处的方法。布坎南正是从这里开始了对政府行为的分析。

在这一基础上,布坎南将政府的模式归纳为 3 种完全不同的类型:

第一种模式被称之为慈善的专制者。这种政府以社会利益为自己利益,并且把利益最大化——即全民最大福利作为自己的政策目标,同时它又可以保持一种绝对的权威,不受任何约束。布坎南认为,这种模式只存在于规范经济理论之中,由于它排除了政治因素如公共选择的作用,所以用来分析西方国家政府的经济行为,在理论上必然是荒谬的,现实中也一定以失败而告终。

第二种模式被布坎南譬喻为"拥有独立利益的巨物"。在这一种模式下,政府的目标便是追求自身利益的最大化,如最大的财政收入,以满足官员的生活和权力需求等。对此布坎南分析,尽管这是政府权力膨胀的一种极端形式,但它至少说明有必要对政府的经济行为给予法律上的约束与监督。

第三种是西方的民主政府模式。布坎南假定全体社会成员

年时间。欧洲其它 13 个从拿破仑时代起进入现代化的国家也经历了 73 年时间。但从 20 世纪 60 年代起，在形式上进入现代化的第三世界国家有 21 个，历时却平均只有 29 年。一些社会学家曾进行统计，在 19 世纪进入现代化的国家，其社会年变化率的主要指标只有 0.01%；而在第二次世界大战以后进入现代化的国家，其社会年变化率的主要指标却高达 1%。与发达国家相比，这些后发展国家经济的发展，利益的冲突，阶层的分化，价值观的转变以及民众参与改革的期望，都发生了急剧的变化，远远超过了这些国家政治体制的承受力，导致社会发生严重紊乱。如果将中国的现代化进程与世界其它国家进行比照，大家可能会对中国社会转型期的种种问题得出比较客观的看法。

　　对研究者来说，这些年来不管是从事经济学研究，还是从事社会学研究，都会发现一个问题，那就是如果只从某单一学科的角度出发来研究中国问题，最后都有力不从心之感。以经济学为例，这些年来，不少经济学者避开转型期中那些带有根本意义的政治经济学问题，采用经济学的技术方法来研究当代中国社会经济问题，如研究劳动力的增加、效率的提高、比较生产率的差距、收入弹性上的差距、资产收入、雇佣者报酬、政府消费支出、民间消费支出、国民总资本形成、技术社会知识的积累、现代经济增长的影响等等，看起来论证似乎都挺严密，但最后大多数经济学者都会发现自己的研究无异于隔靴搔痒。那些用非常漂亮的学术语言与非常完美的公式做成的学术论文，最后都落入了一种时人讥评的境地：既不是对中国经济发展走势的科学预测，更不是对已发生的事情的客观总结。这种情况足以让研究者反思经济学的本质：经济学是"文化"而非"自然"的科学，归属于社会性而非技术性的范畴。转型过程中的政治经济学问题更是不能回避的根本性问题，研究视野尤须扩展到经济学之外。

因为"想要影响实际政策选择的经济学家最终必须是让普通人而不是让经济学家中他的同行信服"（冈纳·缪尔达尔语）。和别的学科最大的不同之处在于，经济学家建立荣誉金字塔的底座是公众的信服。避开一些对改革有至关重要影响的问题，如权力这只严重变质的手在资源分配中的作用问题，就没有办法对中国经济发展中的问题有切中要害的认识。

这些年来，思想界人士对中国改革中出现的种种问题，一是采取一些边缘性探讨的方式，如批评中国的改革是一种想到哪改到哪，哪儿容易先改哪儿的"撞击反射式"改革；二是比较委婉地指出从传统社会经济形态向现代市场经济的过渡，是经济改革、政治改革和文化变革相互推动的整体过程，在通向现代化的道路上，经济、政治和文化变革的相互协调具有决定性意义。这类探讨廓清了一些思想障碍，为深入探讨改革做了前期性的理论准备。但现在需要做的工作，是对中国这些年来发生的实际变化进行理论梳理。这种理论梳理不是拿着外国人的理论来套中国的现实，而是需要认认真真从经验性体验出发，告诉世人我们已经走过了哪些路，这条路将延伸到何方。尤其重要的是要分析我们为什么会走上这一条路，而不是一条别的什么路。

转型期的社会经济生活所蕴含的意义实在太过丰富，无论是经济学家、社会学家还是历史学家都还来不及彻底了解这些变化对现实的意义，更谈不上确定这段时期将在中国历史上占有一席什么样的地位。对于正在我们身边所发生的一切进行理性思考，是一件极富挑战性的工作。对于一个思想家来说，唯有冷静地观察社会，纪录中国当代社会所发生的一切，并将自己的生命体验熔铸到学术研究中去，认真研究与经济发展同时出现的社会变动的各个侧面及其过程，才能为后世留下一点可信度高的研究成果。在观察社会变动时，作者发现，并不是一切社会变动都是经济发展的结果，其中有些制度性的缺陷恰好是经济如此发展的前提条件，如以"股份制改造"为主要形式的企业制度改革，以及城市土地供给模式改革这两项措施在制度设计方面的巨大缺陷，使不少寻租者充分利用了它们的弹性——从社会进步的意义上来说，任何制度的设计必须要有一定弹性，亦即要有一定"空子"给人钻，否则社会就丧失了活力；但如果弹性太大，则会导致这一制度本身的失败，让社会为之承担代价，这一关系就是经济发展与社会代价的关系。

　　经济发展是否要付出社会代价，尤其是公平与社会正义的代价？这是一个具有根本意义的经济伦理问题。早在1959年，为了铲除阻碍后进国家经济发展的各种社会因素，联合国提出了"经济发展与社会发展的均衡"，这种意见代表了一种后来成为主流的发展概念。联合国基本确认经济发展应该优先，并将经济发展视为解决后进国家面临的各种社会问题（贫困、恶劣的劳动条件、家庭及地域共同体的解体等等）的手段，把铲除阻碍经济发展的社会障碍称之为社会发展。这一观念的提出，为以后研究不发达国家经济问题引入了"社会发展"这一概念。此后，曾在联合国长期任职的瑞典著名经济学家冈纳·缪尔达尔（Gunnar Karl Myrdal），在对东南亚国家进行了长期的考察以后，提出在研究这些国家的经济发展时，必须研究这些国家的不平等和权力分配的关系。他特别强调，认为不平等是这些国家获得经济发展的先决条件这一想法是错误的，经济和社会不平等不仅是普遍贫困和一个国家很难摆脱贫困的原因，而且同时也是其结果，更大的平等是让一个国家摆脱贫困的前提条件。

　　经济发展和社会代价的关系，中国共产党和政府已经注意到了，就在中共十四届六中全会的《关于加强社会主义精神文明建设若干重要问题的决议》中，已多次严厉批评"以牺牲精神文明去求一时一地的经济效益"这种短视行为,一再强调"任何时候都不能以牺牲精神文明为代价换取经济一时的发展"。但是认识问题并不等于解决问题,如何使中国人"道德复苏"才是真正的难题。

中国现代化的道路将伸向何方,完全取决于中国如何解决转型期的政治经济学问题。而政治经济学领域的分配问题,不仅是一个经济问题,同时也是一个关系到社会安定的政治问题,它隐含了一个社会的经济伦理内核,必须要超越经济学范围去进行伦理追问。但比较遗憾的是,在这 10 多年改革进程中,几乎还没有人对上述这些政治经济学问题进行系统的伦理追问。

对资源分配中不平等问题的伦理追问

从名义上来说,在改革开放之初,中国的一切社会资源都属于国有,在财富的分配上也是平均主义的分配方式。但改革开放以来,由于起点的不平等引起了极大的资源分配不平等:中国没有土地私有制,但是自从土地市场开放以来,却确确实实存在一个土地的占有和使用问题;中国国有企业的全部国有资产名义上也归全体人民共同占有,但在国有资产的使用这个环节上,却确实存在国有资产巨大流失的问题。于是这 10 多年改革中,中国出现了这样一个在世界上比较罕见的经济现象:在房地产热这一原始积累的神话中,物质进步导致地价上升,土地虽属于公有或集体所有,但地租、地价对社会劳动成果的瓜分即土地价值升值的大部分收入却归少数人纳入私囊,国家通过出让土地所获得的收入并没有形成有效的积累。国有资产流失的结果是企业弄得不死不活,不少企业连工资都发不出,而这些亏损企业的负责人却有不少竟能跻身为富裕阶层。推而广之,在目前的

财富占有问题上都存在财富来源的正当与否的问题,必须对之进行伦理追问。这些追问的意义主要体现在下列两方面:

1、弄清由于资源占有分配不平等所产生的财富占有是否具有合法性,或是否符合正义公平等人类社会的一般法则。

2、如果当前的绝大部分人的财富占有不具有合法性或不符合公平正义原则,那就应该进行道德评价和理论征伐。虽然这种评价不能够改变财富的占有状态,但至少表达了对社会现状的一种人文道义精神;这种理论征伐虽不一定对政府政策有直接影响,但至少可以让社会公众知道何者为是,何者为非。对于能够参与制定公共政策的那一部分人来说,通过这种追问至少可以使他们的价值观得到某种意义上的廓清和纠正,因为政策选择是从价值观前提和对通过运用这些前提获得的事实的了解中推断出来的结果。简言之,所谓价值观就是要在制定每一项政策时想到:这一政策使什么人得益? 满足的是什么利益?

经济学家作为各民族及其政府的计划者和顾问,对现实的政治和正在作出的政策选择产生着影响。从公平和正义的前提出发,对转型期资源分配不公产生的财富占有进行伦理追问,可以使公共政策朝向全体人民的共同富裕这一目标迈进,从根本上是防止对经济、社会和现实政治的研究在事实上产生偏见,并因而防止错误的逻辑手段。经济学如果对财富的占有不进行伦理追问,将使经济学失去社会科学的本质,而流于纯技术性操作。

这种伦理追问虽与现实政策之间距离遥远,但在今天的中国却有不可忽视的现实意义。

在本书中,作者从社会制度与经济政策、经济行为的关系出发,着重考察分析中国近 10 多年来的自发私有化趋势及社会的事后反应,并对所有的经济社会现象进行伦理追问。书中对社会问题所持的观点主要来自于实际调查的感受,是作者通过对社会各阶层,包括公务员、工商界人士、律师、新闻界、工人、农民以及无业人员等各界人士进行多种形式的非正式采访后形成的。

本书导论、结语部分的侧重点在于对经济及社会发展作一些规范性的研究,在前六章中,以中国当代资本原始积累(并非"资本主义原始积累")作一纵轴,通过几次资本积累高潮来展示:在特定历史条件限制下,中国是通过什么样的途径、方式,来完成这一在其它国家需要历时几十年甚至上百年才能完成的过程,以及中国国民是在一种怎样的经济伦理观念支配下展开追求财富的活动的。

近年来中国公众对社会问题抱怨最多的要算是分配不公。其实这里有一个需要澄清的概念,因为中国这些年的问题不是出在国民收入的一次分配和二次分配中,而是出在市场前权力分配作用下的资源配置中。所谓"资源"有无形资源和有形资源两种类别,无形资源是一些经营特许权,如房地产经营权、某类物质的进出口权、股票上市等等;有形资源如土地、计划物质等等。在这10多年积累财富的前几轮竞赛中,得利最大的就是在掌握资源分配大权的部门和企业这两大科层组织中少部分掌握实权者。这少部分人形成了我国社会转型期过程中的分利集团,他们利用自己掌握的政治(社会)资源和经济资源,出于互利这一目的,展开了大量的寻租活动。这前六章,主要就是论述我国政治经济这两大科层组织的少部分掌权者,如何利用权力这只严重变形的手,"创造"了中国当代资本原始积累这一现代神话。

通过对大量事实的伦理追问表明,中国当代所有的经济问题虽发生在经济领域,但其根源却深植于非经济领域。在约束软化的情况下,部分政府官员对法规的遵守陷入了一种非常随意和松弛的状态。权力层大规模的贪污腐败行为对下层广泛渗透,导致了中国当代经济伦理的剧变,对金钱意义的张扬达到了一种蔑视任何道德法则的地步,由于市场缺乏伦理规则的约束,我国经济出现一种过度投机的状态。

本书的前六章从纵向揭示了中国自发私有化过程,后四章则从社会的横断面剖析了市场前权力分配引起的种种不良社会反应,揭示了在今后较长一段时期内制约中国社会发展的诸种不利因素。如贫富差距过大导致的社会积怨,就业压力过大与犯罪浪潮的叠起,中国农村基层组织的非组织化进程(宗法组织的复燃和地方恶势力的兴起)导致的社会控制机制畸变,黑色经济的泛滥和黑社会组织的兴起,以及"官黑结合"而成的地方恶势力在少数小城镇与农村地区已形成对人民的剥削性控制。

上述问题的产生,既有政治经济的作用,更有文化因素的影响。这些问题对中国构成的社会压力既是近期的,更是远期的。它们对中国社会的现实影响说明,金权政治、官黑结合与流民－暴民,将是中国未来社会危机的总根源。

后四章说明,近几年中国政府的政策和发展战略的重新选择将成为中国未来走向哪一条路的决定因素。

阶层分化问题是一个很值得研究的问题,但因作者在各章中事实上已涉及这一问题,要作更深入的探讨并非本书主要目的,因此并不列入专章论述。又如环境问题,在下一世纪必将成为中国发展的主要制约因素,但这方面已有不少既具体又很到位的研究成果,作者不可能走得更远,故此只在第八章《人口、就业与犯罪》中点明其重要性,也不进行专章论述。在此必须强调的是:上述所有问题都不是改革所带来的,而是改革不够深入的表现，要想克服上述问题，必须坚持邓小平同志的改革开放路线，将改革向纵深推入。

中国近现代历史所蕴涵的意义非常丰富，而1978年以后的历史，不管从其本身的剧变，还是从其对后来的历史影响来看，都超越了前面任何一个年代。无论是洋务运动、辛亥革命，还是后来所有的一切历史事件，都没有像这10多年一样，使人们的价值观念发生了彻底的变化。可以说，改革开放以来的短短18年，几乎凝聚了中国自1840年开始现代化进程以来的全部苦恼和追求、希望和挫折、失败与探索。社会转型期的政治经济学问题，实际上是中国许多历史与现实问题的矛盾集结点。作者相信，由于这一时期蕴含的内容特别丰富，后来者对这一时期的历史也将格外青睐。纵观这一百多年的中国历史，作者领悟了"改革"的意义：改革不是一段历史过程，也不是一次政治事件，而是人类社会一种自我完善、自我发展的生存方式。对现阶段的中国来说，改革的过程，建立市场经济新秩序的过程，实质上是处理和调节各种利益矛盾和利益关系的过程，同时还是一个不断暴露问题和解决问题的过程，它只有开始，没有终结。面对种种困难，我们唯一的出路是深化改革，而不是退缩。如果我们将眼光穿透历史那久远的尘封，就会发现这10多年改革只不过是中国漫长的现代化进程中的一个阶段。在清理计划经济体制遗产方面，转轨期的阵痛注定不可避免，在如何认识社会主义初级阶段所出现的问题方面，注定要有各种各样的不同看法。本书只是作者个人对转轨期的一些问题的经验性体验。如果要说它有什么意义，就在于它的实证性和所研究问题的直接性。

十五大以后推行股份制改革必须要吸取的经验教训。

游弋于权力经济中的一些掌权者们,在"改革"的旗帜下,戏剧性地将权力参与分配这一套"寻租"的老把戏玩出了前所未有的水平和规模,使得前几年一些地方的"股份制改造"变成了社会主义公有制的一次大规模的免费午餐。

现在要做的事主要是将经济决策的事后反应(包括不良反应)说清楚,不能只向世人展示美好前景,却不揭示潜在危机。

第一章
股份制:困境中的政策选择

本章分析用股份制改造国有企业,将以 1997 年 9 月召开的"十五大"为一分界线。在十五大以前,我国进行股份制改造的目的和动机,与十五大以后有明显区别。本章主要是总结十五大以前股份制改造中的失误和经验教训,以利于十五大以后各地在用股份制重组国有资产时,尽量避免重蹈覆辙。

从1978年开始的改革开放过程,是由计划经济体制向市场经济体制转轨的过程,其实质就是对社会资源重新配置,对各种利益关系重新调节。在这一利益重新配置的过程中,市场前的权力分配起了至关重要的作用。这就导致中国的改革呈现一个相当明显的特点:当代资本原始积累从开始进行到基本结束,总共只用了短短10多年时间。其时间之短暂,积累速度之快,积累财富数量之多,在世界上绝无仅有。

从原始积累过程中产生的几代富翁的身份以及致富方式来看,至今为止中国已有三代身份迥异的富翁:第一代是被中国传统就业体制所排斥的人,如出身于地富家庭者、或本人是劳改释放犯等。这些人为生计所迫,在不得已的情况下干起了当时为社会所轻视的"个体户";第二代则是80年代中、前期"下海"的科技知识分子与技术工人,这些人主要是凭借自己的一技之长,投身于市场竞争;第三代富翁则是1985年推行价格双轨制以后的"下海"者。这些人中不少是和权力圈人物沾亲带故者,有的本人原就是政府官员。他们"下海"的时间虽晚于前两代富翁,但由于他们能凭借权力资本,瓜分价格双轨制的巨大差价——仅1988年,价格双轨制所产生的差价就达1000亿元之巨,其中70%流入私囊——故其资本原始积累能够加速度进行。

第三代富翁的财产规模之大,积累速度之快,均非前两代富翁所能企及。笔者曾亲耳听到第三代富翁中有人自得地将此现象总结为:第一代富翁是"半人半鬼",第二代富翁是"凡夫俗子",第三代富翁则是"半人半神"——所谓"神",指的是"第三代"富翁有很大能量,弄钱不花力气且数量巨大,颇有瞧不起第一代、第二代之意——到1991年以后,这些人又凭借权力和已积累起来的资本介入"股份制改造"、"开发区圈地运动"，在席卷中国的"股票热"和"房地产热"中，以世界罕见的速度积累了巨额财富。也就是在这批以官商结合为致富诀窍的"政商"出来以后，中国社会才出现了这样一首重新划分富人等级的民谣："万元户是贫困户，十万元才起步，几十万元马马虎虎，百万元户才算数，千万元户是真富。"

剖析"股份制改造"和"圈地运动"的特点，最能看出中国当代资本原始积累的本质。

经济学家的悲哀：淮桔成枳

本节主要分析前几年股份制改革中出现的问题：政府和部分经济学家们推动股份制改造的原初期望和事实存在很大的差距。政府和经济学家们期望通过职工持有股票这一形式，加强对经营者的监督，迫使企业建立自我发展、自我约束机制，以消除国有企业的所有弊端。而企业则主要考虑股份制的融资功能。许多改造后的"股份制公司"其实只是"翻牌"公司，运行机制根本没有改变。而这正是十五大以后推行股份制改革必须要吸取的经验教训。

80年代中后期，中国国有企业再也无法掩饰亏损累累的破败相，而一度被视为解困良方的"承包责任制"，又使企业无法建立自我约束机制，产生了许多难以克服的短期化行为，成为国有资产流失的一大渠道。一些苦苦寻求国有企业解困良策的经济学家们认为股份制可以作为拯救我国国有企业的良方，于是先是论证股份制只是现代企业的一种组织形式，并不存在"姓社姓资"的社会属性问题，以正朝野视听；继而进一步提出了将国有

21

企业改造成股份制公司的种种具体构想。比较有趣的是,就在北京、上海等地的经济学家们争论方酣之际,中国的沿海地区已开始实施这一构想,深圳、上海等地先后推出多家公司的股票上市,后来席卷中国达数年之久的"股份制改造"运动至此算是拉开了序幕①。

在这场长达数年的理论准备中,经济学家中很少有人去正视这一现实,即西方国家股份制公司成立和中国当代股份制改造的原初动机之间,存在着一个根本性的差别:西方国家仅仅是将股份制作为筹集社会资金的一种手段,而中国理论界则将其视为改变国有企业经营机制的一大法宝。在他们眼里,股份制发源地作为主要因素加以考虑的融资功能,反而被视为较次要的一个方面(下面将要提到,十五大以后我国倒是将融资功能作为"改制"的主要动机)——有意思的是,这一融资功能当时倒是被众多的企业经营者敏锐地注意到,并加以充分利用——按照部分经济学家的构想,对国有企业进行"股份制改造"可以达到这样的期望:企业的产权归股东所有,整个企业的经营发展与财务分配均在广大股东监管之下;企业经理既要对上(董事会)负责,也要对下(职工)负责;企业的效益主要通过市场来评价,因为职工通过持有公司股票这一形式成为企业真正的主人,自然

---

① 中国的第一家股份公司到底是哪一家?有数家在争此"殊荣"。深圳市宝安企业(集团)股份有限公司成立于1982年11月(见宝府〈1982〉75号文),在时间上早于深圳市发展银行4年。但该公司直到1991年6月25日才上市,上市之前只是家"内部股份制"公司。"北京天桥"一直以为自己是"中国第一家股份制公司",是因不了解"宝安"早于其3年成立,一些传媒也以讹传讹。但是这两家公司成立虽早,对中国的"股份制改造"运动却并未发生实质性影响。只有深圳市发展银行的"原始股神话"才推动了中国的"股份制改造"运动大规模进行。

而然要加强对公司经营者的监管,这就可以迫使企业建立自我发展和自我约束机制,从根本上增强企业活力,并根据市场需要调整投资方向。他们乐观地预言:经过"股份制改造"的企业,国有企业的所有弊端必将消失。

最初的试验小心翼翼地在几个大胆的企业里进行,社会的反应也比较冷淡,深圳市发展银行的股票是采取在政府工作人员中摊派的方式才勉强发行完。直到 1990 年在深圳的股市狂潮中炒出了一批百万富翁乃至千万富翁后,许多人才痛感失去了致富良机。在一片狂热中,整个社会很少有人去探究发展银行、金田、原野、万科等第一批上市的股份公司究竟如何获得效益,注意的只是市场上股票那巨大的增值功能。不少地方政府中的部分当权者受到启发,竞相争搞"股份制改造"运动,认为这样既可以回避二级市场的风险,最低限度亦可以捞一大把在当时的情况下只赚不赔的"原始股票"。至于被列为"改造对象"的国有企业是否能"改造",以及被"改造"后如何运作,当然都不是这批吃"阿公"(公有制)饭的官员和"企业家"们所要考虑的。在这种利益动机的驱使下,从 1991 年下半年起,中国进入"股份制改造"的"春秋战国时代"。在各地政府或明或暗的支持下,所谓"内部股票"或变相股票一时泛滥成灾,各地的股份制企业都是以每年成百家的速度增长。如江苏省在 1992 年至 1993 年上半年这不到两年的时间内,就拥有各类"股份制企业"200 余家①,湖北在 1992 年初还只有股份制企业 23 家,到 1993 年初就达133 家②。新疆、山东、福建等数省因利用"股份制改造"名目违

---

① 王立林:《律师为股份制企业提供法律服务的调查与分析》,《深圳法制报》(1993 年 10 月 12 日)。

② 湖北省潜江市体改委郑家荣:《股份制目前不宜全面推开》。

章向社会集资而受到处理①。在这场发行股票的狂潮中,广东、海南为各省之冠,据一份调查材料的不完全估计,广东省仅1992年通过发行"内部股"筹集到的资金就多达100多亿元。至于到底有多少企业已经"股份化",连政府部门都难以确切掌握②。四川曾一度出现了一个以乐山为中心,遍及绵阳、德阳、自贡等市的内部股票交易市场。珠海曾以炒"内部股"闻名遐迩,并将深圳及广东珠江三角洲一带的游资吸引过去。至1993年10月末,中国已有各类"股份制"企业3800多家,以后还在增加。这种被指称为"非规范化"的"股份制改造"运动,为今后埋下了许多隐患:

——大多数股份制企业只是"翻牌公司",并未从低效运转的状态中解脱出来。据有关部门披露,在"股份制改造"高潮时期,中国的国有企业总的状况是"三分天下":三分之一明亏,三分之一暗亏,三分之一盈利。这些国营企业搞所谓"股份制改造",其真正目的并非是为了"重塑企业机制",而在于通过发行股票筹集资金解决困难或藉此捞一把。不少企业在清产核资时串通会计师事务所,在资产总额、资本利润率、资金利润率、经营

---

① 新华社1993年4月8日电:中国国务院办公厅《处理违章集资问题的通报》。

② 子诚:《内部股"陷阱"与"原始股"神话》,《经济潮》创刊号(湖南出版社)。

业绩等项目上弄虚作假①。

据一份材料说,由于政府领导的出面干预,广东一些股份制企业资产评估严重失真,佛山市就有一家企业评估资产总值超出实际所有的4倍多②。这类企业在"改造"后往往就是换一块牌子,人马依旧,机制未变,唯一使人感到"耳目一新"的是在公司简介中有了一张模仿国外现代股份制企业的组织结构图。这些企业用国家的资金经营多年,其投资效益如此之差,又怎能保证它们在"股份制改造"之后,用股民的钱创造高效益?从近几年的实践看,不少企业经过"股份制改造"之后,经营状况并未好转,效益也没有提高,但是为了强化对股东的吸引力,不惜血本"保息分红",每年倒贴14%-16%的股息给个人股东和法人股③,某某市首家不上市股票"华东"股即是明显的例子。几年前华东实业股份有限公司用"保息分红"的办法发行股票,因经营管理不善,到1991年称"按国际惯例办",不再"保息分红",股民分红仅为6.62%,低于银行存款利息。某市一家股份制企业经营亏损,根本就没有钱分红,该市的政府领导竟帮着企业去借

---

① 这方面已曝光的有深圳市原野实业股份有限公司、深圳市鸿华实业股份有限公司。"原野"上市之后被停牌,原因之一是串通会计师事务所,在验资时弄虚作假。"鸿华"原已被批准在1991年上市,也因同样的问题被审查,后一直未获准上市。笔者曾参与过一家大型企业的"股份制改造",该企业连续三年的利润率均在7%以下。为提高资本利润率,通过审批这一关,竟串通某会计师事务所,在半年时间内连续三次修改资产规模,最高时为1亿7千万,最低时仅7900万。同一笔资产,三次送政府审批时竟相差近1亿之巨。最妙的是政府部门从未对此中差异质疑。

② 《决策参考》1994年7月7日,(新华社深圳信息社编)。

③ 湖北省潜江市体改委郑家荣:《股份制目前不宜全面推开》。

钱来分红①。据作者调查,某一家在市场上颇有名望的股份制公司,其公司连年亏损。当总公司领导班子作出决定,规定凡连续亏损三年以上的公司经理在审计工作结束后就地免职时,其属下的二级公司除两家和别人合营的公司之外,全资子公司的经理全部提出辞职。私下里有经理对其好友说:留下来也没有太大的油水,自己已有实力去干,没必要受免职之辱。有一些公司在"改造"成"内部股份公司"几年以后,因公司经营管理不善,股票迟迟不能上市,股东啧有烦言。公司因股票购买者多是得罪不起的"关系户"和本公司员工,便又将股票款悉数退回给股东②。珠海市当年狂炒"内部股",不少人被套牢,且多年得不到任何分红,股民们多方上告,珠海市不得不在 1995 年 12 月发出通知,对发行内部股票和集资券的公司进行清理③。像这类低效益企业在"内部股份制"公司里绝非少数,凡有这类"内部股份公司"的地方,当地政府都要花费气力解决其遗留问题。

——"企业的主人"即股东们既未成为企业真正意义上的"主人",关心的也不是企业的效益,而是股票在市场上转手之后可获得的差价。"企业的最高权力机构"股东大会除了在制定分红方案时起点有限的作用之外,在选举企业董事会成员方面,事实上并未享有应有的权力。不少公司的股东大会还未召开,董事会已宣告成立。而且董事会成员往往由公司原经营班子和几个有关政府部门官员组成,董事长、总经理也由政府委派任命。不少地方的政府主管部门还沿袭以往对原来国有企业的管理模

---

① 《决策参考》1994 年 7 月 7 日,(新华社深圳信息社编)。

② 作者调查手记。

③ 《内部股票惹乱子,珠海组织大清理》,《粤港信息日报》(1995 年 12 月 4 日)。

式,对股份制公司选举的董事、董事长随意指派、调离①。这就造成了董事会和经营班子合二而一、经营者就是监督者的格局,所谓"监督作用"纯属子虚乌有。在"股份制改造"的发源地广东省,不少企业反映,由于董事长和总经理常由一人兼任,更兼监事会成员基本上都是本企业的职工,根本管不了也管不到自己的顶头上司,实际上并不能参与、了解决策过程,形同虚设。在许多股份制企业中,企业制度并没有什么创新。除了上市公司有一份说明公司资产状况的"招股说明书"和一年一度的"财务报告"之类的材料之外,绝大多数"内部股份制"公司都没有"资产负债表"和"财务报告"之类的东西提供给股东。这种情况在内地尤其突出。不少股东其实既不了解公司过去数年的经营业绩,又不了解公司事实上的主营收入。"企业效益"最多成为股东们在股市上的"炒作题材",因为没有几个股东(包括兼具股东和职工双重身份的人)想长期持有股票,成为"主人"。

一份由广州市东方市场研究事务所发布的调查报告,饶有意味地说明了股东们是否具有"股东意识"这一问题。该调查所1995年3月在广州市内进行了调查,用三个指标衡量所谓"股东意识",在"是否了解所持有股票公司的经营情况"这一问题上,有43.3%的人表示"不太了解",7.3%的人表示"根本不了解";在"是否关心发股公司的经营情况"这一问题上,有4.7%的人表示"根本不关心",有23.7%的人表示"不太关心";在自我评价是否有股东意识这个问题上,有28%的人承认自己偶尔有股东意识,有43.7%的人承认自己从未有股东意识。就这样一种情况,东方市场研究事务所还认为广州市民"具有较强的股

---

① 《决策参考》1994年7月7日,(新华社深圳信息社编)。

东意识"，可以想见股东意识不强会是种什么情况①。

"股份制改造"的期望和实践后果相差如此之大，中国的改革史上于是又多了一笔淮桔成枳的记载。就连一向主张通过股份制来改变企业经营机制、并享有"厉股份"之称的经济学家厉以宁，也对这种变相"改革"深表忧虑。一些长期从事实际工作的政府高官，也认为这种大规模的、"不规范的"股份制改造，不仅会使中国的企业改革失去转换经营机制的"最后一张王牌"②，而且还"潜藏着巨大的危险"，最终会导致整个股份制改革、证券市场乃至市场经济的发展走一段很大的弯路③。

社会主义的免费午餐

本节通过大量实例，着重分析了前几年"股份制改造"运动中出现的弊端：在各个利益集团的努力下，以改变企业经营机制为目的的"股份制改造"，最后在一些地方演变成了一场以"内部人"为主体、以国有资产为掠夺对象、以权力为参与手段，对社会资源进行再分配的大规模寻租活动，从而使"股份制改造"变成了社会主义公有制的一次"免费午餐"。

为什么前几年一些地方进行"股份制改造"，其期望与实践

---

①　《粤港信息日报》1995 年 3 月 30 日。

②　"中国市场经济论坛"第二次讨论会上中国国家经贸委副主任陈清泰的发言。该讨论会由渤海艺术创作村、《工人日报》、开达经济学家咨询中心共同主办。陈清泰任此职前，曾在湖北十堰中国第二汽车制造厂担任领导职务多年，对中国企业情况有较深了解。

③　子诚：《内部股"陷阱"与"原始股"神话》，此处引用的是中国政府《证券法》起草小组副组长高程德的说话。

后果相差如此之大，还会有如此之多的地方政府和企业热衷于这种"改革"呢？说穿了其实很简单，因为少部分地方政府和企业的掌权者把"股份制改造"变成了一次对国有资产的大瓜分。

在股份制改造活动中之所以出现大规模的寻租活动，其根本原因在于：在由计划经济体制向市场体制过渡的过程中，在资源逐渐市场化的背景下，政府仍然保持对经济生活的干预和管制，使权力能以市场化的形式全面参与分配。这些寻租活动由于没有任何刚性的制度进行约束，各种利益集团只要进行各种活动，就可以获得巨大利益。这类寻租活动存在于价格双轨制、股份制改造、房地产开发以及国有企业产权转让等一切经济活动中，本章谈到的股份制改造只是其中的典型例证。

本来，股份制是现代企业制度中一种成功的组织形式，前些年我国选择它作为产权改革的突破口也无可厚非。但关键在于游弋于权力经济中的一些掌权者们，成功地利用了这一次机会，在"改革"的旗帜下，戏剧性地将权力参与分配这一套"寻租"的老把戏玩出了前所未有的水平和规模，使得前几年一些地方的"股份制改造"变成了社会主义公有制的一次大规模的免费午餐。

参悟出用"股份制"这种形式蚕食国有资产，并非始于80年代末、90年代初开始的"股份制改造"运动。早在10余年前的大批中外合资公司建立之时，就已经有了一批"先知先觉者"有效地利用了这一形式，开始为自己进行资本原始积累。最典型的形式就是在中外合资合作办企业的过程中，中方负责人对国有资产不评估，或者低估，从而使中方资产所占比例下降，国有资产权益受损。这样做的好处是中方负责人可以暗中吃"干股"，由外商每年从名下利润中抽出一部分悄悄送给中方负责人。这种做法在沿海一带已是公开的"秘密"，后来也被内地效法。据统计,截至 1992 年为止,在全国 8550 多家参与中外合资的企业当中, 有 5000 多家企业未经评估就与外商合资,损失达 460 亿元①。

这类公司的国有资产如何流失,只要看看下面这两个绝妙的实例,就可略知大概。

一个是深圳市××企业股份有限公司。该公司成立于 1986 年 12 月,注册资本为 60 万元人民币,其股本构成如下:

国家股 40%,由深圳市××工程工业总公司(国营)持有,总经理兼法人代表为林某某。

港资股为 30%,由港商陈某某持有,陈是林某某的内侄。

私人股占 30%,由林某某家族成员持有,实际投入 8 万元,只占注册资金的 13% 多。

其中的国家股是如此折算:××工程工业总公司以深圳市中心的南×大厦房产 150 平方米入股,折算价为几年前的预购价每平方米 1800 元,而当时该处房产的最低市价已达每平方米 5000 多元。与此同时,林某某又代表××工程工业总公司将同一大厦的另外 1539 平方米的房产以每平方米 3200 元的价格卖给了××公司。总注册资本仅 60 万元的××公司仅在这一处房产中,不费吹灰之力就获利 117.8 万余元②。这家公司经营一年多以后,因效益较差,国家股未获分红,私人股却分红 11.5 万余元,除投资全部回收外,还赚 3.5 万余元③。

---

①　郭东风、刘兆彬文:《国有资产流失惊人　产权改革刻不容缓》。

②　深圳市监察局审计室报告:《林某某的主要问题》。

③　深监审字 (1990)131 号:《关于林某某同志所犯错误的处分决定》。

林某某的手法是当代中国比较有代表性的一种常见手法[①],但其涉及金额相对较少,获利手段也太过拙劣,与 1991 年中国的爆炸性新闻"原野风波"相比,这种流失实在只能算是"小巫见大巫"。

深圳原野实业股份有限公司是经中国人民银行总行确认的"中国第一家中外合资股份制上市公司",该公司于 1990 年 3 月上市后,曾名噪一时,被捧为"股王"。"以 150 万元起步,两年间净资产增长了 60 倍"的神话,在社会上广泛流传。但实际上这只不过是官商结合互相利用,在政策空隙中展开"事前寻租"活动——所谓"事前寻租"是指各种利益集团付出努力和资源(包括权力和金钱)促使形成某种对自己有利的资源分配格局,从而使数千万国有资产成功地转移到私人手中的一个典型。这个公司从国有资产占控制地位到最后只占 1.4 % 的不参与优先股的荒唐演变,不仅在中国,即便在世界范围内都堪称原始积累史上的神话。

原野公司成立于 1987 年 7 月,注册资本为 150 万元,5 位发起人股东为:

新业服装(国营),认缴股本 45 万元,占 30 %;

深海贸易(国营),认缴股本 45 万元,占 30 %;

香港开生(港商),认缴股本 30 万元,占 20 %;

彭某某,认缴股本 15 万元,占 10 %;

---

①　最有趣的是这类行为极少受到查处。以林某某为例,在此之前,他已使一国营公司严重亏损,结果是调任深圳市××工程工业总公司总经理。××工程工业总公司在他到任后连年亏损,加之东窗事发,也只是受到撤职的行政处分,自己还认为处理太重,颇有委屈之感。后又被委任为另一家国营公司的副总经理。

李某某,认缴股本 15 万元,占 10%。

董事长由新业公司总经理沈女士出任。从表面上看,这是一家"公有制"占绝对优势地位的股份公司,符合当时中国政府的政策。但实际上,彭是深海联合贸易公司的承包人,李是彭的亲妹夫。5 位发起人中,实际出资的只有两家国营企业,彭名下的 15 万元,由深海联合贸易公司代垫;而香港开生公司名下的 30 万元股本和李某某名下的 15 万元股本,均由新业公司代垫。亦即在这 150 万元创业股本中,由深海投入 60 万元,新业投入 90 万元,港商及彭、李二人的股本均为虚拟投入。到 1988 年 1 月,香港开生公司退出原野,将其未曾实际投入的股权转让给由彭任董事长的香港润涛实业有限公司。据后来查实,这次转让只是一纸协议,润涛并未汇入分文资金。1988 年 2 月,深海联合贸易公司也退出原野,其股权转让给新业公司。至此,原野公司的股权结构变为这样:

新业公司,占 90 万元;

香港润涛,占 30 万元;

彭某某,占 15 万元;

李某某,占 15 万元。

到 1988 年 5 月 18 日,原野公司的股东签署了一份很有意思的"增资"决议,将公司股本由原来的 150 万元增加至 420 万元。其中新业和个人所占股权不变,香港润涛则拟单方面增投 270 万元,加上原有 30 万元,共为 300 万元。此后润涛并没有增投资金,却以名义上的最大股东身份,从实际上已投入上百万元(未包括 1987 年 9 月借给原野的 105 万元流动资金)的新业公司手里,套取了原野的控股权。直到这一年的 8 月 20 日,润涛的 300 万股本才由高柏时装(深圳)有限公司代垫(据查,"高柏"也是新业公司的属下企业,一个多月后,这笔资金又退回三分之二给"高柏"),以便参加第一次资产评估的溢价分配。10月4日,经深圳经济特区会计师事务所评估,认定资产升值金额达2754万元。10月18日,原野董事会决定对升值部分作变现处理,并进行分配,新业公司仅分得利润40万元,个人股东分得247万元,而润涛却分得2467万元,除提出1360万元扩大账面投资额之外,其余1107万元记入应付润涛公司账内。这笔"应付款",减去了300万元入"实收资本",余下807万元则通过各种渠道汇出境外。

1988年12月22日,经深府外复(1988)874号文批准,原野由股份制企业转变为中外股份有限公司,注册资本为2000万元,其股权结构为:

新业公司,90万元(不参加优先股);

香港润涛,1660万元;

李某某,90万元;

李某,80万元;

许某某,80万元。

这里设立五个股东,只是为了凑足政府规定的发起人必须有五名之数,彭某某任公司董事长。待政府批准后,1989年3月末,李某某、李某、许某某这三个个人股东的股份全部转让给了彭某某的香港润涛公司。在此期间,彭为自己办妥了澳大利亚国籍,这一策略使得后来的股权纠纷成了一件涉外股权纠纷。1989年4月,为配合股票上市,原野公司董事会决定进行第二次资产评估。4月25日,经深圳市公信审计师事务所评估认定,原野公司房地产升值金额达人民币4553万元,4月28日,原野董事会又一次做出决定,将升值部分提出4550万元作为润涛对原野的增加投入资本,其余3万元作为资产评估费用。至此,润涛的账面投资已膨胀为6460万元,占原野总股本的

98.6％，而投资最多的新业只占1.4％的股份，而且只是对公司决策没有发言权的不参加优先股^①！

这个天方夜谭式的资本所有权演变过程，其背后种种黑幕活动，自然是中国时下流行的权钱交易。这个借"股份制"之名，从零资本开始，通过和政府部门人员及国有企业掌权人、社会公证机构密切合作，巧取豪夺实现资本大转移的无本万利生意，从一个很重要的侧面展示了中国当代资本原始积累的典型形态。

经过1990年的股市狂潮以后，许多持"原始股"者成为百万、千万富翁的事实，激发了部分权力的不法使用者进行"股份制改造"的热情，假"股份制改造"之名瓜分国有资产的原始积累活动被推向高潮。

在中国股市上成为百万富翁的事实，以发展银行股票为最

---

① 本节资料来源：

深圳市审计局：《审核结果通知书》，深审审核字(1991)4号，1991年4月18日。

深圳原野实业股份有限公司董事会：《对〈审核结果通知书〉深审审核字(1991)4号的申辩函》，1991年5月8日。

深圳市原野实业股份有限公司董事会：《关于公司股东投资等方面情况的八个专题材料》，1991年6月13日。

"原野"问题，从头开始就让人有扑朔迷离之感，后面黑幕重重，未见诸文字的各类传说太多，而那些传说也并非空穴来风。这里仅记载政府公布的材料，聊备后来研究这段历史的人参考：

彭后来被追捕回中国大陆，在迁延较长时期以后，以贪污挪用公款罪被起诉，经两次庭审后，于1995年11月28日经广东省高级人民法院裁定，以侵占罪和挪用公司资金罪被判处16年徒刑，驱逐出境。从这一事实可看出，彭非常成功地利用了当代中国体制的各种弊端和掌权者的贪欲，最后他能逃脱法律制裁，更说明此人的不同寻常，是利用中国现存体制漏洞的高手。

典型的例子。假定有人在 1987 年花了 2000 元买了发展银行的股票 100 股, 此后一直没有抛售, 那么到了 1993 年, 他所赚到的钱和投入可从下表看出:

1987 购买 1 股, 面值 20 元	股数 投资 1 股 20 元
1988 年分红, 2 股配 1 股, 每股 20 元	+ 0.5 股 10 元 1.5 股 30 元
1989 年 3 月, 2 送 1 配 1, 每股 40 元	+ 0.75 红股 + 0.75 配股 3 股 60 元
1990 年 3 月, 2 送 1, 拆细成面值 1 元 /股, 另 10 配 1, 每股 3.56 元	+ 1.5 红股 4.5 股 × 20 = 90 股 + 9 配股 32.04 元 99 股 92.04 元
1991 年 3 月, 10 股送 4 股	+ 39.6 红股 138.6 股
1991 年 8 月, 10 配 3, 每股 12 元	+ 41.58 配股 498.96 元 180.18 股 591 元
1992 年 3 月, 2 送 1	+ 90.09 红股 270.27 股 591 元
1993 年 4 月, 10 送 8.5 股 , 配 1 股, 每股 16 元	+ 229.74 红股 + 27 配股 432 元 527 股 1032 元

这几年, 股票的持有者为买配股总共投入 59100 元, 股票持有量则扩大到 27027 股, 按每股 60 元的市价计算, 收支相抵, 大约净赚 150 多万元。正因为这一发财致富的神话曾是现实, 也就

激励了全中国搞"股份制改造"的热情。

像"原野事件"这类侵吞国有资产的活动全国各地都有发生，据新华社北京 1995 年 6 月 1 日电，山西晋安化工厂原厂劳动服务公司经理兼太原小商品批发市场经理张某、厂劳动服务公司原党支部书记刘某某等人瞒着化工厂，于 1993 年 12 月擅自将市场申办为劳服企业，取得了《劳动就业服务企业证书》，但未取得企业法人营业执照。1994 年 10 月，他们又将市场改组为股份合作制企业，并将市场的部分资产 215 万余元无偿量化给个人。山西晋安化工厂和太原市体改委发现此事后，于 1994 年 10 月 6 日免去张某和刘某某的职务，并决定小商品批发市场暂缓进行"股份制改造"，但张某和刘某某等人仍于 10 月 8 日召开了"市场股份合作制创立暨第一次股东大会"，并借口自己是股份制企业董事会和股东选任的董事长和副董事长及由董事会聘任的总经理、副总经理，至见报时止，还把持着小商品批发市场的领导权和经营权。（见《羊城晚报》1995 年 6 月 2 日）从张某和刘某某对这件事无所畏惧的态度可以看出，当时这类借"股份制改造"之名侵吞国有资产的事情，在中国社会实际上已经半公开化了。

有的地方更直截了当，干脆在成立"股份公司"之时，就给一些政府部门官员送上"权力股"，以便从政府手中批廉价地和廉价物质①。原山东省石油集团股份有限公司副总经理兼泰山石化股份有限公司董事长、总经理徐洪波就曾利用认购股票这一形式为自己及泰安市市委书记、市府秘书长、公安局长等权势集团谋取暴利②。这种猾獭的寻租活动，使政府方面有所察觉，终于在1993年的"反腐败斗争"中，将这种利用假公证、假审计、假评估等手段，在国营企业"股份制改造"和股票上市发行中，利用职权牟取私利、无偿占有股权的行为列为"查办经济犯罪"的重点③。

"淮桔成枳"留下的思考

本节分析前几年"股份制"这张企业改制的"王牌"曾经失灵的深层原因，主要是我国目前缺乏和"股份制"这种体制相适应的社会环境，尤其是没有股份制经济赖以生存和发展的法治环

---

① 《法制日报》(1996年1月24日)载，四川省简阳市的一位副市长在市政府门下专门成立一个从事房地产开发的"股份公司"，自任总经理，其"业务"就是在市政府有关部门以极低的价格批得土地，转手倒卖、出租给其他开发商，以获取暴利。公司股本一部分来自于政府官员的集资，市长和其他高官们则分文不出，坐收红利，他们的"投入"就是他们的权力。类似简阳市的情况在全国各地都有发生，据各地曝光的案件来看，有的是政府处长兼任某公司的名誉董事长，有的是银行信贷官员兼任企业的顾问，"权力股"的大小，全视该官员手中权力的大小而定。

② 新华社北京1996年7月12日电。

③ 《肃贪倡廉 惩治腐败——市人民检察院新闻发言人就惩治贪污贿赂等经济犯罪有关问题答记者问》，《深圳特区报》(1993年7月9日)。

境，从而使"股份制改造"成了各利益集团寻租活动的猎物，股票市场成为过度投机活动滋生的土壤。前几年"股份制改造"留给我们的教训是：随着市场经济的逐步发育，除了那些必须由国家控制的行业之外，必须使权力逐步从经济领域退位，使政府由过去经济生活的主体变为仲裁者；在制度安排上，要制约行政权力并使之与经济活动绝缘，从而达到根除腐败的目的。

正如前文所言，西方实行股份制其实着眼的是它的集资能力——它能将社会游资集合起来，形成较大的资本规模，去办分散的小资本办不到的事情，而不是我国一度非常强调的所谓"管理优势"。事实上，在西方国家的现代企业制度体系中，和其它的企业组织形式相比，股份制并没有在管理上显现出多大的优势。忽视了股份制最基本的筹集资金功能，过高估计了在筹集资金之外的、有一些甚至是一厢情愿地想象出来的功能，如效率功能，必然会带来一大堆问题。

前几年我国利用"股份制改造"这种形式重组国有企业，最终竟出现这种"淮桔成枳"的局面，这种情况迫使我们不得不思考一点：在中国现有的社会条件下，试图用市场经济制度下特有的"企业精神"去改造国有经济部门，到底存在哪些障碍？

现在看来，前几年通过"股份制改造"重组国有企业之所以出现这么多的问题，主要有内部原因和外部原因两点。从内部原因来说，这种流于形式的表面改造不可能从根本上激活企业的"企业精神"。所谓"企业精神"的具体展现，其实就是企业奉行何种管理哲学，以及企业通过管理要达到一个什么样的目标。我们通过股份制进行企业重组，其实质就是要改变企业的管理机制，这种改变包括两个方面：第一步是按照企业本身的逻辑将企业组织起来，第二步则是使企业工作富有活力并使企业职工有成就。而前几年我国通过"股份制改造"使企业重组,在不少情况下,只是翻了一块"牌"而已,重组的第一步大多也就停留在纸面上,很少付诸实施。而建立在第一步基础上的第二步,进行起来其实要比第一步还要困难得多。进入本世纪60年代以后,管理学已基本确立一个这样的观念:企业其实只有一项真正的资源——人,企业只有通过富有活力的人力资源才能完成其经济使命。在今天的社会中,企业已日渐成为个人谋生和与人交往并取得社会地位、个人成就感的场所。因此使职工有成就感在现代企业管理中越来越重要,已日益成为现代企业管理的一项重要任务。从某方面意义来说,这第二步比第一步要困难得多。首先人的逻辑与工作逻辑根本不同。人力资源具有个性和工作主体资格,对于是否工作以及工作数量、质量能自我控制,因而就产生了责任心、激励、参与、满足、报酬等问题。在上述这种"股份制改造"过程中,"改制"企业的职工们其实都很清楚谁是最大的得利者,这种情况下,又怎能指望职工们对企业产生应有的责任感,并积极参与企业的一切工作呢?在第一步和第二步都没有走好的情况下,根本就无法指望企业实现它的第三项任务——履行它对社会的责任。于是就出现了如前所述的情况:尽管政府和理论界注意的主要是"管理功能",但不少企业的管理者却只注意到股份制的集资功能,不少企业的经营者主要是因为这一点而踊跃参加"股份制改造"的。相当多的企业经营者在股份制改造时,千方百计地争取超规模发行股票,目的就是想方设法多筹集一些资金。但由于政府的着眼点与企业的出发点有相当距离,企业"改制"以后,大都采取一种"瞒上不瞒下"的做法,对政府只要汇报自己如何通过努力改变了企业的管理机制,使政府主管部门有业绩向上申报就行,股金的运用则基本上处于不受监控的状态。因之在资金的使用上就出现了这样那样的问题：有的将筹得的资金拿去放高利贷；有的拿去投放至泡沫经济领域，炒房地产、股票、期货；还有的企业在投资时，不遵照法定程序和募股书中对股东的承诺，随意支配资金，改变用途。由于投资随意性很大，不少企业的资金最后都被套在房地产、股票等项目上，经营困难①。连股东的基本利益都没法保证，更无从去谈企业履行对社会的责任。

从实践后果来看，前几年"股份制改造"出现的种种问题，除了上面所谈到的原因之外，还有一个相当重要的外部原因，那就是我国目前缺乏和"股份制"这种企业体制相适应的社会环境，尤其是没有股份制经济赖以生存和发展的法治环境。

按照国际惯例，股份制企业通过终极所有权与法人所有权分离而形成的独立法人资产，以及股份公司的法人地位等权利，都必须由法律赋予并加以保证。其它诸如股权的分散化、终极所有权、法人所有权、经营权的分离、股票的上市发行与自由转让等等，均牵涉到非常复杂的外部关系和内部关系。要处理好这些关系，需要相当完备的经济立法，诸如证券交易法、公平竞争法、证券投资保护法等。如没有一个完善的法治环境和配套法规，必然导致混乱。我国的股票一级市场属于"草鞋没样，边打边像"，实践在先，法规在后，总是在发现一些问题后才匆匆忙忙地出台相应的法规，这就给"内部人"展开寻租活动提供了大量可乘之机。股票二级市场也同样极不成熟，股份制企业进入和退出都没有完备的规则，加之政府对证券市场的违法行为监督不力，导致利用内幕消息与凭借资金实力操纵股市行情这样

---

① 作者曾去韶关市调查，一些企业负责人就谈到这一点：当地股份制改造只有极少数运用股金获得成功，大多数改制以后的企业由于董事会没有资产责任，筹集到资金以后乱投放，导致企业严重亏损。

的事情时有发生,使股市成为过度投机活动滋生的肥沃土壤。远的不说,仅以 1996 年中国股市为例,这一轮股市狂潮根本不是某些中国大陆传媒所说的那样,是"新一轮经济增长的提前反映",而有着其深刻的社会背景:一方面,银行由于居民存款高速增长而背负着相当大的利息支出压力;另一方面大部分国有企业面临着资金短缺的困境,急需通过直接融资筹措大量资金。上述两方面情况决定了国有企业必须通过上市解决资金问题,但长久的低迷熊市已使大部分投资者裹足不前,要吸引更多的投资者入市必须要发动新一轮行情。这种社会背景使得中国股市在 1996 年带有相当大的投机色彩,大量的投机资金在短期内频繁进出股市,最高的一天竟达 250 亿的成交量。与此相随的是大量"消息灵通"人士利用内幕消息和资金实力操纵股市行情。1996 年 12 月初,中国证监会对华银国际信托投资公司等28 家机构在股票发行过程中违规拆借资金一事进行查处。据证券业人士透露,这种事情在证券行业相当普遍①。近几年我国股市经过一轮又一轮的暴涨暴跌,过度的投机色彩使得证券市场聚集社会闲散资金的能力严重受损,长此以往,资金市场将失去一条腿。

　　——由于本章主要讨论前几年"股份制改造"运动在中国当代资本原始积累中的作用,而不是它在中国建立现代企业制度

---

① 　近几年这类事情有很多,在市场极不成熟的早期,有普通股民造势的"苏三山"事件发生。在有关法规先后出台的 1995 年,又有山东渤海集团股份有限公司和君安深圳发展中心营业部,分别在上海证券交易所和深圳证券交易所通过拉高尾市操纵股市、非法获利的案件发生。这类行为被曝光的只是少数,可以说在中国当代,财产最缺乏透明度的就是证券业人士。1996 年事见《深圳特区报》(1996 年 12 月 6 日)消息:《中国证监会查处一批违规机构》。

过程中的作用,所以这里只顺便提及改制失败的内部及外部原因,但这些确实是股份制改造产生的诸种问题之根源所在。如果要想亡羊补牢,对现存的诸种问题加以校正,进行制度设计时,就必须考虑:第一,制度设计必须要能真正激活企业人力资源的活力;第二,必须从完善法治环境与建立配套法规入手,杜绝股市过度投机活动的滋生。

上述情况具体揭示了中国前几年进行的"股份制改造"运动所暴露的深层问题:在各个利益集团的努力下,以改变企业经营机制为目的的"股份制改造",最后演变成了一场以"内部人"为主体、以国有资产为掠夺对象、以权力为参与手段,对社会资源进行再分配的大规模寻租活动。它的出现,标志着瓜分国有资产的活动在承包责任制以后,出现了一个新的高潮,同时也标志着中国产权制度大规模变革的开始。它所暴露的问题揭示了我国产权制度变革的复杂性,低估这种复杂性,将使改革陷入十分被动的境地。

历史上,"种瓜得豆"的经验屡见不鲜。正如40多年以前那场以消灭有产阶级为手段、以社会共同富裕为目标的革命,最终并未带来期望中的富裕一样,这场以改变国有企业经营机制为目标的"股份制改造"运动也与初衷相违。放纵权力进入市场参与分配,客观上只为一批权力圈中人物在短时期内积累巨额财富创造了良好的机会,并加速了国有资产的流失。从社会整体的实践后果来看,前几年"股份制改造"以这种方式进行,对整个社会是一种代价高昂的付出,因为大量资源浪费在企业为谋求"改造"以及"改造"后上市的寻租活动中。如果吸取"股份制改造"的教训,对权力这只严重变形的手及时采取刚性措施加以限制,以后在"圈地运动"中再次出现的权力大规模参与资源分配的局面可能会有所改观。但是当时竟没有充分考虑到:随着市场经济的逐步发育和经济运行机制的根本变化，政府职能必须尽快实行历史性转变，必须将权力尽快从经济领域中逐步分离出来，使政府由过去经济生活的主体变为仲裁者；在制度安排上，要制约行政权力并使之与经济活动绝缘，只是这种制度安排必须通过非经济领域的改革才能完成。可以说，这种制度创新是所有发展中国家在迈向现代化进程中无法回避的根本性制度建设，现代化成就的大小，在根本上取决于这一制度性建设的成就如何。

如何看待"十五大"的改革主题：
用股份制重组国有资产

那么，对于自十五大以后全国开展的"用股份制重组国有资产"的改革，我们究竟应该怎样看待？

十五大提出实现社会主义公有制有多种形式，国有资产股份化就是其中主要一种。这标志着我们已放弃"只有国营大中型企业才能救中国"的旧思路。

国有企业的困境早已不是秘密，"药方"也开出了不少，如前所述，股份制其实是早在80年代就已经开出并付诸实践的一剂"药方"。不能说这个"药方"毫无成效，但它的实践后果与理想目标不一致也是有识者公认的事实。那么时至今日，这张企业改制的"最后王牌"再次被打出来，实在是时势所迫——有人用"中华民族已到了最危险的时候"来形容这种紧迫性，这一点有国际货币基金组织官员的看法为证："对中国来说，比人民币自由兑换更重要的是国有企业的改革"，"因为国有企业的改革直接影响到宏观经济政策和资本市场的发育，而宏观调控的好坏和资本市场发育的程度是一个国家能否实行资本项目可兑换的决定因素。墨西哥的金融危机就是前车之鉴。"① 上述这些话倒也不是危言耸听,国有资产的经营状况确实令人担忧:国有企业资产损失和资金挂账问题突出,空壳企业占全部企业总数的1/4,国有企业、国有银行、国家财政难以步入良性循环。而国有企业负债率过高这一事实,已使人们预感到:如果再不着手解决国有企业的深层次问题,任其将危机转嫁,最终的结果是拖垮银行,导致金融危机。这就是这次国资全面股份化出台的社会背景。

只是与前几年的"股份制改造"的动机与目的相比,时下"用股份制重组国有资产"的动机与目的有明显的差异,最根本的一点则在于改制的主要动机不同。前几年"股份制改造"的主要目标在于改善国有企业的经营机制(有不少国有企业虽经"改制"却未达到这一目标),股份制本来的集资功能倒被放在次要地位。而今年的主要动机却是筹集资金,目的是为了缓解银行危机。这一以往讳莫如深的话题,一些提出"国资股份化"的经济学家们倒也毫不含糊地予以承认,如国有资产管理局科研所所长魏杰就谈到:"目前财政已背着巨大的财政赤字,而且财政支出中能用于经济建设,尤其是能用于国有企业投资的资金,已非常之少,因而财政与国有企业相互依存的因果链条正在发生断裂,财政无力再成为国有企业的资金源泉。"接下来他列举了一连串数据,如国有企业的负债率已高达 80% 以上,而且死账及呆账累计达 6000 亿元以上,再加上企业赖账及拖欠等,银行的不良债务的比率已达 25% 左右。尤其是国有银行的自有资金

----

① 1997 年 5 月国际货币基金组织调研部副主任弗莱明·拉森在"世界经济展望"发布会上的讲话。《中华工商时报》(1997 年 5 月 22 日)。

比率只有 3％左右(亦即银行的负债率已高达 97％左右)①。应该说,这一连串数据,代表着一些为政府决策提供参考意见的中国经济学家第一次在公开场合承认,中国确实存在金融危机隐患。

摆脱危机的机会目前确实还有一个,下列一串数据表明这一机会的存在:1997 年 7 月,中国人民银行提供的金融统计资料表明,我国银行城乡居民储蓄存款达 42771.2 亿元②。而另一份资料表明,据对全国 4 万余户居民家庭记账调查和相关资料测算,1996 年全国城镇"万元户"已达到 6642 万户,占全部城镇居民家庭的 76％③。国有资产管理局则公布,截至 1996 年底,国有资产总量 57106.4 亿元④,1997 年 6 月又公布说,国有资产评估后净值达 32411.81 亿元。这两组数据表明:对国有企业进行股份制改造,确实有民间资金作为支撑——虽然这民间资金的 40％集中于不到 10％的高收入者手中⑤。老百姓确实也有一点购买意愿,笔者与一些微盈企业或减亏企业的职工交谈后发现,尽管职工们不太愿意购买本企业的内部股票,但因现在就业艰难,出于与企业休戚与共的考虑,再加之有些企业采用每人份额由本单位工会从企业公积金中出资若干补贴这一方法(如出资 6000 元即可得面值 1 万元的股票,由企业补贴 40％之类的方法),一般都表示可购买一定额度的企业内部股票以支持

---

① 魏杰:《国资股份化如箭在弦》。《南方周末》(1997 年 8 月 29 日)。
② 《上半年金融形势平稳　货币总量适度》,《中华工商时报》(1997 年 7 月 22 日)。
③ 《新闻报》(1997 年 7 月 4 日)。
④ 《中华工商时报》(1996 年 12 月 24 日)。
⑤ 《中华工商时报》(1997 年 6 月 12 日)。

改革。

凭心而论，企业改制从利改税、放权让利到所有权与经营权适当分离，从单项改革到多项改革，进而到建立现代企业制度，风风雨雨十几年，什么药方都用过了，根本找不到包医国有企业顽症的灵丹。时至今日，换谁去进行诊断，也开不出什么更好的药方。将股份制改造比作我国国有企业改制的"最后一张王牌"，确实恰如其分。从实际情况出发来看待十五大以后"用股份制重组国有资产"的企业改制，就会发现，可能出现的主要问题倒不在于这次改制又为某些权力的不法使用者提供"免费午餐"，而在于改制以后的股份制企业要怎样才能进入良性运作状态的问题。由于这次"用股份制重组国有资产"完全是我国在困境中所作的一次政策选择，对于经济学家们来说，现在要做的事主要是将经济决策的事后反应（包括不良反应）说清楚，不能只向世人展示美好前景，却不揭示潜在危机。这就好比良医开药方时，既要讲清楚药方的治病功效，也要讲清药方可能引起的副作用。更何况前些年股份制改造中出现的种种问题，如不在这次改制中力图克服，将会导致这次大规模企业改制流产。

毫无疑问，通过股份制对国有企业进行资产重组，是我国进行国有企业改革的最后一次机会。在此时此刻，认真总结前几年股份制改革中"淮桔成枳"的教训，是每一个人都应尽的社会责任。

国有企业的病根在于财产权利的私人化和财产责任的公开化。用股份制对国有企业进行资产重组，目的就是祛除这一病根，避免资源浪费。简言之，以往股份制改造结果不理想的原因在于：

一、没有建立有效约束经营者的外部机制。前几年"股份制"这张王牌失灵的原因，主要在于没有解决"企业无上级"的问题。在正统的股东主权模式中,经理层的无能、怠惰以及道德风险都是通过外部股东来校正的,外部股东要发挥作用,则要通过一个有效率的、具有评定公司价值和转移公司控制权的功能的资本市场。除此之外,还要通过一些其它的制度安排,如竞争性的"买卖"经理人员和职工的劳动市场。但我国目前的转轨经济中,竞争性的资本市场与劳务市场都是缺少的。改制后的企业经理层基本上还是通过上级行政命令指派,一些地区搞所谓"国有资产委托经营",受委托人其实也还是由政府按任命干部的方式挑选,并且基本上是委托给原来的经营班子。"企业的最高权力机构"股东大会除了在制定分红方案时起点有限的作用之外,在选举企业董事会成员方面,事实上并未享有应有的权力。由此产生了"股份制改造"流于形式的第二点原因。

二、在董事会成员兼经理人员与企业财产之间,并没有建立起一种将财产权利和财产责任结合起来的机制,经理层还照样享有支配财产的权利却不用承担资产责任和财产损失,他们所要对之负责的事实上仍然是上级而不是股东。

上述原因是前几年股份制改造不理想的主要原因。可以说,只要对经营者行为和道德风险缺乏有效的校正机制,不仅"股份制改造"面临前几年那种"新瓶装旧酒"的局面,其它任何改制方法如"债权改股权"之类也莫不面临同样的问题。

可以说,上述这些企业在用股份制重组企业资产后,实际上并未形成所有者在位的产权关系。前几年"股份制改造"的经验表明:国有企业那种财产权利的私人化和财产责任的公开化弊病在一些国有股占大头的股份制企业里一如其旧。经理层对股东的资产享有等同于支配私人财产的权利;不管是出于什么原因产生的亏损,企业经理层均可不负责任。股东大会不可能因经营层的经营表现不佳或有贪污腐败等道德风险行为而将他们解职,因为任免经理层以及董事会成员的决定权不在股东们手中,而在最大股东——国有资产管理部门手中。在这类股份公司里面,股东的身份由国家变为企业法人或者个人,只意味着将资产风险从国家那里转移给其他的法人或个人股东。

公有制的实现形式有多种多样,十五大精神只是为全国提供一个主要思路,并没有提倡大家一哄而上,不管自身条件如何,千军万马都去挤"股份制"这一条独木桥,各地还得根据自己的具体情形开出"药方",以解决当地国有企业存在的问题。著名经济学大师哈耶克曾说过:"企图依照一个单一的计划来指导一切经济活动会引起不可胜数的问题。……因为一种经济计划的种种目的,或其任何一部分目的,不能够离开特殊的计划来界定。"

经过18年改革,所有深谙中国国情的学者其实都应明白一点,那就是发达国家和发展中国家最大的不同就在于:发达国家出台一项法规极不容易,但一旦出台,执行起来则相当严格;而所有的发展中国家则都遇到相同的困扰:出台法规政策并不难,难就难在执行过程中的严重走形变样。我国现在最大的问题并不在于无法可依,而是有法不依。懂得了这一点,介入决策的学者们就应该在制度设计时,提出种种限制变形的有力措施,以免"淮桔成枳"的局面再次出现。而这一次如弄得不好,有可能引起危机共振。

据行内人士透露,各个环节流失的"买路钱"占楼价的 20~50％左右。中国这个低收入国家出现高收入国家房价的扭曲现象,很大程度上就是由这个原因造成的。

"股份制改造热"和"圈地热",虽然以世界罕见的速度造就了一批大富翁,但却严重地阻碍了中国的生产率提高,滋长了人们的投机心理,劣化了社会道德,对中国社会和经济发展为害极大。

反腐败,不但要警惕权力和金钱结盟,更要警惕"理论"和金钱结盟。

第二章
90 年代的"圈地运动"

80 年代的价格双轨制、承包责任制,以及前几年开展的"股份制改造"运动,使许多人成功地对社会财富进行了再分配。在稍后一点的"圈地运动"中,中国相当一部分权力阶层与某些利益集团相结合,将寻租活动延伸到国有土地资源的配置中去,由此将瓜分国有土地资源及其收益推向了高潮。

"圈地运动"在中国的展开

本节分析了自 1987 年至 1992 年的"圈地运动"(政府批评为"开发区热")在我国展开的政策背景:第一阶段采取非市场化手段,即行政划拨,第二阶段是非市场化手段和市场手段,即行政划拨和土地有偿转让相结合,但以前者为主,这种划拨方式的缺陷使中国的房地产市场成为寻租活动最猖狂的领域。

50 年代初,中国共产党通过土地改革,建立了和计划经济体制相配套的土地使用模式:土地资源集中控制在政府手中,任何用地都得经过行政划拨。直到 1986 年《土地管理法》出台,才突破了实行 20 多年之久的行政划拨方式,规定了行政划拨和有偿出让两种形式并行,提出了建立土地市场的初步构想。但是,要使法规条文得以落实贯彻毕竟很不容易,在此后展开的"圈地运动"中,非市场手段始终是分配土地资源的主要手段。

从 1987 年开始,到 1992 年达到高潮的"开发区热"中,被圈占的既有城市土地,也有大量耕地。"圈地"的手段十分复杂,而其进程在各地亦有快有慢。大体上说,"圈地运动"可分为两个阶段:第一阶段采用非市场化手段——行政划拨;第二阶段是非市场化手段和市场手段,即行政划拨和土地有偿转让相结合,但以前者为主。

深圳特区在全国各城市中,最早认识到土地的价值,于 1987 年率先在全国采取公开拍卖的方式,试行土地有偿转让,使用期限为 50 年。在深圳试验的基础上,1989 年 3 月中国七届人大会议修改了宪法,在"任何组织或者个人不得侵占、买卖、或者以其它形式非法转让土地"这一条款后面,又补充了一句:"土地使用权可以依法转让"。1990 年 5 月以国务院 55 号令颁布的《中华人民共和国城镇国有土地出让和转让暂行条例》,进一步对土地使用权的多项经济权利作出明确界定,规定在获取土地使用权的同时,也可以获取有限度的占有权、利益权和处理权,使用者可以用出售、交换、赠与等形式转让使用权。从内容来看,这一法规是在土地所有权边缘所做的改革,它的出台,为以后各地的土地有偿转让提供了法律依据。

世界范围内不乏利用土地资源有偿转让获得大量资金,从而使本国经济起飞的成功例子。深圳在土地制度改革方面的尝试,以及中央政府用法律形式对这一制度改革的肯定,无疑是对经济发展方略的正确选择。但由于这一制度留下的操作缝隙太多,这一围绕土地所有权边缘所做的改革,又被官员队伍中一些腐败分子加以充分利用,从而使得这一改革再一次成为规模盛大的"免费午餐"。

"圈地运动"首先于广东兴起,港资以深圳为基点,不断涌向珠海、汕头、广州以及整个珠江三角洲,各市、县纷纷建立"开发区",仿效深圳搞土地有偿转让,以此吸引外资。1992 年香港资本市场总量的十分之一均投向大陆房地产业①。一时间,"开发区热"遍及全国,巨额台资投向厦门、福州;大连、天津、青岛则开始吸纳日本和韩国的资金;当年,各地政府都将"引进外资"列为主要政绩。但仔细考察就会发现,从 1991 开始,直至 1993 年初蔓延全国的所谓"外商投资热",其真相就是外商对商品住宅

---

① 《中外房地产导报》(1993 年第 6 期,26 页),深圳中外房地产导报社编辑出版。本章数据除注明之外,均据《中外房地产导报》1993 年各期。

楼宇、别墅、写字楼和通用厂房的投资迅速扩张。据估计,中国这几年开放房地产市场所吸纳的外资,占了"引进外资"总额的90%左右[1]。

据国家建设部公布的资料,截至1993年3月宣布清理时,中国大陆县级以上的开发区已达6000多个,占地1.5万平方公里,比中国当时城市用地面积总量1.34万平方公里还多出0.16万平方公里。而且这还不包括那些未统计在内的村级、乡镇级开发区,"圈地"热于此可见一斑。

最值得深思的是当时社会各方面一点也没注意到这种"圈地热"后面潜藏的巨大危机,就在宣布清理后的一个月,即1994年4月21日,新华社北京分社的一则通讯还将房地产业称之为"市场经济新宠儿",并罗列了一大串数据说明房地产业发展之迅速。那些数据倒是可以用来说明当时房地产的虚热到了何种程度:1992年全国的房地产共完成开发投资732亿元,比1991年猛增117%;共有房地产开发公司12400余家,各类房地产经营、管理、修缮公司4700余家,房地产交易中介机构4000多家,从业人员250万人。1992年商品房竣工18969万平方米,比上年增长57.75%;房地产开发公司经营额达到529亿元,增长87%;房地产开发利用外资7.05亿美元,增长226%;沿海地区房地产业的发展明显快于内地,海南、广东、福建、浙江、上海、江苏、山东七省市1992年完成的房地产开发投资额就占全国的6成以上。

在这种"大跃进"式的"发展速度"面前,中国似乎又一次热昏了头。

---

[1] 《当代》月刊(香港)(1993年9月号)。

权力渗透"圈地运动"

本节主要分析了广东、海南、广西北海、北京、上海等有代表性的地区,在权力这只严重变形的手作用下,土地供给总量失控、土地供给方式失调的严重局面。

"圈地运动"带来的社会经济后果令中央政府为之扼腕。面对土地供给总量严重失控、土地供给方式失调的局面,非既得利益者的各界人士对"圈地热"啧有烦言。

所谓"供给总量失控",还不仅仅是指上述土地供给的绝对总量,更主要是指各地在缺乏与项目、资金衔接能力的情况下盲目划地,造成开发区的面积与开发能力很不相称的局面。许多地方在项目都没有的情况下,就盲目批出大量土地,而这些土地根本就没有能力开发,晾在那里晒太阳。以湖南省为例,到1993 年下半年,已建立各类开发区 300 多个,总面积达 2485 平方公里。但绝大多数土地开发的资金都无着落,无力进行"七通一平"等基础性建设,所以只见开发区挂牌、圈地,却不见有谁正式"开发"。直到 1995 年 11 月,仅湖南长沙一地因以上原因导致"晒太阳"的土地还有数百万平方米,有的已"晒太阳"长达七八年之久[1]。

据国家农业部的官员介绍,这些开发区的土地,80 % 以上是耕地。1992 年中国净减少耕地超过 1000 万亩,形成 1949 年以后中国耕地减少量的第三个高峰。这些被征集的土地大部分并没有投入开发。到 1992 年以后,情况更为严重,一方面是非农

---

[1] 《粤港信息日报》(1995 年 11 月 21 日)。

建设用地指标不断被突破,大量土地征而不用,闲置在那里晒太阳;另一方面却是大批的农民无地可耕。仅以广东省为例,截至1996年全省查荒灭荒大检查为止,过去10年间该省城镇扩大规模占用的土地达133.5万亩,其中耕地占了一半①。

对社会影响更为严重的是土地供给方式的失调。所谓"失调"是指土地供给方式采用行政划拨,从而使权力进一步市场化,为不少人进行"权钱交易"提供了绝好的机会。如炒地炒得白热化的海南,在土地供给的一级市场上,权钱交易几乎是公开的。不少手握实权的人和房地产公司串通一气,以极其低廉的象征性价格大批圈占土地,然后转手获取暴利。当时海南人普遍有这样一种心理:只要圈到地,就肯定有钱赚。在"圈地热"高峰时期,仅在海口一地,就麇集了600多家房地产开发公司,300多家建工企业和200多家规划设计单位。这些企业只要自有资金能够抵付银行贷款,就大量圈占土地。有门路的国内外商人常越过基层办事单位,直接找省、市、县一级领导批地,市、县一级的土地规划部门形同虚设。许多人圈占土地发了财后就一走了之,"圈地热"并未引发"建设热",海南省的经济至今还徘徊于"圈地热"退潮后的萧条之中。

广西北海市的"圈地运动"并不比海南逊色。该地虽在中国沿海的14个开放城市之列,但多年来却无法启动"开放"之门。该市政府效法广东、海南,抓住房地产业,掀起了"开发热",在1992年一年之内就建立近20个开发区,批出土地80多平方公里,批准成立房地产公司500多家。到1993年6月为止,该市的房地产企业已有1100多家。能在一级市场上拿到土地的,自然都是和权力圈沾边的人。当时的北海市市长帅立国曾对别人

---

① 《粤港信息日报》(1996年6月28日)。

感叹自己的"苦衷":"北海市的房地产虚热谁也不能否认,这种虚热的根由就是土地失控。但我有什么办法? 批来的条子我能不签字吗? 知道这种情况是错误的,但我也没有办法控制。这是中国特色,不是我这个市长能顶得住的。地就是这样几平方公里几平方公里地批出去了。"[①]

天子脚下的北京城则又是另一番景象。1992 年一年之内,该市经行政划拨的土地达 24000 余亩,其中一次性划拨占地 10 亩以上的便达总数的 80%。仅 1993 年 1 月,一次性行政划拨 10 亩以上的土地就有 8 批。1992 年土地划拨量是 1991 年的 3 倍多,而商品房投资总额却只比 1991 年增长 42.2%,可见为数不少的人意在"圈地",而不在建房。正因为北京的"通天大腕"多,行政划拨土地容易,才会出现这样的情况:1992 年 2 月 4 日,北京市举行首次土地招标,在为期 4 天的招标期内,竟无一位投标者光顾。道理很简单:能花少许钱打通关节弄到行政划拨地,又有谁会去要那代价高昂的"招标"竞买地?

即便在较早实行土地有偿使用的地区如广东,截至 1992 年底,招标出让的土地也不超过土地供给总量的 5%。深圳特区在实行土地有偿出让的第 6 个年头——1992 年,其招标出让的土

---

① 《中外房地产导报》(1994 年第 48 期)。

在这次"圈地热"中,许多开发商由于后续资金不够,导致大量楼盘"烂尾",引发许多房地产纠纷。所谓楼盘"烂尾",主要是指工程没有按时完工交付使用;质量有问题;加价及乱收费;产权不明确等等。据《中华工商时报》1996 年 11 月 5 日消息,截至消息见报时止,投诉国内楼盘"烂尾"的,主要集中在广东省的惠东、淡水、中山、东莞、广州、深圳、南海等地,涉及的国内楼盘约有 30 个,买家主要是香港人及部分新加坡人,大部分是在 1992 年和 1993 年"圈地热"白热化时购入的。

地也仅仅只占土地供给总量的 25.2％，大部分土地还是采取行政划拨方式。在建设部宣布清查后，深圳市人大、政协联合组团对宝安、龙岗两地进行清查，初步统计出两区在"圈地热"中占用的农业用地(包括鱼塘、果园、菜地、稻田)共计 7 万多亩，其中有近 5 万亩属于违法用地，约涉及 3000 多个项目。而与"圈地热"相伴而行的是深圳市的蔬菜零售价格比 1992 年同期上涨一倍多，各种鱼类的价格也翻了一番①。

这种行政划拨方式，一方面妨碍了房地产市场建立公平竞争机制，另一方面导致种种腐败现象丛生，不平等的权力分配在土地一级市场上表现得淋漓尽致。在"圈地热"已过去好几年的 1996 年，一份详细的资料记载着这样一些数字：1992 年至 1994 年间，广东共发生各类违法批地、用地案件 13849 宗，涉及面积 15.2 万亩，其中属政府部门违法的占 80％左右。在 1996 年广东省的查荒灭荒大检查中，查明因非农建设征而未用的 23.8 万亩闲置土地中，70％是政府部门所为②。

权力不法使用者的盛宴
——瓜分国有土地收益

本节通过许多事实，展示了国有土地收益如何在和土地沾边的某些权力者的共同作用下，大量流失到个人口袋这一事实。并分析了"圈地热"给中国经济带来的严重后果：首先，政府通过出让土地只得到很少收益，大部分收益都通过各种"灰色渠道"流失，从而使权力部门中人受益，形成了最具政治意义的收入分

① 《南方周末》(1993 年 6 月 25 日)。
② 《粤港信息日报》(1996 年 7 月 2 日)。

配畸变,并使中国丧失了一次积累建设资金的重要机会。其次,导致中国房地产市场商品房价高涨,以及供需严重脱节的状况,政府住房政策受到巨大冲击。

尽管《土地管理法》和《城镇国有土地使用权出让和转让暂行条例》等法规明确了国家对一级土地市场的垄断权,并规定对土地使用权转让等市场行为征税,但在划拨土地这个环节上却存在大量"灰色行为",所以事实上国家并未成为土地资源出让的最大受益者。权力介入房地产业,使"圈地运动"的早、中期参与者大发其财,已是不争的事实。据不完全的保守估计,在"圈地运动"期间,国有土地收益流失每年逾百亿元[①]。

在广东、海南、深圳、北海、上海等地的人都明白,只要和土地沾上边,几乎都有可能"发达"。从征地开始,为数众多的村干部和村土地经办人,以及区、镇、县、市国土和建设部门的工作人员,几乎每个环节都需用钱来打通"关节"。"前门"往往走不通,最有效的办法是送"公文袋",袋里装上一扎一扎的现金,一般数目是几万人民币加几万港币。一位"圈地"的参与者曾绘声绘色地讲过他"腐蚀"广东干部的"送礼三部曲":首先是问清该主管干部的电话号码、住址,第一次上门时提一些水果"投石问路",第二次再送"红包",以后就是面对面地"讲数"。而另一位则别有见解,说这些先富起来的广东干部对钱的兴趣已不是很大,倒是对北方(广东韶关以北)的美女垂涎三尺。于是他就投其所好,广揽美女做"公关小姐",具体的"服务项目"则事先讲好。这些在各个环节上流失的"买路钱"最后自然都计入成本,使市场商品房价格高涨。不少行内人士透露,这一类"前期开发费用"

---

① 《中外房地产导报》(1994 年第 48 期)。

几乎占楼价的 20～50％ 左右。中国这个低收入国家出现高收入国家房价的扭曲现象，很大程度上就是由这个原因造成[1]。

　一篇题为《深圳市村镇土地管理中腐败情况调查及其对策》的调查报告，对"圈地运动"所引发的种种腐败行为有详细的说明。这篇调查报告谈到，仅在 1993 年上半年这一段短短的时间内，深圳市经济罪案举报中心就收到有关一些干部利用村镇土地开发、转让之机进行贪污受贿活动的举报 36 件，涉嫌 46 人。其手法主要有下列几种：一是利用土地转让之机，依仗职权搞"台底交易"，收受所谓"茶水费"、"好处费"，数额动辄数十万元，甚至上百万元；二是利用经办转让土地的手续，与对方串通，瞒报地价，采用以多报少、大头小尾等手法，侵吞土地转让款；三是利用土地开发的审批权，与客户搞权钱交易，这在一些国土管理部门比较常见。他们惯用的手法是将申请拖着不办，然后看谁"醒目"，谁"识做"，谁的手段高明，吃喝玩乐一条龙，就给谁办理[2]。深圳市宝安县建设局规划科副科长余强就是这方面的典型。这位职务不高但"权力"却很大的副科长利用审批权，先后索贿 225 万元人民币、313 万元港币[3]。至于利用区（县）、市、省三级多头批地弄"人情地"、"关系地"更是常见手法。仅深圳一地已经"曝光"的就有市房管局局长陈炳根，福田保税区主管地政规划的 3 名处长和一名科长，宝安的 10 多名村干部，以及因搞房地产开发而贪污受贿达 800 万元之巨的曾利华。一个长沙市国土局，从局长左天柱到下面的干部，就有 10 名因受贿而

①　作者调查手记。

②　杨志强、侯国祥：《深圳市村镇土地管理中腐败情况调查及其对策》，《深圳法制报》(1993 年 9 月 16 日)。

③　余强受贿数字来自深圳市中级法院审理余强案公告。

受处理①。在号称"炒地"炒得发了疯的广西北海市,其中黑幕更多,在中央联合调查组经过两年调查才查清楚的有关北海"圈地"的贪污受贿案中,涉及人员达 123 人,其中厅级干部 5 人,处级干部 20 人,涉案金额达 1.1 亿元人民币。北海市委的 3 个常委即常务副市长王芳春、政法委书记彭福钦、组织部长何有学均因大肆贪污受贿受到惩处②。

在这次"圈地运动"中,中国现行的土地管理体制将它的种种弱点暴露无遗:几乎没有任何有效的措施来制约地方政府及部分领导者在土地开发中决策的随意性。甚至已出现过这样的例子,一些不同流合污的国土管理干部,竟被当地政府领导以"与当前经济发展形势不合拍"、"胆子不够大"、"阻碍地方经济发展"为由,或调离领导岗位,或被降职使用③。这些批出来的地很少进入真正的开发,大部分都被炒来炒去。广西北海市的土地,地方政府实行"低门槛政策",但在 1993 年上半年,这些土地经三四次转手后,市场价格涨至原价的一二十倍。广东淡水、惠东的地皮更是成了"要多少有多少"的无限供给局面。这些地方的土地价格随行就市,全视经办人得的"好处费"多少而定。一些能拿到"条子"批地的人,几乎不用资金,只需交一点点手续费拿到"红线图"后,便马上将土地脱手,立成巨富。重利吸引之下,广东附近的湖南、四川等地,大大小小的权势者多方筹集资金来广东炒地。1992 年下半年,淡水"熊猫汽车城"项目告吹,惠州市政府决定于 1993 年 4 月份召开"土地清查联席会议",准备将资金项目落实不了的土地收回。不少圈占了大量土地的本

---

① 原载《法制日报》,转摘自《深圳法制报》(1996 年 3 月 6 日)。

② 《北海批租土地中的丑闻揭秘》,《改革》杂志(1997 年第 2 期)。

③ 《粤港信息日报》(1996 年 7 月 2 日)。

地单位及人士事先得知这一消息,纷纷以重金回扣相许诺,动员各路神仙出动,四处拉买主,最高回扣竟达成交金额的 10% 以上。不少湖南人回去动员家乡的单位或个人前来淡水、惠东炒地皮,一时之间,湖南不少县、市的党政部门和"能人",都争先恐后以各种名目,通过各种渠道向银行贷款,奔赴淡水去发"地皮财"。在"炒风"最烈的湖南省邵阳市和邵东县,就连教委、体委、计划生育委员会、工会这类俗称"清水衙门"的事业单位都不示弱,纷纷倾囊而出,把教育及体育经费全都拿出来,聊作"以钱生钱"的资本。一些曾参与炒地皮的人透露这种炒法对参与者的"好处":赚了,公家得"小头",送点钱回单位去交差,私人则得"大头",参与者和跟随坐镇的银行代表利益均沾;亏了,拍拍屁股走人,自有地皮和"红线图"之类的放在那里向单位和国家银行交待。湖南邵阳市一家工商银行挪用公款到淡水炒地皮所赚的钱,全被集体私分。截至国务院下令禁炒地皮之时,湖南省全省银行乱贷款、乱拆借投入到房地产上的资金已达数十亿。这些钱全被冻结在地皮上,严重影响了当地经济运行的正常秩序,凡参加"炒地"的市、县至今还未恢复"元气"①。

在任何国家,土地都是不可再生的重要资源,更是国家积累建设资金的重要来源。在有着天文数字般庞大人口的中国,土地资源的约束已经相当严峻。在人均耕地很少的情况下,我国政府大量出让土地有着双重目标:一是通过土地使用权出让来积累建设资金,这对资金匮乏的中国来说,确实非常必要;二是希望通过此举促进住房商品化,以利于我国在 2000 年时达到人均居住面积 8 平方米的社会目标。但是由于权力的高度市场化和少数地方政府权力层的群体腐败,使实际结果远远偏离了上

---

① 作者调查手记。

述目标。

首先,由于一级市场上实行土地供给双轨制(行政划拨和有偿出让)模式,这就使大部分土地通过行政划拨流入二级市场,这部分土地基本上没有多少收益可言。而有偿出让的那一部分,由于缺乏地价评估、地价管理的行政法规和公开的地价标准,使许多地方的掌权者在有偿出让的过程中,为了从中取利,竞相压低地价,随意处置土地资产,造成国有土地收益大量流失。大量资料表明,中国土地二级市场上的价格并不低,1985年一般城市地价约为 5~8 万元/亩,1988 年上涨为 15~20 万元/亩。近几年沿海地区和珠江三角洲城市的地价猛涨,已超过100~200 万元/亩,有些黄金地段更高达 700 万元/ 亩[①]。这些价格往往是一级市场的数倍乃至 10 多倍,价差在中间环节大量流失。所以不少地方的土地虽然大量出让,但地方政府却未能形成大的积累,只使不少权势者和参与炒地者成为巨富。有人曾算过一笔详细的账,政府出让的大部分未经开发的生地或不完全具备"七通一平"条件的毛地,土地价格大多都很低。根据北京市黄金地段土地价格分析,未开发成熟的土地批租价格只占开发成熟的土地价格的 10%,即:一块开发成熟的土地的价格,一般包含 10%的土地出让金、30%的基础设施和基地处理投资,以及 60%的土地增值费。也就是说,在中国这段时期这样一种土地供给方式下,政府出让毛地或生地,仅仅只能拿到二级市场上土地价格的 10%[②]。至于中国房地产业的利润,用行内人士的话来说是一个"秘密",即一个永远也无法测知其深浅的财富"黑洞"。每一个涉足房地产的人,由于土地的来源和拿到

---

① 《中华工商时报》(1996 年 6 月 10 日)。

② 《粤港信息日报》(1995 年 1 月 11 日)。

土地的时间不同,从而得到的利润也很不相同。总之,通过这种"灰色渠道"形成的收入分配畸变,诱发了社会道德的大滑坡,使社会秩序不可避免地陷入动荡混乱,社会公众对于不公平现象的怨恨情绪普遍增强。

其次,出让土地虽多,却并未使民众的住房问题得到多少实质性的解决。由于土地二级市场价格过高,建造以中下等收入者为销售对象的大众化住宅根本无利可图,开发商们纷纷建造豪华公寓和高级住宅,以港台人士和国内的"大款"为销售对象,这就使中国的房地产市场陷入严重的供需脱节。据房地产业内人士对世界各大经济中心城市的楼价进行对比,我国中心城市的楼价已与英国、美国的中心城市不相上下,比加拿大、澳大利亚还要昂贵。据国家建设部公布的房地产市场数据,1995年我国商品房空置达5046万平方米,就在这些存量未消化之时,又有大量"增量"积压,1996年我国房地产开发投入3825.29亿元资金,而销售额却只有1340.38亿元。到1996年底为止,我国商品房积压已超过6800万平方米,由此发生的资金沉淀达1200万亿元[①]。但其价格却使缺房的工薪阶层积毕生之力都无法购买。直到房地产价格连续跌了两年以后的1996年,在内地大城市如上海、北京,以及沿海的广州、深圳等地,一般规格的商品房每平方米价格尚需4000~6000元,一般省会级城市如武汉、长沙则需3000元左右。根据我国的收入水平,每平方米超过2000元的商品房价格,与工薪阶层的购买力相去甚远[②]。商品房积压到1996年,就出现了这样的情况:

1996年9月27日的《北京青年报·青年周末》登载了一篇

---

① 《中华工商时报》(1997年3月7日)。
② 《中国市场经济报》(1995年4月19日)。

题为《为何炸掉花园别墅》的文章,这篇文章称,石家庄市体育南大街的华兴花园小区,由中国华兴河北实业发展公司在前几年房地产热时所造的 51 幢别墅构成,因卖不掉而闲置了几年,最后在 1996 年 7~8 月间炸掉。下面是中央人民广播电台记者孟昕采访华兴河北实业发展公司总经理时得到的回答:"花园别墅200 多亩地,都是当时建委主任、规划局长亲自给我们做的规划,他认为在石家庄应该搞成一流的,不仅在外部建设,内部的配套设施,还有物业管理和服务都应该是这样的,到后来在建设过程中,我们建了 51 幢别墅。在卖的时候,卖得很慢,这样卖出去的,我们就装修,没卖的呢,仅仅是个外壳。另外从发展方向上来讲呢,别墅在石家庄的购买力是不行的,从布局上讲呢,规划局也同意把这 10 个小别墅去掉,改建普通住宅。从程序上都正规,从当前为居民提供普通住宅的方向上,这个也是社会需要的,再从资金上算经济账,拆掉的这 10 个也就损失了七八十万,但是盖出 4 幢楼赚的钱,那可就不是这七八十万了。这样从银行资金还贷款,那是一笔不少的效益。所以综合考虑以后我们就把它给拆了。对于社会的说法呢,从我们的角度不评论这个,因为搞房地产热的时候,大家也都在说热,冷的时候也都说冷,它在热的时候我们说冷,好多人都不理解。"刘冲的看法似乎在其它几家房地产公司那里得到了认同,燕港公司总经理郑鹏飞说:"高级别墅市场不接受它,不消化怎么办?扒掉以后盖多层。放在那儿积压,成本也居高不下,资金也占用了。往前追溯决策上有失误,因为不是他一家,是全国房地产的一个通病。随着1992 年、1993 年房地产热它就是一个通病,都是楼堂馆所、别墅,脱离了市场需要,尤其石家庄这个城市,虽然是个省会城市,居民的消费水平、消费观念都没有达到一定水平。"不管对这件事如何进行辩解,在建设资金短缺时期、老百姓住房紧张的情况下,发生这些事情总让人觉得这"学费"很不值得。

从世界经验来看,房地产发育有两个基本条件:一是人均房地产比重和城市化水平,二是社会资本积累速度。就第一个条件而言,我国人均房地产水平不仅远远低于发达国家,也低于一些发展中国家。城市化水平也比较低,这是房地产市场发展的有利条件。就第二个条件而言,这些年我国社会资本积累的速度相当快,但是分布却极不均衡,主要集中在7%的富裕及富豪型家庭手中①。这些家庭一般已拥有令普通民众望尘莫及的住宅,其中有些家庭还拥有多套。而有购房需要的工薪阶层面对如此昂贵的房价,却并没有足够的购买力。也就是说,中国目前这个房地产市场之所以"人气"不旺,购买者不多,是因为这个市场在很大的程度上是"炒"上去的,而不是建立在有支付能力的需求之上的。世界银行对许多国家进行调查后发现,住宅价格应保持在家庭年收入的3至6倍为宜,超过6倍则很难有市场。按1995年上海职工平均年收入9000元计算,一个双职工家庭年收入为18000元左右,其3至6年的总收入约为5.4万元至10.8万元。按照我国目前的商品房价格,一个家庭要购买一套中等水平、面积为70平方米的商品房,约需20~30余万

---

① 可以列举两份材料说明中国目前的房地产市场不是建立在有支付能力的需求之上,一是1995年中国房地产开发企业经营状态。据统计,这一年房地产企业有40%处于停业状态;13.64%处于亏损状态;处于其它状态的占46.36%。而这一年的房地产市况可从下列几组数字看出问题:这一年,商品房空置率增长了53.46%,全国房地产开发企业负债率达72.36%,除上海、广东、浙江和贵州之外,其它25个省市出现行业性亏损,开发企业的亏损面达52%。从这一点就可以看出目前中国房地产市场的消化能力相当不行,市况低迷。见《粤港信息日报》1996年7月7日。

元,绝大多数工薪阶层无论如何都没有这样的财力。目前在我国,除了就业政策之外,再也没有任何公共政策比住房政策对民众影响更大。这方面的挫折和失望越多,民众对改革的满意程度就越低。

第三,借助"光环市场"和"环上市场"理论分析可以得知房地产虚热引发了潜在的经济危机。所谓"光环市场"是指超过实际需求的产品,即剩余产品的市场。这些产品在工厂里以积压、在商店里以滞留的形式表现出来,竞争越激烈,光环市场越大。光环市场虽然是由难以成交的产品构成的,却能造成虚幻的繁荣,如同一些星体所具有的光环一样,这些光环虽不是实体,却是真实的存在。"环上市场"是建立在光环市场上的市场。如房地产业需要大量的建筑材料,由于竞争,建筑材料的供应量将超过实际需求。如果实际需求量为 1000 套房屋所需的铝合金门窗,而供应量却达到 1050 套房屋的铝合金门窗,那么其中 50 套房屋的铝合金门窗则为光环市场。制造这 1050 套房屋的铝合金门窗的铝合金材料则形成了实际需求,其中 50 套门窗的材料则是建筑在光环市场之上的,称为"环上市场"。同时铝合金材料市场由于竞争又会形成新的光环市场。可以说,光环市场如同沙滩,而环上市场则是沙滩上的巨型建筑。如果第一市场的剩余产品已达 5%,那么第六市场则占 30%。如果竞争白热化,第一市场的剩余产品率为 20%,那么第六市场则会高达 120%。如果第一市场因剩余产品的压力过大而崩溃,上面那些剩余产品比例更高的市场如第二、第三……第×市场则一定会像雪崩一样垮掉,没有办法能阻止这种崩溃。这是经济危机突发性强、规模巨大、波及面广的根源所在。本章仅仅只分析了一个与房地产业有关的市场,而实际上房地产的相关产业有 50 多个,有间接联系的又还有许多个。由此可知,圈地运动造成的房地产虚热,会对中国经济有何影响。

一份材料显示,从 1987 年开始推行土地有偿使用制度,土地作为特殊商品开始进入市场以来,我国的土地资产就开始从各种渠道大量流失。据 1992 年初步测算,我国城镇国有土地资产价值至少达 15 万亿元,其中企业生产经营用地占 1/3,至少有 5 万亿元土地资产可有偿使用并保值增收,远大于全国国有经营性与非经营性固定资产 3.5 万亿元。若 5 万亿元土地资产中每年有 3% 进入市场,按 40% 征为政府纯收益的话,各级政府每年来自划拨土地入市的纯收益约为 600 亿元。

然而现实并非如此,事实上国有土地资产在大量流失和变相流失。根据多年来从实践中得出的经验,国有土地资产流失的渠道主要有以下 5 条:

土地隐形交易 经调查后保守测算,国有划拨土地使用权因非法转让、出租和抵押等隐形交易而导致流失的国家土地收益,大城市年平均 1500 万元以上,地级市平均每年 1000 万元以上,县级市 50 万元以上,建制镇 20 万元以上。全国每年因土地隐形交易流失的收益至少在 100 亿元以上。

城镇土地使用税征收不到位 按国家征税标准和征税范围,全国每年可收取土地使用税 150 亿元以上,而实际只收到 30 多亿元,流失高达 120 多亿元。

土地出让金偏低 在土地出让中,各地普遍以压低地价作为招商引资的优惠条件,协议出让土地的比重高达 90%,而协议出让的地价仅为拍卖、招标地价的几分之一,甚至几十分之一,有的地方还出现了负地价。若真正按市场经济规则和价值规律科学确立地价,全国土地出让收益还可多收几百亿元。

大量非市场形式供地和土地闲置变相流失土地资产 尽管国家大力推行土地有偿使用制度,但大量本应以出让方式供地的项目用地仍以行政形式划拨,土地资产价值没有显化,没有地租收益。另外,城镇划拨土地存在大量闲置和低效使用现象。据测算,全国城市建设用地约 4～5% 处于闲置状态,40% 处于低效利用状态,由此每年损失土地收益约 800 亿元。

土地增值税征不到位 尽管国家已颁发了征收土地增值税规定,但除少数省市开始实施外,大部分地区尚未开始征收,这也是造成土地资产流失的渠道之一①。

房地产市场能否成为新的经济增长点

本节指出:尽管建设部有针对性地提出了 5 条措施,旨在改变商品房严重滞销的局面;一些城市也纷纷出台了有关政策,"让老百姓买得起",然而收效甚微。因为这个市场需要政府、开发商、消费者几方联动,才能形成带有决定性的启动,否则就无法将潜在需求化为有效需求,还是不能形成新的经济增长点。

1996 年上半年,中国政府通过两次降低银行存款利息,希望以此启动市场需求,但到了 11 月份,已经可以很明显地看出这一政策目标将难以达到。看来在产品相对过剩的今天,与有效需求不足作"斗争",是今后比较长一段时间内中国必须应对的经济难题。选择房地产业作为新一轮经济发展的启动点,也就顺理成章地成为高层决策人士和部分奏折派经济学家瞩目的经济政策。8 月,建设部、国家计委、国务院有关部委负责人都相继发表谈话,表示要理顺政策,调整商品房价格,发展住房金

---

① 《土地资产从哪里流失》(《北京青年报·青年周末》1997 年 5 月 23 日)。

融,通过降价处理和租赁的方式来盘活现有存量的房地产市场,以住宅建设作为新一轮经济增长的启动点,带动其余 50 多个相关行业的发展。但在房价高涨、公众缺乏购买力的情况下,可以想象,要达到目的有相当大的难度。

目前住宅产业难以启动的一个根本原因就是一次性支付的高房价与国民相对较低的工资收入的矛盾。这一点从发达国家购房支出与家庭年收入之比可以看出:

部分发达国家购房支出与家庭年收入之比

国　　别	美国	加拿大	英国	巴西	澳大利亚	瑞典
每套住宅售价与家庭年收入之比	2.8:1	4.8:1	3.7:1	5.7:1	4:1	1.8:1

据了解,不少中等发达国家居民收入水平大大高于我国,而住宅价格却低于我国。这些国家每套住宅的总价格,均在家庭年收入的 6 倍以内,加上有银行提供的按揭,这些国家的居民均可轻松地买房、租房。我国人均收入排列世界 200 多个国家的170 位左右,而房租房价却大大超过中等发达国家,甚至比发达国家还高,显然不合中国国情,是极不正常的经济现象。目前我国商品房售价与工资收入之比普遍在 12∶1 左右,有的地方还高于这一比例,显然高于国际标准许多。针对现在市场上商品房滞销严重的局面,建设部有针对性地提出 5 条措施,希望从政策方面理顺下列儿方面的关系:

一、加大房改力度,改革住房供应体制,尽快从以往住房实物福利分配的方式过渡到住房含金量理入工资分配,促进职工从市场购房,以此推进房地产市场的发展。

二、理清商品住宅价格构成,控制价格的不合理上涨,逐渐缩小百姓购房愿望与购房实力的差距。

建设部认为,目前造成商品房价格居高不下的原因,除市场供求关系作用、通货膨胀拉动等因素外,主要原因在于构成不合理。现在的商品房价格构成是在计划体制下形成的,包含了城市基础设施的建设费用、公共服务配套建筑的建设费用和拆迁安置费用等,这样一来,房地产的开发成了社会发展综合性的开发。随着市场经济的发展和个人购房市场的形成,价格构成需要重新调整。如城市基础设施建设费用必须建立新的来源。住宅小区的基础设施建设,其建设费用可以摊入住宅的建设成本。需要研究解决的是要建立住宅小区范围外的大市政基础设施建设资金的正常渠道。

三、发展住房金融和个人购房抵押贷款业务,提高居民购房能力。信贷对住宅建设的支持应逐步从单纯支持企业开发转向支持住房消费与支持住房建设并重。

四、要通过税收政策的杠杆作用鼓励住房消费。我国的经济模式和运行方式已发生了很大变化,但房地产税制仍基本沿袭原体制。因此应系统地研究和改革现行的房地产税制,参照国际惯例,规范流转税、财产税,避免在商品房买卖中对一种行为同时并征营业税和契税,重复收税只会遏制市场的发育。

五、要依靠技术进步,推动住宅产业现代化。实现住宅建设从粗放型向集约型转轨,形成围绕住宅这一最终产品的、符合现代工业发展要求的产业群体。

就在建设部等国家权威机关发表一系列谈话后不久,广州、武汉、天津三市,或由政府部门牵头,或由金融机构出面,平抑房价,支持个人购房。三个城市着眼点都放在"让老百姓买得起"这一点上。以历来善于用足政策求发展的广东省为例,1996年7～8月间已出台了一系列优惠政策支持个人置业,以启动房地产市场。这些盘活房地产占压资金的措施主要包括:第一,严格控制房地产开发用地供应。从 1996 年 8 月到 1997 年底,除政府组织建设的安居工程外,各市原则上不得新批商品房开发用地,严格控制其它建设用地转为房地产开发用地。对开发企业现存开发用地进行清理,重新合理配置。已取得土地使用权但使用单位无资金开发实力,逾期不投入开发的,政府依法收回其土地使用权。第二,严格控制房地产建设规模和新开工项目。各地应集中资金搞好现有房地产开发项目的建设,对高档房地产开发项目,在调整、消化期间,一律不准立项和开工,严禁借高科技开发区、工业开发区名义上大型别墅项目和旅游度假村项目。第三,清理房地产各项收费和地价,理顺商品房价格,降低售价;取消各种不合理收费,把房地产各项收费降到开发成本的20%左右;解决房地产开发中市政基础设施和专用配套设施费用分摊过重的问题。同时,要根据实际情况合理调整开发用地的地价和缴款期限,切实解决一些地区地价偏高的问题。地方政府及财政部门也要采取措施减轻税收负担。第四,狠抓商品房促销工作,尽快回笼资金。要将部分滞销的商品住宅转化为微利房、解困房,由政府组织收购并出售、出租给住房困难户。银行要有选择地开展商业银行房地产按揭业务,启动盘活银行资产存量。开展按揭业务所回笼的售房资金,房地产开发企业必须首先用于归还所欠银行贷款。银行将所收回的贷款应用于增加企业流动资金。广州市市长则表态在近期内将地价收费降低 1/4,市政配套费降低 1/5,以放活这个行业,与此同时则加紧处理被投诉楼盘的"烂尾"问题,以解除消费者的"后顾之忧",改善房地产业在公众心目中的形象。广州在 1996 年内还发放8.5 亿元个人购房抵押贷款业务,购房入户等优惠措施也陆续出台。总目的就是一个,刺激房地产市场的发展。

问题是房地产市场需求和供给之间那巨大的缺口如何才能弥合？在以往几年的住房制度改革中，只有深圳市获得了成功，其余地方都因其流于形式而又中止。有关方面分析，认为现行住房分配体制是房改的最大障碍。其实问题的关键并不在这里，许多地方卖房不过是将居民现住的房子作价出卖给住户，并不是消化那 5000 多万平方米空置的商品房。所以解决市场商品房滞销的关键，是将降低商品房的价格和提高居民的购买力二者结合起来，在房价降下来的前提下，让居民通过 15～20 年分期付款的方式购买一套住房，这样才有可能启动市场。但问题的关键则在于：要降多少，老百姓才能买得起？

根据笔者近期对北京、广州、深圳等地房地产价格行情的分析，北京市三环以内的房价普遍高于深圳市福田、罗湖两市中心区房价，都在每平方米 6500～10000 元之间，深圳稍好一点的商品房价格都在每平方米 5500 元以上，广州的商品房价也都在每平方米 6000 元左右。这 3 个城市居民的消费能力比较接近，这种水平的价格远远超出了一般城市居民的承受力。分析房地产近期走势，可以将住房制度改革最成功的深圳作为几个城市的代表。

由于没有计划经济体制时代的"老本"可吃，深圳居民购房置业意识远比其它几个大城市要高。1996 年因有蓝印户口曾一度使龙岗、宝安滞销的商品房热闹过一阵，一些人在这些地方买下房子，解决了自己和需要解决的亲人的户口后，将剩余的指标以每个 2～3 万元的价格又卖给别人，以降低自己的购房成本。但这股热乎劲马上就过去了，目前深圳市比较好卖的主要是价格适中的小面积多层商品房，购买者多是没有住房者。曾有一段时期复式房走俏，但因其价格定得太高，一般都需 120～250 万元，与大多数购买者消费水平相差太远，后来就出现滞销的现象。在北京和上海这两个城市,则出现畅销和积压并存的局面:交通不便、市政设施不便的远郊区县的商品房大量空置,属于无效供给;而城区及近郊那些价格不算非常昂贵的房子则比较好销。总之,到新政策出台好几个月后的1997年10月为止,还没有出现房价下降、住房畅销的局面。房地产业的人士指出,诸如此类的投资失误造成了大量的无效供给,即使降价也很难转化为有效供给。

估计在政府出台一系列优惠政策以后,能够被市场消化掉的积压商品房,也就是那部分在各方面都能满足消费者需要且价格合理的商品房,至于那些价格高昂且管理费等后续消费昂贵的豪华型商品房(高层楼宇和别墅)还是会严重滞销,需要政府采取更强劲的优惠措施,将价格降至更适合消费者购买能力的水平,甚至还要对后续消费有明确的规定才行。

总的来说,房地产市场并不会因政府的各种改革措施一出台,就会拉动需求快速增长,因为这个市场需要政府、开发商、消费者几方联动,才能形成带有决定性的启动,否则就无法将潜在需求化为有效需求,还是不能形成新的经济增长点。城乡居民储蓄到1997年6月底已有42771.2亿元,但一般百姓的存款多是养老或子女教育所需,很难在"刺激"下转换成对房屋的消费需求。10万元存款以上的储户能不能将这笔钱转换成房地产的需求能量,还需引导得法。

"圈地运动"在中国当代资本原始积累史上的地位

本节总结了"圈地运动"在中国当代资本原始积累史中的神话般的地位:个体经营热、开办公司热以及股份制改造热中,最多只出现了百万富翁,只有在"圈地热"中,中国才产生了一些

"以无博有"、"以小博大"的千万、亿万富翁。资本原始积累就是在这一过程中才得以加速度地完成。

在"圈地热"后面，隐藏的是巨额利润。这一时期，涉足房地产的人士经历了"以无博有"、"以小博大"这两个阶段。在"房地产热"初起阶段，港澳和国内一些人手里只要有几十万资金就可以搞房地产开发，一方面他们找到掌实权的政府官员，采取贿赂等手段批出红线图；另一方面用同样的手段笼络金融界人士，批出贷款，在短短时间内靠玩"空手道"成为巨富，这是在"圈地热"初起时的普遍现象，被行内人士称为"以无博有"。经历了一段时间后，一些人用几百万、上千万的资金搞开发，经历了90年代初两次小小的高潮后，成了中国地产业的大亨，这在房地产业内被称为"以小博大"。据建设部部长侯捷在报上公开介绍，在中国投资房地产业利润率大大高过国际水平，也高于发达国家。国际上房地产的平均利润率基本上是 6～8％，但中国国内房地产业的平均利润率不低于 30％，即使近年市场很不景气，也在 20～25％左右，连利润率最低的安居工程，还有 15％左右的利润，大大高于一般产业的利润水平。

在中国当代资本原始积累史上，中国经历了以下几个阶段：个体经营热（承包农田热）—— 开办公司热（价格双轨制的产物）——股份制改造热（股票热）——圈地热（房地产热）。但是在积累财富的神话中，最"灿烂辉煌"、最金光闪闪、最迷人的"神话"却是"圈地运动"。因为在前几次"热"中，中国最多产生了一些百万或几百万富翁，而只有在"圈地"的"神话"中，才轻而易举地产生了一些千万、亿万富翁。

必须指出的是，如果说"个体经营热"和"承包农田热"体现的是以生产率为分配法则，那么在"公司热"中权力开始市场化，手握权力者介入经济活动并利用价格双轨制大发横财,从这时起,分配法则就已经严重变形,被扭曲成了以机会为本位,凭人情关系和投机进行分配。这一被严重扭曲的分配法则此后在前几年的"股份制改造热"和"圈地热"中,更是公开化地起着作用。所以后来的这几大"热"中虽然以世界罕见的速度造就了一批大富翁,但却严重地阻碍了中国的生产率上升,滋长了人们的投机心理,劣化了社会道德,对中国社会和经济发展为害极大。

"圈地运动"中的寻租活动对经济改革的影响

在社会纪律非常松弛和随意的情况下,我国在所有权边缘的每一项改革,都为各利益集团和少部分掌权者开展"寻租"活动提供了更大的刺激和更多的机会,从而导致每一"放权让利"举措的政策目标和实践后果之间产生了相当大的距离。因此必须将腐败的重要事实包括在对我国经济发展问题的分析之中,才能对我国现状作出较接近实际的分析。

在任何时代、任何国家所进行的土地改革,其动机都不外乎两点:首先是对经济和社会平等的渴望(社会意义);根本上则是对土地效益的迫切需要(经济意义)。从最终目标来看,每项土地改革都应该创造一种人和土地的关系。如果将本世纪50年代的"土地改革"和90年代的"圈地运动"作一比较,就会发现在控制土地资源的问题上,两次土地改革的深层动机其实都是出于上述两点。只不过前一种控制和使用土地的方式在经过几十年的实践以后,并未达到原来所设想的目标。形象一点说,这两次改革正好走完了一次"否定之否定"的历史过程。只是这一过程蕴含的历史语言实在太过丰富,全面探讨它的意义并非本书的目的。但剖析这场以不平等权力分配为特点的"圈地运动",就足以了解当代中国经济改革的一些本质特征。

始于 1978 年的经济改革,在"所有权"问题上一直没有找到突破点,直到 1997 年十五大提出公有制有多种实现形式,才将这一问题从理论上加以解决。而在此之前则只能围绕着所有权边缘进行改革。但是在社会纪律非常松弛和随意的情况下,这一系列在"所有权"边缘所作的改革,都被一些掌握经济、社会和政治权力的"内部人"利用来开展寻租活动,以牟取私利。事实很清楚:在新旧体制转轨的缝隙中,大量可资利用的机会都供一些权力的不法使用者们任意享用,他们和一些非权势者相互为用,瓜分社会资源。更让人无法乐观的是,近年来意在清除腐败的"整顿金融秩序"等宏观调控措施,却为腐败提供了更大的刺激和更多的机会。这方面的例证已成为中国人的"生活常识":如紧缩银根、减少贷款就为银行信贷部门人员索要更高回扣提供了机会;对证券商设定的行业进入行政壁垒,为主管部门的工作人员提供了大量收受"好处费"的机会;严格执行上市公司审批制度为各审批机关的工作人员提供了不少发财良机。人人都知道,要想改变政府部门"门难进,脸难看,事难办"的方法只有一个:进行行贿等"二线工作"。

最值得深思的是一些经济学家在这次"圈地运动"中所起的推波助澜作用。就在北海狂炒土地之时,一位著名的经济学家在南方一省城发表讲话:"'投机'……表明一种盈利机会,谁能发现盈利机会并抓紧利用这个盈利机会,谁就能上去。……目前,中国的投机不是太多,而是不够。"①此论一出,许多腐败行为立刻获得了"理论依据","圈地热"更是失去理性。要求为正

---

① 《北海批租土地中的丑闻揭秘》(《改革》杂志 1997 年第 2 期)。

在泛滥的土地投机火上加油这类"深化改革"的呼声,从南方沿海响彻到北方内陆,人为地构造了土地投机环境,导致房地产业畸型发展。这一事例表明,我国现阶段,和经济结盟的不仅只是权力,还有一些理论家和学者。前者结盟的恶劣后果因比较公开,公众都比较明白;而后者却比较隐蔽,往往打着"理论探讨"和"学术研究"的旗号,因此更能混淆视听,其影响面更大,其后果也更恶劣。因此中国在反腐败斗争中,不但要警惕权力和金钱结盟的现象,更要警惕"理论"和金钱结盟的现象出现。

因研究不发达国家经济问题而声名卓著的瑞典经济学家、1974 年诺贝尔经济学奖得主冈纳·缪尔达尔在对东南亚国家的经济、社会和制度现象的内在依赖性进行了长期的研究以后,认为所有不发达国家的政府都属于"软政权"。这种社会缺乏立法和具体法律的遵守与实施,各级公务人员普遍不遵从政府交给他们的规章与指令,并且常常和那些他们本应管束其行为的有权势的人们与集团串通一气。腐败只不过是"软政权"的一种表现形式而已。他强调,研究东南亚国家的经济问题而"不将腐败作为严重问题来对待的理由是不恰当的、显然浅薄的或干脆是错误的",必须把腐败的重要事实包括在对不发达国家发展问题的分析之中①。

在中国 18 年的改革历程中,每一"放权让利"举措的政策目标和实践后果之间的距离,已不容人们再忽视权力市场化的作用。经济学者和社会科学研究者的任务倒不在于研究一个一个的具体案例,而在于确定当代中国腐败的性质和程度,以及腐败现象对政府部门、企业界与经济生活的各个层面的侵蚀程度和

---

① 〔瑞典〕冈纳·缪尔达尔:《世界贫困的挑战——世界反贫困大纲》,北京经济学院出版社,1991 年。

发展趋势。

　　"圈地运动"留下的种种后遗症使我们不得不想起 E·S·萨瓦斯的一句名言:"'政府'这个词的词根来自希腊文,意思是'操舵'。政府的职责是掌舵而不是划桨。直接提供服务就是划桨,可政府并不擅长划桨。"

中国的国有企业反正最后都得走上改制这条道，问题是如果主动选择改革，所花的代价相对要少，社会震荡也可避免，现在被动流失只使少数人得利，必然会酿成深刻的政治经济危机。

欠债还钱是市场经济的基本法则，但国有企业不遵守这一游戏规则，日积月累，不但使整个国民经济的发展为此付出高昂代价，还给中国金融系统深种祸根。

计划经济体制积累的庞大遗产，企业职工理所当然应有自己的份额。

第三章
经济改革的"瓶颈"——国有企业改革

中国当代资本原始积累过程中，国有企业的国有资产是不少人展开寻租活动的重要猎物。国有企业存在的问题是旧体制深层次矛盾的集中反映，是计划经济体制的一大重要"遗产"。

而国有企业的改革,已经成了我国经济改革中一个非常难以通过的"瓶颈"。

国有企业改革的轨迹

本节阐述了我国在处理计划经济体制遗产——国有企业的问题上所走过的"渐进式"道路和开过的种种"药方",包括自十四届三中全会提出要建立所有权与法人财产权相分离的现代企业制度以来,我国国有企业"摸着石头过河"进行的种种改革,以及目前国有企业改革的困境:想放手改革却没有找到"突破口"。

之所以说中国国有企业改革已成为中国经济改革的一个"瓶颈口",是因为国有企业现在被"三座大山"压住。这"三座大山"是债务过重、企业办社会、冗员过多。这三大问题中,由于企业办社会和冗员问题牵涉到安定团结,以及社会承受力和政治承受力问题,并非一个纯粹的经济问题,即便是在建立市场经济方面走得最远的广东省,也得在 1996 年初推出措施,限制企业经济性裁员。[①] 所以大家现在寄望于通过社会保险体制改革的成功来解决这两大问题。而债务问题因为已成为中国的金融体制改革的一个障碍,并影响到国家财政,因此讨论得比较多。

---

① 《粤港信息日报》(1996 年 1 月 28 日):广东省劳动厅对企业经济性裁员有限制,规定企业裁员必须具有下列一个条件才可申请裁员:连续三年亏损,资产负债率大于百分之百;一年累计开工率不足一半;连续三个月以上无能力支付职工"最低工资";经市、县政府批准为严重困难企业。规定特别提出,男满 50 周岁,女满 45 周岁的职工,非经本人同意不得裁员;而夫妻同在一企业的最多只准裁减一人。

国有企业如何改革,这一问题早已成为近几年的讨论重点。从党的十四届三中全会提出建立现代企业制度以来,到作者成书这段时间里,在全国范围内,还没有多少企业摸索出一条行之有效的路子。理论界也持比较谨慎的态度,不再像以前搞"承包经营责任制"和"股份制改造"时那样,总是乐观地预言"一包就灵","一改就灵"。因为在经过10多年改革以后,大家已开始明白,国有企业改革的问题并不仅仅是个经济制度创新的问题,从本质上来看,它是一个如何处理计划经济体制遗产的问题,而这正是转轨时期主要社会矛盾的集结点。

自从1983年以来,中国的企业改革已经通过"渐进"方式走过了几个阶段:

扩大企业经营自主权,实行利润留成,改变高度集中的计划体制,推动企业走向市场。

颁布《企业法》,推行承包经营责任制,实行厂长(经理)负责制,明确企业是相对独立的商品生产者、经营者,促使资产所有权与经营权相分离。

贯彻《国有企业转换经营机制条例》,划分政府与企业的权限,推动企业转换机制,政府转变职能,进而推行企业法人治理结构,建立现代企业制度。

从利改税、放权让利到所有权和经营权适当分离,从单项改革到多项改革,进而到建立现代企业制度,风风雨雨十几年,什么药方都用过了,可以说还没有找到包医国有企业顽症的灵丹。如前所述,曾有部分经济学家提出用股份制改组国有企业,但是经过5年的试验以后,发现效果并不理想,只是使许多企业成了"翻牌公司"。党的十四届三中全会提出要建立所有权和法人财产权相分离的现代企业制度,并将现代企业制度的特点概括为"产权清晰,权责明确,政企分开,管理科学"这十六个字。当时许多人的理解是：十六字真诀的要点是前八个字,改革的主要目标是把企业的所有权和国有资产管理权划分开,确立企业的法人财产权。但这一条从理论上看起来似乎已经弄清楚的改制措施,而实际上可操作性不强:法人代表都是由上级机关委派的,且不知哪一天又会被更换,所有权又如何与法人财产权相分离?一些国有企业的经营者更妙,总是琢磨着如何从国有资产存量中拿出一部分来作为"经营者产权"。按持"经营者产权"论者的说法,仿佛亏损连年的国有企业只要划出一部分作为"经营者产权",重新进行利益组合,企业马上就能扭亏为盈,资产就能极快增值。对这种说法,除了能分得"产权"的经营者之外,深谙中国国情的人士都不做此想——类似的说法在"股份制改造"时说得太多了。

正因为如何改还处于迷茫状态,从建立现代企业制度的决策出台至作者写完此书时,中国现代企业制度的改革一直还停留在筹划阶段,实际动作很小。在没有找到更佳方案以前,国有企业的改革也就只能"摸着石头过河"了,或"摸"着进行有限责任公司的改组;或"摸"着进行中外合资,利用外资"嫁接"改造老企业;或"摸"着进行破产兼并。受了"股份制改造"的启发,知道一家企业可以拆成若干股份,形同被人收购;也可以只卖少部分,自己仍旧控股掌握经营权。于是各地效益好的国有企业和集体企业纷纷出售大比例股份给外商,人称"皇帝女儿嫁鬼佬",许多中国的名牌产品都纷纷挂上"中外合资"的招牌,就是在这种背景下发生的富有时代特色和富有中国特色的事情。这类"皇帝女儿嫁鬼佬"的事在全国各地都有发生,有的是只卖一个企业,有的是卖一个集团,有的甚至是出售整个系统。

国有企业"嫁"外商,并非今日今时的发明。早在80年代后期,就有人提出用外资改造老企业,组建"嫁接式"的中外合资企业。但因为一直想让外商"嫁接"改造经营管理不善的老企业，而这些企业缺乏吸引力，因此这项改革多年来没有成效。而现在"出嫁"的国有企业因多是"靓女"，对于外商来说，通过购买控股权取得中国优质企业的经营权与无形资产，既可不冒办新企业的风险，又可以更快地打入中国市场，故此出资动辄逾千万美元，甚至逾亿美元。毫无疑问，这种"嫁接"是国有企业转换经营机制的一个重要契机，但并非所有的国有企业都可以这样做，大批国有企业只有另寻它途。于是不少企业就搞假兼并、假破产逃避债务，人称"大船搁浅，舢板逃生"，即将债务及老弱病残留给原企业，将有效资产和技术骨干、精壮劳力组成一个新的企业，以规避债务，另谋发展。

在这种情况下，大家不免互相埋怨：企业抱怨政府部门始终不肯给他们彻底松绑，更有部分企业则抱怨政府没有给它们在融资上提供方便；而政府则不断发布各种统计数据，证明企业的毛病出在它们自己内部，与政府行为无关。到了1996年，中国国有企业发展的思路又出现一个新的转机：抓大放小，即抓住大国有企业，放开小的，让国有中小企业搞活。而许多半死不活的国有企业能不能搞活，却让人怀疑。以作者1995年10月到广东韶关的一次调查为例，就证明作者这种怀疑并非杞人忧天。

笔者先后走访了10多位当地体改部门、政府经济主管部门以及企业的负责人。他们对国有企业下一步的改革持不乐观的态度。体改委主任胡××及企改科科长说，自从1984年以来，他们一直按照国家部署的体改方案进行，1992年以前主要在计划体制框架内作文章，围绕经营方式进行改革。直到1992年才开始进行产权方面的改革，搞了一些股份制企业，开始时因筹集到资金，运作不错。但到了1994年就出现困难，有几家股份制企业效益不好，股民意见很大。而一些厂长经理们开始因搞股份制能筹集到资金,很欢迎改革,但后来分红的压力一大,就觉得上当了,不该搞。大家评价经营承包责任制是"头痛医头,脚痛医脚",而股份制则是"开错了药方"。

这些在基层搞体制改革的人士反映说,当地除了破产这种改革形式没尝试过以外,其余所有的办法,如出售、兼并、租赁、承包都尝试过,没发现哪种方式是国有企业改革行之有效的"药方"。改革越到"深水区",就越缺少利益驱动机制。不少企业的经营者已丧失了改革热情,都抱着混一天算一天的态度,大家坐在一起聊天时这样说:改革是找死,不改革是等死。大家也都知道不改革是没有出路的,但问题是出路何在?他们曾尝试过到香港去出卖中小国有企业,结果无人问津;回来动员职工买,但职工对企业没有信心,不愿意出钱买。他们认为,如果要出售企业,就不能过分强调"国有资产不能流失"这一口号,在产权界定方面要松动一点,否则就不会有人买。一位在财经委主持工作多年的负责人更是直截了当地说,国有企业从体制上来说有很大毛病,仅依靠经济改革很难奏效。

在这次调查中,笔者发现一个很有趣的现象,不少亏损企业的厂长经理对"政企分开"很有意见。细问之下,才发现他们的意见主要集中在一点:政府不出面为他们到银行疏通,他们根本借不到钱。所以他们反对在企业困难的时候,政府割断银行资金供给的脐带。

总之,近几年现代企业制度的改革看起来轰轰烈烈,各类传媒不断报道它们在分流富余人员、制定公司章程及建立法人治理结构等重点难点问题上如何努力掘进,但没有实质的进展却有目共睹。这一点有事实为证:国家体改委副主任洪虎在1996年7月宣布,全国百家现代企业制度试点工作的结束,将从原定的1996年底延迟到1997年底。将这些事实联系起来,就知道国有企业的改革正面临着非常尴尬的局面:想放手改革却没有找到"突破口"。

无法回避的所有权问题

所有权问题最终是无法回避的根本性问题,因为我国国有企业生存的背景是政府对各种资源的高度垄断,这就使得国有企业的全民所有制成了一个悖论:在产权关系上,名义上的产权所有人连自己到底有多少财产都说不清,更无从谈得上如何支配及全权转让。"所有者虚位"的结果是使国有资产的财产权利私人化和财产责任公有化,使国有资产成为"内部人"的寻租对象。

怎样搞活国有企业,这并不是时至今日才提出的新问题,早在中国经济改革由农村进入城市阶段之初,这一问题就已非常尖锐地摆在人们面前,并被当作首当其冲需要解决的问题。为什么总是解决不了?其实只要将改革思路一理,就明白根源在何处了。

所谓国有企业改革,有两个根本性的问题无论如何都回避不了。一是产权问题,二是企业的运行机制和外部环境是否相容的问题。绕开这两个问题去谈改革,肯定是徒劳无功之举,因为前者决定了中国企业行为政府化,而已经政府化的企业无法适应日渐市场化的外部环境。这一点已为事实所证实:在80年代末期,国有企业还只是"三分天下"的局面:三分之一盈利,三分之一亏损,还有三分之一暗亏。而到了1994年,国有企业的亏损面已扩大到48.6%,个别省份甚至达到60%以上。到1996年上半年就出现这样令人震惊的情况:这一年的头4个月累计,国有企业利润盈亏相抵后净亏损215亿元,而1995年同期为盈利151亿元;国有工业企业生产增速仅5%,明显低于正常运行区间,企业库存上升,产销率下降,出现了历史上少见的盈利不抵亏损的全领域净亏损。[①]

上述情况说明,国有企业要进行根本性的改革已经刻不容缓。

研究中国18年的改革历史就会发现,中国的经济改革实际上是"逼"出来的,也就是说政府总是在局面无法维持下去的时候,才迫不得已背水一战,放手放权。18年前是农民活不下去了,于是就放手让农民搞家庭联产承包责任制,搞农村改革;在解决不了城市就业的压力以后,就放手让人们自谋生路,于是就有了民营企业、乡镇企业。广东不是国有企业重地,于是放手让它搞改革,搞经济特区;而上海因是国有企业经济重地,国家财政命脉所系,前些年一直不让越雷池一步。而结果是放开一点就活一点,不让放开就死路一条。

应该说,国有企业陷入目前这种困境并不令人感到意外。因为中国国有企业改革一直是绕开一些根本问题进行的,也就是说一直是在外围作战,没有深入"病根"动手术。从浅层次看,造成国有企业困难的根本原因,主要是社会总需求得到抑制后,市场由供不应求的"卖方市场"转为供求平衡直到供过于求的"买方市场",从而导致企业销售不畅的矛盾加剧,产品积压上升,生产率下降,产销率偏低。针对市场疲软这一问题,1996年中国人民银行连续通过取消保值贴补率和两次下调利率,指望此举刺激消费,降低产品积压率。但几个月过去,看来收效甚微。针对企业老化、技术落后的问题,政府则采取注入资金,大

[①] 《粤港信息日报》(1996年6月17日)登载的国家统计局公布数据。

搞技术改造,对生产要素重新进行优化组合等方式,促进企业进行技术创新和技术进步。但是在所有的措施陆续出台以后,并没有出现预期的结构大调整、技术大进步、存量大流动的局面。人们从各类传媒公布的消息中得知,国有资产的经营状况令人担忧:国有企业资产损失和资金挂账问题突出,空壳企业占全部企业总数的1/4,国有企业、国有银行、国家财政难以步入良性循环。而国有企业负债率过高(平均达70%)这一事实,已使人们预感到:如果再不着手解决国有企业的深层次问题,任其将危机转嫁,最终的结果是拖垮银行,导致金融危机。

国有企业现状是一些深层次的矛盾引起的。这个深层次问题就是前面所谈到的所有权问题和企业运行的外部环境问题,其实质就是国有企业的运行规则和市场经济法则能不能相容的问题。

针对所有制改革问题,理论界倒是动足了脑筋,先是将"所有权"变为"产权","私营"变为"民营",使"产权重组"这一举措避开"私有化"的恶名,免受攻击。但在所有权这一问题上如何改革,一直存在互相对立的两种思路。一种思路认为"只有国有大中型企业才能救中国",另一种则认为只有私有化才能摆脱困境。这两种看法都把所有制的变革看作是企业改革的根本出路,前者虽在实践中遇到不少困难,但却顽强地坚守"阵地","抓大放小"的决策出台后,它只是丢了效益不好的小企业这一块已成为"鸡肋"的资产;后者因一直存在事前的政治性制约,没法公开讨论而停留在含义模糊的口号上,并没有什么更明确的思路和实施方案。

笔者在这里只能说一点:产权亦即所有权问题其实最终是无法回避的根本性问题,因为只有形成"所有者在位"的产权关系才能让企业的产权所有者有效地承担资产责任和财产损失,而且这一点恰好是市场经济的基石。而中国国有企业生存的背景是政府对各种资源的高度垄断,这就使得国有企业的"全民所有"成了一个悖论:在产权关系上,名义上的"产权所有人"即人民连自己到底拥有多少财产都说不清,更无从支配及全权转让。"所有者虚位"的结果是使国有资产的财产权利私人化和财产责任公有化。所谓"财产权利私人化",是指国有企业的经理层对国有资产享有等同于支配私人财产的权利这一事实;财产责任公有化是指不管是出于什么原因产生的亏损,企业经理层均可不负责任,而由国有资产的所有者亦即国家来负。这种既拥有支配财产权利却又无须承担财产风险的现象是中国国有企业病根所在,是计划经济体制遗留下来的一份难以消化、也不可能避开不加清理的遗产。中国经济发展目前已进入相对平稳的阶段,国有企业所有的问题都已暴露,但又还不那么十分尖锐,应该说是改制的最后时机。如果放弃这一时机,可能等到允许讨论之时,已经丧失了讨论的意义。目前的事实是:在许多中小国有企业和集体所有制企业中,自发的或非正式的私有化,即未经许可而将财产转化为私人资产这种事情已经非常普遍。一份调查报告显示,国有资产流失的去向较集中,主要是由国有和集体企业流向乡镇、私营企业或个体户,由企业流向个人。如某国有企业曾发生较大资产流失 13 起 156 万元,其中 12 起 130 万元流向非国有企业,少数人在这种流失中获利。[①] 可以说,自实行承包制以来,国有资产流失的闸门就打开了,不少地方陷入一个"经济怪圈":一些国有企业越来越穷,职工收入越来越低,而承包人的私人财产却在不断膨胀。不少承包者将原企业弄得不死不活以后,就去另办企业或另买企业一展其当"企业家"的"凌云

---

① 《天津市工业企业资产流失调查与分析》。

之志"——这种现象人称"穷庙富方丈"。在这样的企业，国家资产，职工血汗，最后都流进了一个深不见底的"黑洞"。企业亏损累累，朝不保夕，职工们得到的只是一个企业空壳——"主人"名义和低微的收入。他们没有沦为新生的城市贫困阶层就已属万幸。以此观之，就可知中国的国有企业反正最后都得走上改制这条道，问题是如果主动选择改革，所花的代价相对要少，社会震荡也可避免，现在被动流失只使少数人得利，必然会酿成深刻的政治经济危机。

在这个问题上需要说明的是这样一点：在产权问题上所受到的政治约束太多，而这一约束也并非是哪一个政治人物就能解除的。这10多年改革给我们最重要的启示是这样一点：只有在政治上具备可行性的政策才可能得以实施。某些政策经济上合理，政治决策程序上却无法通过，因此也无法得以实行，在这样的问题上批评政府也于事无补。关于国有企业的产权问题，实际上就属于这类问题。而这一问题的无法解决，也就使国有资产成为"内部人"的寻租猎物。

从1995年开始，国际经济学界在研究中国和前苏联东欧经济转轨时提出了一个"内部人控制"的概念，这个概念认为国有企业在转轨过程中或者由管理人员控制，或者由工人控制。在中国有必要对"内部人"这一概念进行修正：以国有资产不断流失这一形式表现出来的瓜分计划经济体制遗产这一过程，主要是由国有企业的负责人与他们的少部分亲信，也就是经理厂长们本身无法回避的财务部门负责人与办公室主任、人事部长之类，俗称厂长经理的"三驾马车"进行的，广大工人没份参与。而且更要注意的是，自从扩大企业自主权以后，厂长、经理们往往用自己的亲族成员做本企业的中层管理人员，部分中、小型企业家族化现象比较常见。也就是说，研究中国国有企业的"内部人控制"现象,必须注意这一事实:并非企业经理人员和工人共谋瓜分国有资产,而是企业经理人员小集团共谋瓜分国有资产。像"甘化窝案"那种全公司四分之一的员工利用职权侵吞公款的例子,在中国毕竟非常罕见。① 笔者曾与某市一位经济罪案举报中心的负责人谈过,他感叹说现在的经济犯罪分子手段越来越高明,即便有线索,追查起来也困难重重,除非检举者是负责人原来的亲信,如财务部长、办公室主任和人事部长等类原来参与机密者,才能提供一些举证材料,否则就很难查下去。他说,"作为一个公司老总,只要将财务部门负责人、办公室主任这几个人'搞惦',这个企业就等于是他的私人公司一样。"这话说的是事实,笔者知道一个公司,该公司总经理任职四年,其主要业绩就是将该公司在市中心的地皮一块接一块地卖出去。据职工推测,通过这几次卖地,这位老总拿到私人腰包的就有一千多万元。该公司职工虽有检举者,但有些检举信却又回到这位老总手中,手写的信还交由人事部长查对笔迹。而这个公司下属的一家二级企业负责人只有 40 多万的行贿问题,却因该公司会计检举而被抓。由此可见在企业资产流失过程中,财务人员的配合相当重要。

近两年一些国外的经济学者研究中国国有企业的"内部人控制"现象,得出了一些和事实并不相符的结论,如"内部人控制

① 《法制日报》(1996 年 8 月 13 日)登载了这样一条消息:广西上思县检察院查处一起大案,广西昌菱实业发展公司下属仅有 400 多名员工的甘化公司,竟有 100 多名员工利用工作之便侵吞公款。据初步查明,涉案金额近 200 万元。更具有讽刺意味的是这家公司规章制度健全:"原料进厂从发证、派车,到过磅、质检 12 道工序环环相扣,互相制约",并有关键岗位轮换制度。但当大家集体贪污时,这些制度就制不了任何人,形同虚设。

和经济的市场化为经营者谋取利益(合法的或非法的)提供了更多的机会和自由。一个经营者能够谋取多少福利或者个人利益很大程度上取决于他获取多少利润,所以能提高经营积极性",这位学者无疑根本不了解中国国有企业的"假老板"们获取利益是依靠哪些途径,事实上许多企业的经营者的个人利益是通过"富了方丈穷了庙"的方式来获得的,这方面可以举出很多例子。

笔者曾为某公司策划过出让其下属企业一事,当时股份制公司比较难通过审批一关,其下属一家亏损企业正是有限责任公司,有人愿意出 300 万元买这"空壳公司",该公司总经理不同意。过了不到两个月,这一家有限责任公司却以 160 万元的价格卖给了另一买主。为什么不是按市场规则价高者得? 说穿了就很简单:据买方私下告诉别人,卖方负责人个人从中渔利 60 万元。

另有 S 市某国有集团公司,牌子响亮,但连年亏损。到了1996 年下半年,已有几个月发不出职工工资,公司账户上据说只有 5 万元。但这并不妨碍该公司老总同时养 4 个情妇,这 4个情妇都有房有手提电话,其中有两位还有豪华车。该公司职工说,这老总养情妇的钱从哪里来的? 还不是从公家那里想办法"挪"来的。

国有企业的运行机制与市场经济法则的不相容性

我国国有企业的问题主要是经济系统和政治系统的功能严重混淆引起的,结果使国有企业的游戏规则和市场经济法则不相容。不相容的第一点在于:国有企业的经理层所受到的约束不是来自市场,而是来自政府主管部门,这就导致国有企业的经理们将主要精力花在经营"领导"而不是经营企业上,从而使企业效益低下、大量腐败现象丛生；不相容的第二点在于：国有企业缺乏资本运营的概念，在资金问题上和银行现在的关系破坏了市场经济的游戏规则，并使我国金融系统祸根深种。

现在还需要讨论在所有者虚位的情况下，企业的运行机制和企业的外部环境有多大相容性的问题。

在实际操作中，针对"所有者虚位"所做的改革可谓是花样出尽：兼并、破产、股份制改造、成立有限责任公司、企业集团化、企业托管……等等，但这一切近乎于纸上谈兵。在所有的改革中，成功的只有一类企业："嫁"给外资且外资又是能"话事"的最大股东的企业。为什么会如此？看看这些企业，再看看民营企业，就不难明白，原因就在于民营企业的游戏规则和国有企业大不一样。民营企业的游戏规则与市场经济体制是相容的，而国有企业的游戏规则和市场经济体制是不相容的。可以说，我国国有企业的问题主要是经济系统和政治系统功能严重混淆引起的：政治系统的主体是政府，经济系统的主体是企业和财团，二者的功能混淆，其结果就是出现国有企业种种难以治愈的顽症。

国有企业和市场经济体制不相容的第一点在于：国有企业经理层所受到的约束不是来自市场，而是来自上级，即政府主管部门。

为什么在国有企业改革问题上中国这些年来花样出尽，却难收实效？就在于大家忽视了一个基本事实：在西方那种股东主权的模式里，经理阶层的行为以及"道德风险"等问题，都是由外部股东来加以校正。而外部股东要发挥其作用，必须通过一个有效率的、具有评定公司价值和转移公司控制权功能的资本市场，还要通过一些其它的制度安排，如竞争性的、买卖经理人员和工人的劳动服务的劳动市场。但在中国目前这种转轨时期,这两种市场都是缺少的。正如在第一章中所说的那样,即便是改造成股份制的国有企业,其经营班子人员基本上由原来的班子演化而来,或由政府任命。后来一些地区搞的所谓"国有资产委托经营",受委托人其实还是由政府按任命干部的方式挑选,并且基本上是委托给原来的经营班子。这些由政府任命的各级厂长、经理们在企业内早就形成了强有力的控制,除了上级主管部门以外,没有任何一个外部当事人拥有决定或制约的权力,即便是股份公司的股东大会,也不能因为厂长、经理们经营表现不佳或有贪污渎职等道德风险行为而将其解职。正因为如此,对国有企业的厂长、经理们来说,在现阶段"经营领导"(即维系好自己与上级部门的关系)比"经营企业"更重要。

造成厂长、经理角色错位的根源在于体制。从理论上来说,作为国有企业的厂长、经理,其职责应当是用自己的才学和胆识经营、管理好自己的企业,全心全意为职工谋利益,为国家创造更多的财富。但在这种体制下,面对现行任用、考察厂长的方式和标准,厂长们必然要产生对上的依附性、服从性和被动性。他们必须在"眼睛朝上"还是"眼睛朝下"之间作出选择。如果选择"眼睛朝下",将全部精力放在企业的生产经营上,他们认为这只是出于良心和责任感的驱使。因为企业搞好了,可能既得不到提拔,个人的待遇也不会有大的改观。更让人想不通的是,往往一个企业搞好了,一些有背景的人就会觊觎这个位置,这时候,明升暗降往往是将原厂长、经理调离的常用手段。发生在黑龙江省的轰动一时的中联商厦总经理"刘云珍事件"和"世一堂"厂长"刘巍事件",就是非常典型的两个事例。这两位都是社会公认的能干企业家,但均因不善"经营领导"而被免职。[①] 选择"眼

---

① 《粤港信息日报》(1995年2月25日,4月10日)。

睛朝上",苦心经营好与上级领导的关系,即使把企业搞糟了,甚至弄得资不抵债,位子照样坐,待遇照样拿。即便把国有资产化为私人财富,只要上面有人保,也不会受到应有的制裁。面对自己的前途、命运,许多厂长、经理们都很"明智"地将很大精力放到了"经营领导",即经营人际关系上。保位子、保既得利益、留出路、压问题、盼提拔等等,就是厂长经理们花大力气经营人际关系的真正原因。在厂长、经理们还是"官员"、政企还未分开的利益机制牵引下,"经营领导"和领导被"经营",就成了中国国有企业所有顽症的根源。因为被"经营"的领导往往凭关系亲疏、个人好恶来选拔企业经营者,不幸的是企业的利益往往和官员们的私人利益相背离,其结果就出现了"内部人控制失控"的"代理危机",国有资产处于不断流失之中。可以说,中国建立现代企业制度的改革,如果不能解决"企业无上级",即企业经营者的产生机制问题,就无法取得决定性的成功。

企业经理层"经营"领导层是一种极为恶劣的腐败行为,其后果相当严重且令人切齿痛恨。从现实来看,国有企业领导干部的腐败现象主要表现为以下四个方面:

一是贪污受贿。据统计,广州市1982年至1989年检察机关立案查处的贪污受贿案件,76%都发生在国有企业;1992年至1994年,贪污受贿案中,发生在国有企业的占全部案件的70%。

二是公款吃喝玩乐,据对大连、武汉、石家庄400多家高档娱乐场所进行的调查,有60%的公款消费者来自国有企业,有的甚至用公款支付赌博、嫖娼费用。湖北枣阳市是个100多万人口的县级市,每年用于公务活动的公款招待费近2000万元,占全市财政收入的 1/10。[①]

三是随意安插亲信,将整个企业变成等同于私人企业的独立王国。有的企业领导大权独揽,把国有企业当做自己的私人企业,大量安插自己的亲属、朋友,形成特殊的裙带利益集团,如深圳海诚商贸公司总经理文石兴,安排在公司中的亲友达 130 多人,占公司总人数的 17%,其中担任中层干部的 18 人,占中层干部的 31%。也正因其公司已家族化,所以他才能在那里为所欲为,成功地卷逃巨额公款出国。曾闻名全国的"改革家"、"优秀企业家"、"优秀厂长经理"、"劳动模范",并发明了企业改革经验《马氏管理法》(即责任价格控制法)的陕西内燃机配件一厂原厂长马宏业,是位人称"政治流氓、经济流氓、作风流氓"的五毒俱全人物,在他担任该厂厂长期间,该厂暗无天日,债务累累,职工饱受欺压,其办公室成了他玩弄女职工的淫窟。[②]

四是搜刮国有资产,或以任职的国有企业养自己在外办的"暗厂"、"暗店",致使"庙穷方丈富";或是如前所述在股份制改造和产权转让时,乱界定产权,低估国有资产,使自己及亲友或有利益关系的人从中牟利;或是将自己及其一家的吃喝住用、交通通讯等一切费用全由公家支付,等等。除了第一类之外,其余的腐败行为因属于"隐蔽"性质,在目前很难受到法律制裁。

《工人日报》1996 年 5 月 10 日发表的《是谁豢养了这只硕鼠》一文中,记载了这样一件事情:辽宁省朝阳县试验设备厂原党总支书记兼厂长王香尧承包该厂,五年来毁掉了厂子,吃肥了肚子,捞足了票子,住上了房子,一走了之。已经半年多领不到

---

① 《中国青年报》(1996 年 4 月 17 日):《积极推进国有企业反腐斗争》。
② 原载《各界导报》,《桂冠下的罪恶——"优秀企业家"马宏业堕落受贿纪实》,转载于《深圳法制报》(1996 年 9 月 1 日)。

工资的工人被激怒了。1995 年 8 月 22 日,约 200 名工人集体找到朝阳县政府,要求向王香尧讨债讨房。在一位副县长的办公室,工人们堵住了王香尧。数十名工人声泪俱下地控诉他:"你把我们后半辈子的饭碗都砸了,还忍心花我们的血汗钱去买新房,你是黄世仁,还是共产党?""你家闺女结婚戴 6 个大金戒指,我们连退休金都没有了,你还狠心去买新房,你有良心吗?"身患癌症的王素琴和老伴都是该厂的退休工人,领不到工资,生活无着,急得当场抽搐……按说 200 多工人集体上访告"贪官",理应引起有关领导重视,事实上却仍无结果。直到 1996 年 3 月,由 107 名工人签名的揭发信交到记者手中之前,历时 18 个月,1537 人次的上访,竟然未能触动王香尧这只"吃"公肥己的"硕鼠"丝毫,直到见报之时为止,他仍然在经过两次装修的豪华新居颐养天年。

以深圳市为例,仅从 1993 年 8 月至 1996 年 5 月,全市各级纪检监察机关共立案调查国有企业中党员干部违法违纪案件 384 宗,占立案总数的 48.4%;处理 363 人,其中企业各级领导干部共 312 人,占企业中受处理人员的 77.04%。无庸讳言,这许多腐败行为都是和党政机关的腐败分子沆瀣一气,互相勾结进行的。可以说,国有企业的厂长经理们只要"经营"好上级,这类公开和"隐性"的腐败行为并不妨碍他们稳坐厂长、经理宝座。

这种腐败行为的后果是严重的:它破坏了企业的正常生产经营,妨碍了改革的深入和现代企业制度的建立;助长了腐败的恶性蔓延,使巨额国有资产处于不断流失之中;[①] 践踏国家法律的尊严,损害了党和政府的形象,降低了人们对改革的期望和热情……从上述这些后果来看,企业经理层"经营领导"这种行为的恶劣影响,怎样估计都不过分。

国有企业运行机制和市场经济体制不相容的第二点表现在它缺乏资本经营的概念,在资金问题上和银行的关系不但无助于中国完善市场经济体制,还破坏了市场经济的游戏规则。

国有企业缺乏以资产运营为核心的企业运作机制。不少国有企业长期以来在企业发展的问题上基本上依赖国家拨款、给政策。可以说国有企业普遍缺少一种"找钱"的思路,缺乏对低成本资金的利用,也就是说缺乏资本经营的经验。不少股份制企业利用发行股票筹集到资金后,也因经营不善而使资金亏损。

实行"拨改贷"以后,许多国有企业的固定资产投资和流动资金几乎全部来源于银行贷款,差不多等于白手起家,无本经营,这就造成了很多国有企业高达 75% 以上的负债率和极高的利息成本,有的甚至高达 100%。[②] 据国家计委的资料显示,1993 年国有工业企业负债率平均达 68.2%,若扣除潜亏、明亏、挂账等各种侵吞资产的情况后,实际负债率为 76%;若按"两则"实行后的调整数字估计,国有资产现有资产负债率平均为 83%。而且这些债务的来源单一,主要来自银行贷款,大多数债

[①] 关于国有资产的流失,在我国原始积累时期是一个至关重要的问题。为了让读者明白这一问题的严重性,笔者特地将搜集到的资料编成《国有资产流失种种》,作为第三章的附文,以让读者对这一问题有感性认识。

[②] 《粤港信息日报》(1995 年 11 月 20 日)《国有资产产权重组亟待规范》一文中所引用的国有资产管理局公布的数字。

务的偿还可能性很小。由于企业和银行的历史关系如此,今天这种借贷关系也使企业啧有烦言,认为不少利润转移成融资成本,利息与利润的变化加重了企业的负担:1980年利息与利润比率是1:0.033;1990年是1:1;1995年是1:1.73。[①] 这样就在银行和企业之间形成了一种恶性循环:企业需要银行借贷,而借贷的高利率加上借贷成本(如信贷员的"回扣",银行负责审批者的"好处费"以及借贷关系建立过程中的大量"交际费用"等等),又使企业不堪重负,于是从拖欠贷款到逃废利息,银行的烂账不断增多。信贷资金过多沉淀,金融风险不容忽视。1996年8月,广东某市体改部门对辖内的金融机构进行了一次调查,发现各家国有商业银行资产流通延缓,风险上升。该次调查涉及的金融机构(含网点)共有870个,总的存款余额(账内外)64.37亿元,总的贷款余额(账内外)71亿多元。按资产负债比例管理规定,64.37亿元存款,该市可用的信贷资金只有48.3亿元,而实际贷款余额为71亿元,存贷比例失调,各家银行为弥补逆差,主要靠拆东墙补西墙的办法平衡,超负荷经营十分严重。

这次调查对"三项贷款"的分析表明,"三项贷款"所占比例逐年增加,实际上能按时、安全还回来的贷款所剩无几。整个银行系统的经营效益并不比国有企业好多少,调查显示,该市银行1995年亏损3.5亿元,1996年上半年的亏损数字是2.86亿元,其中国有商业银行亏损2.44亿元,占85.35%。1995年,五家国有商业银行的综合年收息率为28.69%,1996年上半年下降到18.64%,银行的经营举步维艰。贷款回流率和信贷资金周

---

① 国家经贸委副主任陈清泰1996年7月31日在山西太原召开的"全国试点城市兼并与破产会议"上的讲话中所引的数据,《粤港信息日报》(1996年8月4日)。

转率下降,减少了可用资金,使银行的资金运作更加困难。大量银行信贷资金的沉淀,削弱了银行的应急偿付能力,一旦触发挤提存款风潮,就会由于难以确保提现而触发支付危机,进而导致金融风波。有关人士透露,目前广东除广州、深圳之外,大多数地方的银行经营不尽如人意,潜在的金融危险是存在的。[1] 广东在全国的银行中还算是实力雄厚者,其它省的银行状况只会比广东更差。

中国人民银行行长戴相龙 1996 年 7 月 15 日透露,我国国有银行逾期贷款和到期还不了的贷款,大约占 20% 的比例。其中 12% 是逾期贷款,6% 是企业逾期三年但企业并没有破产的贷款,2% 是企业开始破产的那部分贷款。戴相龙估计,目前我国银行呆账比例大约在 3% 到 4%,为此,央行每年从贷款中提取 1% 的呆账准备冲销,1995 年冲销了 200 多亿元,1996 年可能会更多一些。[2] 据《中华工商时报》1996 年 11 月 7 日登载的一条消息,某省人民银行一项调查结果使人触目惊心:该省三年累计破产企业 479 家,破产时资产总额 22.7 亿元,而积欠银行贷款本息高达 26.6 亿元,银行信贷资产面临极大风险。而另一份调查也指出企业"破"银行"产"的潜在可能性:某地到 1996 年 6 月末,正式破产了 54 户企业,资产总额达 2.212 亿元,而负债总额却高达 4.9413 亿元,资产负债率高达 223%,已严重资不抵债。值得注意的是,这些破产企业积欠银行贷款本息 3.8315 亿元,是破产企业资产总额的 1.73 倍。在已清偿完毕的 42 户

---

[1] 《广东某市一项调查显示:信贷资金过多沉淀,金融风险不容忽视》,《粤港信息日报》(1996 年 8 月 16 日)。

[2] 《利率可能再降,适度从紧不变》一文戴相龙谈话中所引的数据,《中华工商时报》(1996 年 7 月 16 日)。

企业中,银行所得微乎其微,清偿率只有3.3%。照此推算,全部企业清偿完毕的话,银行也只能得到1265万元的清偿,将有3.705亿元的信贷资产付诸东流。[①] 除此之外,银行资金大量被亏损企业无偿占用,非国有企业和其它资金需求者贷款的条件更加恶化,它们为取得贷款所要付出的代价就更大,其发展更困难。

广东某市对金融机构的调查

	1993年	1994年	1995年	1996年
三项贷款占总贷款比重(逾期贷款、呆账贷款、呆滞贷款)		50%	60%	70%
贷款回流率(收回贷款与发放贷款之比)			73.3%	
信贷资金周转率	0.82次	0.75次	0.53次	

这种银行和企业机制的悖论反应,导致银行的严重亏损。欠债还钱本是市场经济的基本法则,但在政企不分的情况下,国有企业根本不遵守这一游戏规则,日积月累,不但使整个国民经济的发展为此付出高昂代价,还给中国金融系统深种祸根。据公布的有关资料,我国银行的自有资产仅占全部资产的7.02%左右,负债率高达90%以上。而到了1996年底,银行的自有资产已下降到3%左右,[②] 据中国人民银行的一份统计表明,到

---

① 《中华工商时报》(1996年12月4日)。

② 前一数据来源于《经济学消息报》NO.152,后一数据来源于《南方周末》(1997年8月29日)魏杰:《国资股份化如箭在弦》。

1995 年底，中国城乡居民储蓄存款约占 5 万多亿银行贷款的
60%。[①] 这样就形成了一种债务因果链：国有企业欠银行，银行
欠存款人（主要是个人储蓄者）。有人主张将银行债务变成股
权，这个主意之糟糕，就在于设计者没有想到这一提议无异于饮
鸩止渴。企业因债务负担过重导致生产经营困难甚至影响生
存，这仅仅只是一种表面现象。受高债率困扰的企业，其发生困
难的根子往往不是债务本身，而是投入的产出率太低；不是被银
行抽走的利润太多，而是自身产生的利润太少。有材料显示，目
前我国国有企业的资产利润率已下降到 3% 以下，大大低于银
行贷款利率。1996 年上半年，国家计委对上海、北京等八省市
2586 家企业亏损原因的调查显示，造成企业亏损的宏观管理因
素占 9.2%，政策性因素为 9.09%，而企业自身经营管理因素则
占 81.7%。[②] 对这种效益低下、盈利能力太差的企业，用非经济
手段实行"债权改股权"，从实质上讲，只不过是企业以出让一部
分并无实际价值的"产权"为手段，将银行利润亦即另一部分国
有资产的应有收益作为"暗贴"据为己有。这样虽可暂时缓解企
业的资金困难，却并不能促使企业为提高资金回报率而做相应
的努力，以提高企业的盈利能力。说它是"饮鸩止渴"，是因为银
行在行政干预下，被迫将每年可带来一定收益的债权变成得不
到保障的"股权"以后，只会使银行泥足深陷，最终结果是使银行
在目前这种微盈实亏的状态下走向危机深渊，导致金融危机爆
发。我国的"股份制改造"结果不理想的原因，就在于对经营者
行为和道德风险缺乏有效的校正机制，这一点已经在第一章中
详细谈到过，"债权改股权"最后面临的也将是同样的问题。

---

① 《报刊文摘》(1996 年 2 月 26 日，解放日报社主办)。
② 《中华工商时报》(1996 年 6 月 10 日)。

总之,自1994年以来,中国国有企业面临的困难越来越大,其客观因素是社会环境发生了变化,如宏观调控力度加大、汇率并轨、利率提高、社会保障、利税转轨等一系列改革措施集中在一起,一时让企业难以消化。但这些困难从根本上来说,是旧体制多年积蓄的矛盾所致,总根源应该是政府职能转换与政府改革问题。随着改革的日渐深入,企业和政府已经处于两种不同的体制之中:企业早已在市场机制中运转,而政府管理企业却基本延续了计划经济体制时期的管理原则和框架,仍然置身市场之外。而10多年改革的经验证明,中国的国有企业改革是个系统工程,在这个系统工程中,政府是关键。可以说,经济体制改革从字面上来看是个经济问题,但从根子上说是个政治问题。如果只将国有企业改革当做一个纯粹的经济问题来看,根本无法完成国有企业的改革。行百里者半九十,最后这十步能不能走完,实际上全看政府改革能不能完成。经济改革已搞了10多年,政治体制改革也应提上日程来。前一阶段"避开体制内矛盾,在体制外搞示范"的改革思路,已经充分发挥了其瓦解传统体制的作用,但体制内的矛盾最终还是不能回避。就目前情况来看,政府不改革,政企分开就是句空话,国有企业改革也根本找不到出路。

国有企业改革的几个相关性问题

主要讨论企业如何才能偿还职工的历史债务。现在大家均寄望于社会保险体制的改革,但就是没有想到一条:社会保险体制改革要成功,不仅取决于有多少人参加了社会保险,还要取决于我国的社会保险有多少积累。本节还举例说明了社会保险的"深圳模式"为什么能成功的几个具体原因,指出在我国人口年龄结构老龄化、企业效益低下、失业人口日渐增多的情况下，将为企业解除负担的希望完全寄托在社会保险体制改革上，实际上将会是"远水不解近渴"。

正如作者在前文所述，在国有企业改革中，除了经济问题之外，还有几个社会问题一直处于被回避状态，其中之一就是企业对职工的历史债务问题。

中国工人为什么一直对"铁饭碗"比较留恋？原因很简单，在计划经济体制建立之初，中国就面临着庞大的失业人口没有工作的问题，当时是采取低工资、多就业的方法，消化了大量过剩劳动力。所以只对少数有才能的人来说，中国的计划经济体制才限制了他们的择业自由。对于大多数人来说，能找到一份工作就已经很不容易，因为这意味着能从国家那里获得医疗保健、幼儿教育、住房、娱乐设施、退休待遇等一切福利，而国有企业职工过去及现在的工资显然并没包括医疗保健、住房基金和退休金等，只是基本生活费用。也就是说，国有企业一旦改革，就面临着偿付职工退休金、医疗保健、住房补贴等历史债务问题。而且现在国有企业要加大改革力度，就得裁汰冗员，但这样将几十万、几百万、甚至几千万富余人员一下推向社会，社会能不能承受？被裁减人员能不能承受？这些问题都是无法离开政治可行性去讨论的问题。所以中国国有企业的改革，越到后来，改革的难度越大。即便是最坚定的改革者，也必须不断地寻找加大改革力度和维持社会安定之间的平衡点。因为如果失去安定的社会环境，任何改革的努力都有可能付诸东流。

正因为如此，前面讲的企业的"三座大山"之中的两座，即冗员和企业办社会问题决没有可能在社会保险体制尚未建立或尚未完善的情况下获得解决。我国现在进行社会养老保险体制改革,为什么看来有实施可能的几个模式,如广东模式、海南模式、深圳模式都不能作为全国经验,就是因为这几个地方从全局上看,恰恰都不是国有企业的重地,国有企业在整个经济中所占的份额不像其它地方那样高,如广东的国有企业仅在整个国民生产总值中占三分之一。更兼在长期的市场经济氛围中运作,这些地方的国有企业中的一部分已较能适应现在的市场游戏规则,故此其改革经验在很大程度上没法被东北、上海等国有企业集中之地所仿效。即以广东而论,这个省的国有企业主要集中在广州与韶关,在其它地方如南海、顺德、中山、佛山等"四小虎",其它所有制类型的新兴企业非常活跃;更兼改革18年已经为其累积了经济实力,因而这个省有能力调动全局力量进行高难度的社会保险体制改革,海南与深圳的情况也都是如此——当然这还只是从总体上进行分析,其实在这些地方,社会保险体制的改革也还存在各种各样的问题。以深圳为例,1996年7月1日起开始实行新的社会保险制度,这一新制度将不分所有制,不分企业、事业单位,全部都纳入新的社会保险覆盖范围,在今后数年内,还要将个体户、私营企业等全部纳入这一社会保险体制。深圳市能够实行新的养老保险制度,有其特定的社会条件:首先,深圳市社会保险起步早,早在1982年,就已经进行以合同制职工为养老保险改革试点的单项改革;1985年又开始在国有企业职工中实行统筹养老保险;1987年进一步将临时工纳入这一范围;在积累大量经验的基础上,1992年进入第三阶段,开始进行综合改革。这次改革对以前的改革作了全面调整,不分所有制,不分用工形式,将所有的企业职工都纳入改革范围。其中最有效的就是建立了个人专户和社会统筹相结合这一制度,这一资金筹集模式对建立市场经济体制和提高公众的参保意识起了很大促进作用,得到了国家和十四届三中全会的充分肯定。

与此同时深圳还进行了医疗保险体制改革。1996 年 7 月 1 日起开始实行的社会保险体制改革，就是在以前改革基础上进行的。其次，深圳经济特区还有两个别的省、市、地区所没有的条件，一是人口年龄结构比较年轻，呈两头小、中间大的状态，即老龄人口和少儿人口比例较小，38～45 岁的中间年龄段人口较多，平均年龄也就 30 多岁，这就意味着社会抚养系数小。直到 1996 年 6 月份，深圳的退休人口还只有 1.4 万，预测要到 2010 年以后才逐渐进入老龄化高峰期，比全国平均晚了将近 10 年，这样年轻的人口年龄结构，别的城市根本无法与之相比。也正因为如此，所谓"老人老办法，中人中办法，新人新办法"在深圳市才能实现平稳过渡。二是深圳市的国有企业在整个经济中所占的比例和起的作用比别的城市相对要小，更兼经济积累雄厚，财政情况较好，有条件实行社会保险体制改革。海南的情况也差不多，否则改革就不会如此顺利。

以此观照别的省、市及地区，就应当明白，许多地方其实并不具备这些条件。虽然到了 1996 年 6 月底，中国已有 76.9% 的职工和 94.7% 的离退休人员参加了社会保险，[①] 但社会保险能否有成效，在短期内并不完全取决于参保人数的多少，它还要取决于有没有积累。由此可见，在中国人口年龄结构迫近老龄化、国有企业亏损面增大、失业问题日趋严峻的情况下，将为国有企业解除负担的"宝"全押在还没有积累的社会保险体制改革上，以国情而论，多少有点"以远水解近渴"的不现实之感。根据现在的实际情况看来，国有资产的流失无法避免，而国有资产现有存量中的一部分是由国家对国有企业职工的负债形成的。中国应该及早在国有资产净值在其总资产中还占有 25% 的份额

---

① 　新华社 1996 年 8 月 5 日电。

时,想出一些办法来偿还历史债务。有的经济学者已提出把国有企业改革与社会保障制度改革结合起来,划出 1/4 到 1/5 的国有资产,进行公开拍卖,然后转换成养老基金,按照基金法的规定进行长期投资,同时对于全国国有企业职工统一按照工龄设立个人保险账户。这个想法有一定道理,至少能部分偿还企业欠职工的历史债务,有关方面和理论界应从政治可行性与经济可行性出发,认真研究一下这个问题。计划经济体制积累的庞大遗产,企业职工理所当然应有自己的份额。

毫无疑问,国有企业改革已经成了中国经济改革的一个"瓶颈",如何通过这个"瓶颈",处理好计划经济体制这一份庞大遗产,既关系到社会公正,又是社会安定所系,而且也是中国金融体制改革能否取得成功的关键所在。国有企业对银行的负债所造成的严重后果其实早已是大家心知肚明的事情,这一点有国际货币基金组织官员的看法为证:"对中国来说,比人民币自由兑换更重要的是国有企业的改革""因为国有企业的改革直接影响到宏观经济政策和资本市场的发育,而宏观调控的好坏和资本市场发育的程度是一个国家能否实行资本项目可兑换的决定因素。墨西哥的金融危机就是前车之鉴。"[①]目前国家对经济的调控能力还比较强,还能为国有企业改革创造较好的社会环境,失去这一时机,留下的遗憾将无法弥补。

---

① 1997 年 5 月国际货币基金组织调研部副主任弗莱明·拉森在"世界经济展望"发布会上的讲话。《中华工商时报》(1997 年 5 月 22 日)

附文:国有资产的流失

国有资产流失总量知多少

我国国有资产的流失,是国内外普遍关注的热点问题。在改革开放以前,我国国有资产流失的问题虽已存在,但暴露得并不充分。改革开放以后,由于新旧体制并存,多种经济成分并存,产权关系不清与产权管理缺位并存,使国有资产流失问题日益严重。至于到底流失了多少,由于"条块分割"的管理体制和统计方法的不一致,目前还没有一个关于国有资产流失总量的准确数据。国有资产管理局根据现有的统计资料、抽样调查和典型案例进行初步分析,并推算、汇总,得出的基本判断是:从1982 年到 1992 年,由于各种原因造成的国有资产流失、损失大约高达 5000 多亿元。这个数字大约相当于 1992 年全国国有资产总量 26000 多亿元的 1/5,比 1992 年财政总收入 4188 亿元还多 800 多亿元。即便按这个据说是"比较保守"的数据计算,我国目前平均每年流失、损失的国有资产也达 500 多亿元。这即意味着我国每天流失国有资产达 1.3 亿元以上[①]。1994 年全

----

① 　郭东风、刘兆彬:《国有资产流失惊人　产权改革刻不容缓》。

国进行清产核资的企业有 12.4 万户,全部资产损失达 2231.1 亿元,全部资金挂账 2206.9 亿元,损失与挂账合计达 4438 亿元,占 12.4 万户国有工商企业全部资产的 10.7%。流失情况的严重,可以从下列事实略见一斑:1995 年国有资产管理局共收到举报 160 件,直接查处国有资产流失案件 22 起,到 1996 年 3 月结案 8 起,这 8 起案件就为国家挽回损失 15 亿元,平均每件涉及金额 1.9 亿元。[①] 1996 年又查处国资流失案件 300 余起,挽回损失 21 亿元。[②]

国有资产流失的渠道

国有资产的流失,可说是一个立体的过程。据国有资产管理局调查,造成我国国有资产流失的原因,主要是我国目前处于新旧体制转轨时期,新的管理体制尚不完善,许多政策、法规还不健全和配套。流失的渠道则有下列多种:企业经营亏损和管理不善,造成国有资产流失;在进行中外合资、合作和股份制改造中,国有资产流失;资源性国有资产流失(主要指对各种矿产资源、森林、草场的乱砍滥伐和掠夺性开采);境外国有资产流失(指境外国有资产管理者利用手中权利,采用转移资产、参与炒股票和期货等活动,侵占国有资产)。有些国有资产的流失,绝非各级国有资产管理者缺乏管理经验,相反倒和部分企业负责人积多年管理经验,精通在国有企业中如何钻空子去巧取豪夺有关。国家审计署 1994 年对煤炭、电力、化工等行业的 187 户大中型国有企业的国有资产流失情况进行了调查,据测算,因企

---

① 《中华工商时报》(1996 年 3 月 16 日)。

② 《中华工商时报》(1996 年 12 月 25 日)。

业本身的原因造成的国有资产流失占流失总量的 70～80％，主要责任在企业自身；部分企业领导缺乏法制观念，为了个人和小团体利益，千方百计地挖国有资产。主要手法有下列数种：

1、通过不提折旧和大修理基金、费用支出挂账等方法，搞虚盈实亏，或通过虚列、多列成本，截留转移收入，搞虚亏实盈。如中国农业生产资料公司原经理及有关人员，明目张胆地弄虚作假，伪造涂改账册，转移资金达 1900 多万元，给国家资产造成严重损失。

2、偷漏国家税收和私设"小金库"。由于管理不善，相当多的国有企业存在账外国有资产。账外设账是使国有资产脱离监控并导致资产及其收益流失的典型做法。据清产核资第一期 40 户工业企业统计，账外固定资产净值达 3.69 亿元，占清查单位全部固定资产净值的 1.16％。按照这个比较保守的比例推算，全国预算内工业企业账外国有资产净值可达 146.7 亿元。如果加上大量预算外企业的账外国有资产，这个数字会更庞大。

3、趁新旧制度转轨和产权变动之机，有意少计国家资本金，低估国有资产或低价出售国有土地使用权和房产等等。武汉市武昌区审计局的审计表明，1993 年 7 月新旧会计制度转换之后，数额巨大的国家资本金被合法地计入了法人资本金。该审计局对 10 户国有企业审计发现，50％的企业不同程度地发生了国有资产所有权界定的错误，共少计国有资产 256 万元。

4、在股份制改造中，对国有资产不评估或者低估国有资产的价值。有的企业任意设置"企业股"；有的则以低价或无偿的形式设置"内部职工股"；有的地方则以明晰产权关系为名，把国有资产低价卖给个人，搞成了"负债持股"。在红利分配时，国家股和职工股同股不同利，造成国家股比例下降。如上海飞×股份有限公司曾规定，国家股不享受一次性送股权益，仅此项就使国家股本损失 471.15 万元。武汉市某股份制企业 1988 年至 1992 年分红,国家股分红率为 11.5~13.7%,社会公众股为 17~17.5%,内部职工股为 20%。搞合资、联营等公司却启用国家资金,打着全民的牌子,但资产和效益却不进入国家收益。审计署在调查中还发现,一些平常对财务基础工作做得好的、被认为"信得过"的企业,在当前企业制度改革中,这类违法违纪问题也有抬头的趋势。

5、集体企业无偿占用国有资产导致国有资本累积性流失。一些国有企业为了安排子女、家属就业,投入大量资金、技术、物资开办大集体等各类"三产"产业。或让出适销对路产品的经营权给"三产"公司,或将国有企业的某个车间整建制地划出成为"三产"公司,或者为"三产"公司提供贷款担保。在进行这些产权转移程序时,仅凭协商或领导意见确定,手续不全,资产转移无账可查,造成了国有资产大量流失。辽宁省某市一大型国有企业在生产资金大量不足的情况下,将 11 万元资金无偿借给所属集体所有制公司,长期无人过问。该厂阀门厂、橡胶厂也存在类似问题。[①] 鞍钢和华北电管局办了许多集体企业,据介绍有 2.5 亿元称之为长期贷款或投资给了集体企业,这笔资金既未按资分利,也没有相应增加投资份额或收回。从全国清产核资第一期 51 户试点企业的不完全统计来看,集体企业无偿占用的国有资产达 1.63 亿元。据此,按集体企业无偿占用 0.01% 的国有资产来推算,全国各类集体企业无偿占用国有资产至少也在 190 亿元以上。

6、公开侵吞国有资产。企业亏损,经理发财,这种"富了和尚穷了庙"的情况在全国相当普遍。一些工商企业明明知道所

---

① 　国家审计署姜江华:《国有资产流失责任主要在企业自身》。

购原料、货物是残次品,却按正品价格购入,明明是优质畅销品却低价脱手,慷国家之慨,得个人之实惠。据《辽宁日报》一位记者调查了解,辽宁一家手表公司曾是全省有名的创利大户,产品在国内的市场占有率达7%,年上交利税1亿多元,但近年来该公司的国有资产大量流失,经济效益逐年下降,最终亏损3000多万元。该公司国有资产流失的主要原因是有关人员损公肥私,侵吞国有资产。例如公司要进一批自动车床,本可以从厂家直接进货,却转一个弯从私人手中买二手货,经理从中得"好处费"。一些个体户给正副经理一些好处,就可以从公司得到廉价原料和设备,转手高价卖出,便可谋取暴利。某个体户1992年通过这一办法获利几十万元。这家公司零部件质量好是出了名的,不少名表的机芯都用这家公司的部件,但该公司1992年和1993年残次品损失分别达到340万元和640万元,占当年成本的10%左右。据了解,许多部件并非真正的残次品,只是被当作残次品处理而已。

　　7、对外贸易中逾期货款不能收回,大量外汇滞留损失在外。据有关部门统计,1991～1994年间,中国各种涉外企业逾期未收汇总额达89亿美元(包括对外工程承包款)。造成拖欠的表面原因似乎是企业行为失误所致,但深层次原因却是对国有资产的监控不严。据专门从事国际商债追讨的某公司代表对我国被拖欠货款的统计表明,国际拖欠案直接起因中,有意欺诈的拖欠款占60%;产品质量或货期有争议的占25%;严重管理失误的占10%;其它原因占5%。形成国际拖欠的国外因素,主要是海外一些不良公司利用我国开放之初,外贸公司人员与管理者还未完全熟悉国际操作规范,又有急于求成的心态,或用人情和小恩小惠等方式,将有关人员仅有的一些原始警戒心理攻破;或在合同条款和操作方法上设下圈套,为拖欠制造理由。国内因素则主要是由于我国外贸公司体制与现代化的国际经贸发展要求不适应,一些公司管理水平和业务人员素质差,外贸企业运作中的行为规范管理不严格,及国有资产自我保护机制不健全等原因,导致对外贸易活动中纰漏百出,为对方拖欠货款埋下隐患。经两年来对几十起不同类型国际拖欠案的调查,发现外贸业务中突出的问题为:

(1) 不经资信调查,贸然与新客户签约。

(2) 过分信任老客户,公司收汇管理不严格。当老客户付款出现异常时,不做资信调查,从而丧失了避免风险的机会。

(3) 货物质量有问题,授人以柄。外贸出口中不按时交货,货物品质、质量、数量、规格与合同不符,导致外方索赔现象时有发生。

(4) 合同条款有纰漏,业务操作不规范。有些合同货物品规格不具体,违约责任不明确,支付条款不对等,出现争议难以解决。而当对方出现拖欠货款行为时,中方外贸单位普遍出现"重关系,轻索赔"的现象,宁可国家利益受损失,也不愿或不善于诉诸法律,以保护自己的正当权益。也有个别公司选择国外不良讨债公司,追款不成反受其害。据统计分析,目前,国际拖欠案国内发案地区已由 1980~1990 年的集中于沿海大城市及经济特区,移向 1990 年~1994 年的内地省市,并形成最新趋势,即向缺乏外贸经验的地区和公司移进。①

8、国有资产在担保中流失。近年来,辽宁省审计机关在审计中发现,一些单位轻率地为别人作担保,使国有资产流失。1994 年该省对 15 起大案进行调查,经济担保近亿元,损失额超

---

① 《中国市场经济报》(1995 年 5 月 13 日)。

过 5000 万元。①

上述只是国有资产流失的主要渠道而已。至于在实际生活中,手段更为繁复。以深圳特区为例,截至 1995 年 3 月底,全市共清退挪用、借用和拖欠的公款计人民币 2.69 亿元,港币 637 万元,美元 548.8 万元。其中比较典型的案例有:某国有大公司的总经理,将 1000 万元巨款私借给个人做生意,从中捞取好处;另一公司经理则以假发票、假进货单等形式,将 3920 万元港币汇到香港,借给他人做期货,造成严重亏损。深圳监察局组成调查组前往调查时,还发现该公司违反有关规定,将业务折扣款 3000 多万元港币存放境外。另一会计事务所所长王某,则用公款为女儿购买商品房和炒股票,仅为自己购买高尔夫球会员证就花了 35.79 万元。这类公职人员利用职权和工作之便,长期挪用、借用和拖欠公款,将公款借给外单位或亲友使用,长期拖欠承包款或不交租金,擅自动用公款炒股票、炒房地产中饱私囊,挪用公款购买香港或外国护照,借用、挪用公款进行非法活动或为个人经营牟取私利等问题,在深圳一些单位里非常严重。②

最值得深思的是还有社会无业人员参与侵吞国有资产的现象发生。1994 年 10 月,深圳市监察局查处一宗涉及社会无业人员以公司名义代签合同骗走国有资产 30 万元的案件。据该局披露,此类情况还有数起。主要方式有:

(1) 一些社会无业人员以所谓"能人"的身份,用投机取巧的手法混进企业,甚至充当领导或负责人,阴谋得逞后,就大肆挥霍侵吞国有资产。

---

① 辽宁省审计厅张宝光:《国有资产在担保中流失》。
② 《国有资产的卫士》,《深圳特区报》(1995 年 4 月 1 日)。

（2）千方百计利用熟人、朋友签合同，代做生意，从中谋取好处费。

（3）利用亲属关系户的权力代担保贷款，有计划有目的地实施侵吞国有资产的图谋。

（4）混进企业后为所欲为，视国家资财如水，坐享其成，失职渎职，不负责任，造成企业巨大损失而无法追究。

这些无业人员侵吞国有资产具有更大的危害性：一是这些人带着贪欲而来，时刻虎视着国有资产。二是侵吞手法更加狠毒，不顾后果。三是对企业没有法律责任，对企业行为也极不负责，问题发生后也难追究，结果给企业造成了巨大的损失。

国有资产流失的问题，政府和理论界人士也早已注意到，只是如何遏止，至今也未想出任何行之有效的方法。针对国有资产流失的严重状况，国家国有资产管理局副局长潘岳表示，1995年以产权变动、产权关系混乱造成的流失为查处重点，并搞好中外合资、合作、股份制改组、公司化改造、境外资产、黄金资源和土地资源等方面的资产流失调研，为以后的查处作好准备。①

几个国有资产流失的典型事例

被"蛀虫"蛀空的深圳市东部开发（集团）公司

深圳市东部开发（集团）公司是深圳市几个大企业之一，在其兴旺时期，曾创下年利润过亿元的纪录。但是近年来由于该公司存在一大批蛀虫，和外人里应外合，挖空了企业。这个企业是如何被蛀空的呢？这里聊举几例：

① 《国际拖欠款近六成收回无望》，《中国市场经济报》（1995年4月29日）。

孙勇，原东部开发（集团）公司属下大鹏水产养殖公司经理，他和卢某某采取签订假合同的手段，诈骗营口市肉鸡场和大连供销公司海味分公司无头对虾 437 吨，价值分别为 165 万元和 1457 万元，转手卖出后，在澳门赌场输掉 900 多万元，又携款外逃，至此事见报时为止，人们不知他的去向，只知道他携带的是秘鲁护照。他的上级公司东部开发（集团）公司负有连带责任，最后只得按法院判决乖乖把钱交出。

刘建一，东部开发（集团）公司规划开发部业务员，他于 1987 年代表本公司与广西国际技术合作公司、福建省三明市梅列经济发展公司及广东省番禺市医药批发部签订玉米和药品供货合同后，把收到以上三个单位定金中的 128 万元，转汇他处，并化为己有，给公司造成严重损失。

这边事犹未了，那边纠纷又起。云鹏企业公司贸易部业务员王某携款 320 万元外逃案正在处理，冻兔肉出口赔偿案的法院判决又送达。有的是签订合同时不严谨，有的是办理手续时不完备。1988 年初是东部开发（集团）公司不景气的时期，而当时的主要领导却热衷于 1988 年国际武术节，由总经理亲自在关于委托深圳市东部开发（集团）公司等为"1988 年中国武术节"承办吸收国内外赞助捐款及物资工作协议书上签字。这张没有经过公证处公证的空文，使东部开发（集团）公司轻易地从银行贷款 200 万元，汇入"组委会"专设账户做保证金。但是"组委会"所提的一揽子进口物质计划未获国家批准，致使保证金不翼而飞，上告都找不到诉讼主体。就这样案中套着案，60 宗连环案困扰着企业整整 5 年。到 1995 年初，总算是以 5000 多万元的赔偿及费用基本了结。①

---

① 《法重如山》，《深圳晚报》（1995 年 3 月 31 日）。

蛀食企业的"法人代表"

广东省惠来县第一建筑工程公司,是 40 多年来新老工人拼生拼死,用血汗凝成的集体企业。自企业成立以来,工人均按规定,上缴每月工资的 25％作为公积金和公益金。在工人的努力和积累下,"一建"在 60 年代购买了 5000 多平方米的土地建了泥、木、锯厂房和水泥预制厂,并先后添置了大量的机械设备,使"一建"成了惠来县一家规模较大、实力雄厚的集体企业。然而自 1987 年建委任命了一名叫方乌利的人到"一建"当总经理,情况就改变了。方乌利上台 7 年的结果是"一建"冒出了一份由全体职工签名的申诉书。申诉书列举了方乌利"勾结支部书记方本池,私自变卖集体企业,毁公肥私"的种种行为。申诉书递交的时间是 1994 年 4 月 17 日上午。

申诉书说,1993 年 1 月,方本池私下将"一建"600 多平方米的厂房以 13 万元的价格卖给邻居某单位,资金至今未入账。方本池对工人们辩称,他将来买地归还公司,但至上诉之日止,未见地在何方。

方乌利近两年来大量私卖建筑器材,将库存的设备材料低价销尽。

1994 年初,方乌利和方本池将 3000 多平方米的机锯厂房和 2000 多平方米的预制厂房以相当于当地地产 1/5 的价格(40万元)贱卖给一名叫方武科的包工头,虽经工人多次上访抗争,方经理和方书记后来皆承认"做法幼稚",并保证收回被卖出的厂房,但至工人申诉时止,厂房并未收回。

方乌利挪用公款,公司财务混乱,账目不清。

职工们称,由于公司存在上述问题,到职工上诉时为止,"一建"实际上已经瘫痪,如果政府不抢救,"一建"恐怕用不了多久就会化为乌有。

职工代表方丕说,每次职工们对方乌利等人的做法提出质疑时,通常要遭到方乌利等人的抢白:"我是法人,我说了不算谁说了算?"

面对方乌利等人对"一建"的蚕食,职工们无力制止。以往能反映职工意见的职工代表大会,在"一建"也名存实亡。多年来"一建"职代会所扮演的角色只是听一听方乌利发布决定而已,根本无权对决定作出支持或否决的表态。"一建"职工们聘请的律师、广州市对外经济律师事务所文阳先生认为,就"一建"的历史而言,即通过该企业资金积累的途径和构成来看,职工理所当然是企业主人,或者说产权属于职工。然而,"主人"的财产却被方乌利打着"法人"的令牌一天天蚕食。职工们最终迫不得已选择向新闻界和政府投诉,本身就说明其内部缺乏约束机制。①

---

① 《法人蚕食企业》,《粤港信息日报》(1995 年 4 月 29 日)。

这些年来,中国总是在腐败积累到一定程度,民众愤怒也积蓄到一定程度的时候,来上那么一场"反腐败运动"。

德国的哥汀根大学在一项评估报告中列举了全世界41个国家的清廉度,中国大陆被排名于第40位。

如何遏制腐败,防止进一步"软政权化",阻止分利集团与政治结盟,在中国目前其实已经是关系到改革成败的关键问题。正是在这一问题上,中国已经泥足深陷。

第四章
中国当代寻租活动产生的根源分析

本章将集中讨论当代中国各种利益集团开展的寻租活动产生的根源及对中国社会政治、经济的影响。毫无疑问,这18年改革当中,拥有庞大国有经济的政府及各种由政府掌握的资源,一再成为各利益群体寻租的猎物；而政府部门中的不法分子则将企业以及其权力所辖范围视之为其"索贡"的对象。在对历时18年的经济改革作出评价时，最让国民在道德情感上不能接受的社会变化之一就是腐败行为的泛滥。在前10多年，还有人认为腐败只是广东等沿海经济发达地区的"特产"，因为在这一地区，几百万元乃至数千万元的贪污受贿案件层出不穷，"中国第一贪"的"桂冠"在几年之间已数易其主：首先由中信实业银行行长高森祥夺得；未几又落到深圳某公司广州分公司经理曾利华头上；不到半年又冒出了一个贪污1300万元的巨贪——深圳市计划局财贸处处长王建业；这一纪录旋即又被深圳市建设银行职工梁健云以两千万之巨加以刷新。但是无锡邓斌、北京王宝森与陈希同一案，以及贵州阎健宏案又使中国人认识到：一向被视为首善之地的京都和以贫穷著称的贵州，贪污腐败之风也未遑多让。而这些已曝光的还仅仅只是贪官污吏中的一部分，事实正如最高人民检察院检察长张思卿所一再指出的那样：卷进经济犯罪的党政机关工作人员不断增多，其中还包括一些高级干部；司法机关和行政执法工作人员敲诈勒索、索贿受贿、贪赃枉法、徇私舞弊等犯罪问题严重；犯罪数额越来越大；携巨款潜逃情况突出；内外勾结、共同作案和跨地区、跨国犯罪的情况突出。这种大面积的腐败行为已使改革的声誉大大受损，在某种程度上严重危及国家政治、经济的稳定。

寻租活动的社会根源

转型期的中国尚处于模拟市场经济阶段，由市场配置资源的功能目前还不具备。由于政府在配置资源中起着举足轻重的作用，就使得政府成了各利益集团寻租的猎物。当前寻租活动主要集中在几个"点"上：权力的集中点；体制转换的交汇点；监督系统的乏力点；法律政策的滞后点；人、财、物需求的关节点。

这种腐败行为，中国学术界原来称之为"权力经济"，或曰"权钱交易"；政府的法律用语则统称为"经济犯罪"。在国际经济学界，自安·O·克鲁格在70年代创立"寻租"理论以来，有关由于政府行为而产生的腐败现象，统统被纳入这一范畴加以讨论。最近一两年以来，有关寻租的讨论在中国经济学界已成为一个最富刺激性和最具挑战性的研究领域。只是这种较分散的讨论和中国目前的大面积腐败比较起来，就显得力度和深度都远远不够。按照通常的说法，寻租行为就是寻求直接的非生产性利润，寻租主要是通过政府影响收入和财富分配，竭力改变法律规定的权利来实现某个人或某个集团的利益。寻租的对象主要是政府官员和国有资产，寻租的特点是利用合法或非法手段得到占有"租金"（即"超经济暴利"）的特权，所以寻租活动往往伴随着权钱交易等腐败现象。这种寻租活动只耗费资源而不创造社会财富，或者说它只是一种为单个企业创造利润而不为社会创造财富的经济活动。寻租活动的泛滥，为任何进步的法律制度所不能容忍。

在这里有必要区分一下中国当前寻租活动的性质，即这种寻租行为是属于"事前寻租"还是"事后寻租"。"事前的寻租活动"是指各种利益集团付出努力和资源来影响各种政策的出台；"事后的寻租活动"是指各种利益集团利用各种政策空隙寻找租金。从中国的实际情况来说，通过各种途径影响政策出台这种事前的寻租活动目前还很少；更多地是利用各种政策缝隙来寻找租金。只不过由于中国转轨时期的体制漏洞非常之多，所以寻租活动的伸展天地相当广阔。

中国的经济改革,从体制上来说就是变计划经济体制为市场经济体制。目前只能说我国尚处于模拟市场经济阶段,因为市场经济所具备的基本要素——由市场配置资源,目前在我国还不完全具备。政府在资源配置中的作用,尤其是在稀缺资源的配置中,远不止是充当"守夜人"的角色。在对目前这种财富分配格局起决定作用的几次大的资源配置当中,如价格双轨制、股份制改造以及后来的房地产热中,都是由政府这只"看得见的手"代行市场这只"看不见的手"的职能,进行资源配置,从而造成政治系统和经济系统的功能严重紊乱,使部分人得以利用手中权力,在这几次改革中进行着肆无忌惮、大规模的寻租活动。

从这几年中国各地不断公布的案例来看,当前的寻租活动主要集中在几个"点"上:权力的集中点;体制转换的交汇点;监督系统的乏力点;法律政策的滞后点;人、财、物需求的关节点。这种以权力型经济犯罪为主的寻租活动的肆虐,严重阻碍改革开放的进程,使社会付出了高昂的经济代价,并引起社会结构和价值观念的恶性畸变。

关系网——寻租活动的神经网络

中国现阶段,存在着一个既不同于计划体制,又不同于规范化市场的资源配置系统,在承担着现阶段的资源配置功能。寻租活动的展开,主要是通过一种非正式的社会关系网络进行。这种非正式社会关系网络由于能够牵动诸多资源的流动,影响其流向,因而成为一种具有资源配置功能的资源,并进而成为寻租者逃脱法律制裁的依仗和凭藉。

近10年来,中国出现了一批以非常速度积累大量财富的富豪。但仔细推究起来，就会发现一个特点：这些富豪当中的相当部分，都是通过非市场手段致富。且不去讲那些有资格直接参与资源分配的掌权者，侵吞国有资产致富的企业"内部人"，以及在价格双轨制下、股份制改造活动中和房地产热中富起来的一批人，仅仅以那些从表面上看来和权力似乎毫无关系、在改革中获得异乎寻常发展的民营企业为例来加以研究，就可以明白非市场手段在现阶段的重要性。从表面上来看，这些乡镇企业和民营企业似乎都是通过市场行为获得发展，但只要仔细深究内幕，就会在其中发现寻租活动的种种痕迹。这些乡镇企业从无到有的壮大，固然有赖于乡镇企业家们的眼光和勤奋，但更有赖于大量资源的投入。而大量的资金、设备、原材料、技术等资源，又是怎样聚集到这些民营企业中去的呢？答案是明显的：既不是通过计划调拨，因为这些民营企业处在计划体制之外；也不是通过市场，因为在目前这种尚缺乏法律规范保障的市场上，这些民营企业如果真是通过市场获得原材料、技术、设备和资金，恐怕遑论发展，维持下去都属不易。

事实是：存在着一个既不同于计划体制，又不同于规范化市场的资源配置系统，在承担着现阶段的资源配置。也就是说，在我国寻租活动的展开，主要是通过一种非正式的社会关系网络进行的。这种非正式的社会关系包括同乡、血亲、姻亲、朋友和同学等关系。不过必须指出的是，如果说在80年代，这个关系网尚有一点人情味在里面的话，那么到了90年代，这种人情味就几乎没有了。一方面，即便是上述关系，也还需用金钱努力编织，否则很快就会被从关系网中抛出来；另一方面，只要有金钱开路，即便不是上述关系，也能将其编进关系网中。因此所谓"关系网"，在目前的中国，其实就是进行权钱交易的神经网络。许多国有资产事实上就是通过"内部人"和关系网的作用而流入私人手中,这一点在前面几章已经谈过。这种用金钱编织的"关系网"参与作用的领域极为广泛,包括建厂、联营、转产、获得业务项目、购买原材料、产品销售、技术指导、人员培训等。

非正式社会关系资源由于能够牵动诸多资源的流动,影响其流向,因而它早已不仅仅只是一种有经济意义的资源,而是一种具有资源配置功能的资源。可以说当代中国的企业经理们,无论是身在国有企业,还是身在乡镇企业,没有一个人不明白非正式社会关系在经营活动中的重要性;至于为官者,自然更明白在致富的道路上"官商结合"的"必要性"。"公共关系"这个词在我国近年来频频使用,其社会背景就是如此,只是其内涵和它在发源地的内涵已大大不同,成了请吃请喝、送礼行贿、美色"攻关"等诸种拓展非正式社会关系活动的代用语。从单个企业来说,运用非正式关系获得资源,交易成本较小,可以使自己在同类中脱颖而出。但是从全社会来说,利用这种非正式社会关系分配资源的结果是使社会付出了无法用统计数字计量的巨大财富——社会道德和政治责任。

如果仅仅将关系网的作用理解成只在资源配置中起作用,那也是对中国现在的国情一种很不到家的认识。这些年来,中国总是在腐败积累到一定程度,民众愤怒也积蓄到一定程度的时候,来上那么一场"反腐败运动"。在这些运动中也总有那么一些人落入法网,被传媒大曝特曝其腐败事实,以作为反腐败的实际斗争成果。但时隔不久,腐败之风又卷土重来,或者就在反腐败之时,也还有人顶风作案。究其原因,其实倒也不是"杀鸡猴不怕",这些人有前赴后继、不怕杀头的勇气,是因为在庞大的关系网保护下,不少腐败分子根本就没有受到应有的惩罚。1995年1月《中国青年报·经济蓝讯》有一篇题为《基层央行执法乏力病因透视》的报道,就很好地说明了在关系网作用的笼罩下,人情渗透行政执法过程中,社会惩罚变得软弱无力的社会现实。这篇报道说,对基层专业银行进行稽查监督是各基层央行的基本职能之一,但许多基层央行在履行这些职能时,往往软弱无力,其主要原因之一,就是央行与专业银行之间是"你中有我,我中有你的裙带关系,结成了撕不开、扯不破的人际关系网",在央行和专业银行之间,利用职权互相代为安排子女、亲属的现象屡见不鲜。在这样一个庞大的关系网笼罩下,一查出问题,"面对错综复杂的社会关系,是否处理、处理轻重又自然而然成了挠头的问题"。至于各地关于一些地方恶霸依赖关系网保护逃脱法律惩罚的事情,更是时常见诸报端。

中国自1993年10月1日起实行《国家公务员暂行条例》,这一法规言之凿凿地花了第十二章整整一章的篇幅规定了"回避",如第六十一条规定国家公务员之间有夫妻关系、直系血亲关系、三代以内旁系血亲以及近姻亲关系的,不得在同一机关担任双方直接隶属于同一行政首长的职务或者有直接上下级领导关系的职务,也不得在其中一方担任领导职务的机关从事检察、审计、人事、财务工作。第六十二条则规定国家公务员执行公务时,涉及本人或者涉及与本人有第六十一条所列亲属关系人员的利害关系的,必须回避。第六十三条则规定国家公务员担任县级以下地方人民政府领导职务的,一般不得在原籍任职,但是民族区域自治地方人民政府的国家公务员除外,等等。其实深谙中国国情者都知道这一条例在不少地方都形同虚设,最能表明中国这种"人治的法制"之特点的,是安徽"史青峰事件"。

安徽省阜阳地区涡阳县史青峰的关系网相当庞大,"三亲家"都是县级以上的领导干部,史氏家族在当地任科级以上干部的就有40多人,县级以上干部有近10人。正因为史青峰拥有如此丰厚的"人际关系资源",才能在该县为所欲为。史青峰原来是该县审计局的干部,一次发怒砸了其顶头上司审计局长的办公桌,抢走了公章,使全局的工作陷入瘫痪,转而当上了县法院的审判员。此后的某一天,史青峰伙同另一个干部强奸了一个 21 岁的未婚女子。案发后受害者亲属一直告了 5 个多月的状却毫无结果。直到上级领导下定决心,重新调整了涡阳县委、县公安局的领导班子,史青峰才在潜逃三年后被捕归案。在史潜逃的过程中,他在县公安局当干部的弟弟曾暗暗地给他送过钱,告诉他朝哪个方向逃跑;史的哥哥是县委宣传部副部长,也与其有过联系。这些人都是国家干部,但他们的行为不仅违反了《国家公务员暂行条例》第六十二条,而且违反了《刑法》第一百六十二条。此案暴露的事实更让人关心的是在史氏家族那 40 多名科级以上干部和近 10 名县级以上干部中,有多少人在任职方面违反了《国家公务员暂行条例》中的规定?当地人事局和组织部门在考察他们时,为什么对他们那并不隐瞒人的亲属关系视而不见?而安徽史氏家族其实只是无数此类事例中的一个,在全国来说,这种事情绝对不是个别,而是带普遍性的问题,如周北方在首钢其父亲辖下工作,首钢党委副书记想将其调走都难遂愿就是一例。这类将法律条文视同无物的事情表明,以中国目前的国情而论,即便建立起"完善的法律制度",那也只是"人治的法制",绝对不是"法治的法制"①。

正因为关系网在中国的作用是如此强大,一个人如果成年以后,没有编织好一些"关系网",其亲族及社会上对这个人就很难看重,这个人在有困难的时候也很难得到别人的帮助。

---

① 《报刊文摘》(1996 年 11 月 18 日,解放日报社主办)。

历史上的"贪渎文化"与
今日寻租活动的文化继承关系

人是历史文化的沉淀,追溯历史,就会发现,利益交换在我国古代就被赋予一种"道德"含义,现在的腐败现象只是中国古老贪渎文化的一种延续。也正因为有如此文化背景,大规模的腐败现象在我国出现,才没有遇到文化上的反抗。不仅如此,前些年还出现一种看法:经济发展和社会平等、公正有冲突,二者是鱼和熊掌的关系;而腐败有助于消解体制内不利于改革的阻力,从而降低改革成本。这种看法无疑对腐败现象的滋生起了辩护的作用。

上述情况的形成和中国的传统文化有一定关系,轻视公德重视私人关系是中国传统人际关系的一个特点,"礼尚往来"这一诫律使人际关系中的利益交换具有一种道德含义;"千里做官为求财"则说明中国人心灵深处对在政府任职的一种世俗看法("经世济民"只是儒家的道德政治理想,而不是中国人,尤其不是普通民众的普遍理想);"法不责众"一方面使人们在犯罪之时有了从众的心理基础,另一方面使社会惩罚失去效力。正因为如此,近10多年来关系网的形成,腐败行为的大量滋生,在我国都没有遇到文化上的反抗。更糟糕的是社会现在已出现了不以腐败为耻,反以腐败为荣的风气。在沿海一些城市的人才招聘广告里,公开出现这样的词句:与政府部门有良好关系者优先录用。这一广告后面所隐藏的东西耐人寻味:无论是国有企业还是私营企业,甚至深谙中国国情的部分港台商人,都必须贿赂各有关政府部门官员以及工商、税务、公安等部门人员,否则经济活动会遇到重重障碍。试图保持正常商业规范的公司，往往会发现自己是在和采用大量行贿手段的其它公司展开不平等竞争。这种从上到下都将政府公共权力视为"资本"，并千方百计以其谋取超经济暴利的腐败行为，使不少社会公众产生了"在经济发展时期，腐败不可避免"的思想，其结果是助长了人们的玩世不恭，弱化了人们对行贿受贿行为的抵制。

中国的腐败现象之严重，已为世界所注目。1995 年，德国的哥汀根大学在一项评估报告中列举了全世界 41 个国家的清廉度，中国大陆被排名于第 40 位，最末一位则是印尼，也就是说贪污程度被排在第二位。《经济学人》1995 年 5 月 27 日报道，香港"政治经济风险顾问公司"发表的最新调查报告显示，在亚洲地区 11 个国家和地区的贪渎情况的评比中，中国大陆被排在首位。

这里且不去讨论中国应不应该被排在第几位的问题，那是政治家的事情。但"哥汀根报告"更值得国人注意的是，由于台湾、香港在排名上分别被列入第 4 位及第 16 位，使我们不得不考虑中国传统贪渎文化对今日的影响。这份报告至少应引起这样的联想：为什么我国历朝历代都经历这样一种重复，即每一朝代建国之初，都有那么一段励精图治、廉洁节俭的清明时期，而一到几十年以后，就无一例外地陷入了贪污腐化的泥淖之中？为什么凡是和中国文化有关的区域，贪污腐化就成为难以根治的社会公害？及至细细分析中国当前关系网的形成与其在资源分配中的作用，就能粗略把握到上述一些文化脉络，因为人毕竟是历史文化的沉淀。

翻开一部《二十四史》，就会发现贪污之事例几乎每朝每代都有，尤其是王朝末期尤甚。以与我们时距最近的清王朝为例，这一时期的贪污就非常有名，俗称"三年清知府，十万雪花银"。这些情形在清代谴责小说如《儒林外史》、《官场现形记》、《二十年目睹之怪现状》中被描写得淋漓尽致。当然这还只是国人的看法，如果将这一时期英国人写回国去的信件相对照，就更清楚我们的贪渎文化是怎么一回事了。一些英国商人在他们的信件中说，他们踏上中国之后，最头痛的是贪渎情形十分严重，无官不贪，不行贿就几乎办不成任何事情。官员们索贿手段有明有暗，明的公然索取酬金，间接的贿赂则需要双方的默契与技巧。他们必须先学习解读这种既特殊又微妙的贪渎文化，才能在中国打开局面。写信的英国商人还提到他的"诀窍"，就是先买通卸职的政府官员，再通过这些卸职的官员打点在任的官员，等等。此信件所言可算是外国人对晚清贪渎文化的一种直接的经验性体验。至于以后国民党统治时期的贪渎文化，更是人所皆知。

如今中国这"关系网"，可推溯至"文革"后期落实政策时期，那时要落实政策，不少人就借助"关系网"之威力。更兼当时经济濒临崩溃边缘，物资缺乏，表面上是按计划分配，而实际上"灰色分配"即关系网的功能在经济生活中起到了一定的作用，"走后门"这个词就是那时候的产物。所以将现在的"内部人控制"及种种"寻租"活动看作是改革开放的产物是片面的，至少持此论者没有看到这样一个事实：现在的腐败现象只是中国古老的贪渎文化的一种延续，只是转型期既有计划经济体制留下的巨大遗产，又有非常多的制度漏洞，才给一些人将国有资产转移到私人手中提供了千载难逢的良机。

也正因为历史上有贪渎文化的传统，因此大规模的腐败行为在我国肆虐，才根本没有遇到文化上的反抗。而我国的实际情况，还远比没有遇到文化上的反抗更为糟糕，不少人在腐败行为如洪水泛滥之时，不仅没有看到这后面隐藏的巨大危机，反而认为在中国目前的情况下，腐败有助于消解体制内不利于改革的阻力，从而降低改革成本。最有代表性的是前几年流行的一种看法：在改革中，经济发展和社会平等、公正有冲突，二者是鱼和熊掌的关系，要想达到经济发展，必须牺牲社会公正。并引经据典地用美国、日本等国的例子来说明，在任何国家的经济发展初期，都有过一段非常腐败的时期，以此来证明我国现阶段的腐败现象无可避免，是改革必须付出的社会代价，甚至是经济发展的一个先决条件。直到现在，大量事实非常确切地证明了腐败只耗费资源而不创造社会财富，并不能推动社会经济的发展，而且由于腐败行为渗透到社会生活的各个方面，导致了分配的不平等和收入的集中化，最后阻碍了以保护和促进民众利益为目标的改革的有效进行，并强烈地影响了民众参与改革和发展的积极性，这才有部分理论界人士开始探讨"人或为盗贼"的社会道德大滑坡局面对改革的负面影响。

寻租活动的社会成本

腐败的泛滥使社会付出了巨大的成本。这种"成本"首先表现在对政府机能的侵蚀和对社会资源的巨大耗费上。权钱交易进一步刺激了官本位意识在新的社会条件下畸型发展。事实表明，权力垄断社会生产要素对市场经济的发展，特别是对收入分配的危害，比市场经济体制下的经济性垄断所造成的分配缺陷危害更大。这种体制衍生出大量官商、官倒及依附于权力阶层的"中介人"。各级政府都有人不遵守政府的规章和指令，不惜牺牲国家和人民的利益以换取一己的私利。其次则表现在意识形态方面。在与政治、经济权力共生的庞大"关系网"笼罩下，利用权力为自己谋私利的行为已成为社会风气，人们对提高个人收入的"灰色行为"甚至"黑色行为"采取了惊人的默许和宽容，全社会性的道德败坏，可以说前所未有。

认为用腐败来消解旧体制的力量，在所有的改革方式中"成本最小、效益最大"，实在是种谬误。许多事实都证明，腐败的泛滥使社会付出了昂贵的"成本"，这种"成本"怎样评价都不过分。这种成本首先表现在对政府机能的侵蚀和对社会资源的巨大耗费上。各级政府都有人不遵守政府的规章和指令，不惜牺牲国家和人民的利益以换取一己的私利。他们与企业界、商业界的人士串通一气，使不少经济发展的收入和财富进入了他们个人的腰包。在掌握公共资源的部门，这种侵蚀显而易见。如前所述，上百万元、上千万元的贪污受贿大案、要案都出在这些部门，就是明显例证。这即意味着，在企业界人士通过关系网进行种种非市场交换，也就是权钱交换的同时，人民为之付出了沉重的代价。这些代价包括公共服务质量低劣，最典型的例子就是这几年在建筑行业中出现的大量问题。由于不少发包者的贪污行为，使许多不合格的建筑队能拿到项目，最终结果是导致工程质量低劣，房屋倒塌，危害了社会公众的生命财产。许多意在改善人民生活的改革措施，不少最后都没有达到原定目的。最可以用来说明问题的例证就是第二章谈到的"圈地热"，从理论上来说，在我国，由于市场机制的不完善和土地作为经济、社会发展的基础而具有资源和资产的双重性，所以在土地管理上，要求国家从源头上高度垄断土地；在土地市场运行中，政府必须通过宏观调控手段来规范市场行为，以保证市场的公平、公正与平等。但是在实际运行中，非正式社会关系在土地市场中所起的作用，使实践结果极大地偏离了这个模式，甚至连这次城市土地制度改革的最低目标——为国家积累建设资金和解决城市居民的居住困难都没有达到。大量资金在中间环节流失,肥了和土地有关的贪官污吏的私囊,而政府今后数年内却将为解决这两大问题的后遗症——资金饥渴和住房紧张而付出代价。

要言之,权力参与分配的直接后果是:少数执掌权力和接近权力中心的人通过"按权分配"在短期内积聚起巨大的财富,其财富增长速度远远超过利润率较稳定的发达国家,导致收入高度两极分化。一位名叫陈宗胜的研究者专门研究过党政官员经济犯罪对中国收入分配的影响,并列出下表:

党政官员经济犯罪对中国收入分配的影响

党政官员犯罪率(%)	5	10	15	20	25	30
占总人口比重(%)	0.07	0.14	0.21	0.27	0.34	0.41
基尼系数	0.298	0.2998	0.3016	0.3033	0.3051	0.3069
上升数	0.0019	0.0037	0.0055	0.0072	0.009	0.0108
上升率(%)	0.64	1.25	1.86	2.43	3.04	3.65

陈宗胜指出,根据 1987 年统计年鉴的数据,当年城镇科处级以上干部正常的合法收入平均每年 1000 多元,处于当年的中上水平。从该收入档次对应的人口比重上减去犯罪人员的人口比重,加在人均收入 4000 元(等于 1000 元正常收入加上 3000元非法收入)所对应的人口比重上,然后计算各收入层次的收入比重和收入分配基尼系数,得出如上表列出的结果。表中数据表明,若以最低犯罪率 5% 测算,将使收入分配差别扩大0.0019,上升率为 0.64%;若按较保守的 10% 计,收入分配差别将扩大 0.0037,上升率为 1.25%;若按 30% 计,将使收入差别

扩大 0.0108,上升率为 3.65％[1]。

必须注意的是,这里列举的只是在贪污腐败面远不如今天这样大的 1987 年的统计数据,而到了 90 年代以后,权力寻租活动早已不像当年那样"犹抱琵琶半遮面",行贿受贿数额也早已不是当年那样"小儿科"。但上述表格至少可以为权力市场化导致收入差距扩大提供一个统计学意义上的参考。

这种"成本"其次表现在意识形态方面,具体一点讲就是社会成员是非感的丧失。在错综复杂、互相利用牵制、与政治经济权力共生的庞大的"关系网"体系的笼罩下,利用权力为自己谋私利的行为已经成为社会风尚,人们对提高个人收入的"灰色行为"甚至"黑色行为"——亦即种种利用职务和职权为自己谋私利的行为采取了惊人的宽容和默许。不仅谋私者心安理得,而且还不用受到舆论的认真谴责,因为这些行为并不直接侵害到社会成员的私人利益。从 1996 年曝光的山东泰安市以市委书记胡建学为首的分利集团的所作所为中,就可以看到中国政府中不少官员如何结党营私,肆无忌惮地谋取私利。而且这种例证并非"孤证",几乎每个省都有。上行下效,流风所及,我国社会风气空前败坏,群体犯罪现象相当严重。一些集体为了谋取私利,结成团伙行贿受贿;一些地方为了狭隘的地方利益,集体制假售假、盗挖古墓、集体走私、贩卖人口、开办妓院、集体抢劫偷盗——这种情况在农村尤其严重,往往一个地方的居民或一个家族的成员就构成了一个犯罪集团。这种全社会性的道德败坏,可以说是前所未有,有人形象地将之概括成"有肉的卖肉,有灵魂的卖灵魂"。

1996 年 5 月 31 日,安徽省阜阳市中级人民法院审结安徽

---

[1] 《经济发展中的收入分配》,陈宗胜著。上海三联书店 1994 年 1 月。

省涡阳县茅庵赵村拐卖人口团伙犯罪一案,该案共有62人被判死刑、死缓、无期、有期徒刑。由于该案非常典型地揭示了中国时下社会道德败坏程度,特将其大要录之如下:

茅庵赵村位于河南省永城县、安徽省涡阳、濉溪两省三县交界之地,自1989年该村村民赵金方、赵明、赵良才等人开始进行买卖人口的犯罪活动以来,不断有村民加入这一犯罪活动,至案发时为止,据查有80%的村民参与拐卖妇女。他们或者兄弟联合,或是夫妻携手,或合家出动,或内外勾结,形成了以赵村为中心的拐卖妇女"专业批发市场",周围6个村、镇及与其接壤的河南省、江苏省、山东省的部分县、市都有人涉足其中,形成了贩卖、接送、中转、收买的"网络服务",每天都有好几批被拐妇女送入赵村,这些被拐卖的妇女,大多数都是被人贩子强奸后再卖掉。人贩子拥有自制的土枪、双管猎枪等杀伤性武器和吉普车,气焰十分嚣张。7年来,赵村俨然成了"拐卖妇女的自由王国",该村有钱有势的人都是靠出卖灵魂拐卖妇女起家,人称"中国第一卖人村"。(原载《江南晚报》,转摘自《深圳法制报》1996年8月25日。)

类似赵村这样的拐卖人口专业村,在中国还破获了好几个。

最有警世意味的是一些靠吃国有资产或钻体制缝隙挖国有资源发家、后来开办自有企业一展"鸿鹄之志"的私营企业主们,现在也在为自己如何约束下属行为而发愁。笔者认识好几位这样的董事长和总经理,自办企业以后,业务越做越大,必须找人管理经营,但就是找不到办法有效地约束其下属的行为。如某"红帽子"私营公司委任一位经理去做上海分公司总经理,一直只听到那边捷报频传,说是赚了多少,两年以后,却发现贷的3000万全花没了,只留下这位经理购买的几套房子和一个期货交易所的席位,买时的价钱比一年后的市价高出差不多三分之二,除了市场行情变化导致的损失之外,其余的都成为"回扣"等费用被不明不白地吃掉了。这位被委任的分公司经理精通法律:现有法律中的贪污罪、挪用公款罪对他不适用,因为他拿的是"红帽子"私营企业的钱。这家公司在内地与别的企业合作开办的另一家企业,用了当地一位政府官员做经理,这位经理上任时两手空空,经营三年多,等自己家中有了豪宅、私家车时,注入企业的上千万资产和贷款也都消耗得差不多了。这位经理看看没有什么油水了,就递上辞呈,准备回归自己原在政府中的职位上去,私下里还这样对别人说,"他(指董事长)有什么好来说我的? 他起家还不是靠这样,我拿的哪比得上他拿的多。"笔者将这些靠"灰色行为"起家,但又败在别人的"灰色行为"手下的现象称之为"多年打老鹰,却被鹞子啄瞎眼",可算是"成也腐败,败也腐败"的一种"天道循环"①。

如果说社会为此付出的经济代价在今后几年中多少可以得到弥缝和矫正的话,那么要摆脱目前这种道德无秩序状态,并建立一种新的社会道德秩序,就比修复经济要艰难得多,往往是穷数代人之努力也收效甚微。腐败行为泛滥成灾,最大的受害者其实只是人民。在目前这种情况下,如果还对腐败问题持掉以轻心的态度,并以一种短视的功利态度将它使某一集体、某一个人获利作为腐败有利无害的依据,论证它在中国经济体制转换中所起的作用是"成本最小,效益最大",最终只会使为害已烈的腐败渗透民族灵魂,成为难以治愈的社会顽症,每个人都会身受

---

① 这个股份公司因是笔者介绍的项目,故后来该公司的职工向董事长反映这位经理的问题时,是托笔者转交的非匿名检举信。因是财务人员与副总经理以及一些业务人员共同检举,故对每笔钱的来龙去脉及如何消失都讲得很清楚。

其害。

建立道德和政治责任是改革成功的关键

腐败、软政权化以及分利集团化，都是中国现代化道路上的陷阱。依靠对"人民公仆"实行高工资制并不能解决腐败问题，关键还在于建立健全法律制度，并在社会公众中树立现代化的道德和政治责任感。中国目前许多问题并非无法可依，而是有法不依。

在瓜分计划经济体制庞大遗产的过程中所产生的大量寻租活动，使中国的市场化进程严重偏离本应达到的社会目标。发达国家民主化进程的历史表明：新生资产阶级总是先有了经济实力，再争取经济权力。鉴于此，在80年代初期，许多知识分子曾充满希望地想象：随着民间经济力量的日益壮大，以经济权力来削弱非经济权力，会使民主与法制的进程加快。但严酷的现实却没有按照人们的想象发展，生活中大量权钱交易活动，使得人们不得不认知这一现实：有权才能有钱，这样反而进一步刺激了官本位意识在新的社会条件下畸形发展。国际经验和中国的现实均证明，权力垄断社会生产要素对市场经济的发展，特别是对收入分配的危害，比市场经济体制下的经济性垄断所造成的分配缺陷危害更大。这种体制衍生出大量官商、官倒及依附于权力阶层的"中介人"。这些人共同谋取财富，其相互勾结使权力结构更加强化，成为经济发展和体制改革最大的阻力。

关于腐败产生及如何克服腐败的问题，人类历史中一直都有一些杰出的思想家穷毕生之力加以探讨。被誉为"政治学之父"的马基雅弗里就是世界上第一个深入研究腐败问题的思想家。他在分析了 15 世纪意大利的社会情况以后,认为产生腐败的原因有几个,包括社会的不平等,人的私欲,权势者为满足自己一己私利的权势欲,等等。针对当时意大利的社会情况,他提出了消除和防止腐败的办法,如依靠领导者的自律为公民作出良好的榜样,依靠法律规范人们的行为,依靠有效的监察制度,依靠相互制衡的政治制度,等等;最重要的是他还提出了依靠改革来防止腐败的思想。马基雅弗里明确指出,国家政权如果长期不予更新,必然会走向腐败堕落,"因为随着时光的流逝,德性必然腐化,如果不加以治疗,这种德性的腐化必然会导致政体的毁灭"。因此他主张经常革故鼎新,为国家注入新的生机,通过种种兴利除弊之举来克服腐败,使国家历久不衰。马基雅弗里对腐败危害性及其根源的认识,不仅震撼了他的同代人,使人们开始正视腐败的灾难性后果,还为后来西方国家的政治学说开创了新的研究方向。此后以自然法三权分立学说为理论基础,以反腐败为主要目的的西方廉政思想,以及"廉洁政府"理论的盛行,溯其思想源流,都会看见马基雅弗里的思想光芒在闪烁。

瑞典经济学家、1974 年诺贝尔经济学奖得主冈纳·缪尔达尔在对南亚诸国进行了长达 15 年的实地考察之后,出版了他的姐妹篇名著《亚洲的戏剧》与《世界贫困的挑战》。在这些著作中,他提出发展中国家现代化进程中所遇到的普遍问题:软政权化和分利集团化。他认为,所有的发展中国家的政府都属于"软政权",这种"软政权"有几大基本特征:缺乏立法与具体法律的遵守实施,对法律的解释有很大的随意性和松弛性,各级公务员普遍不遵守交给他们的规章与指令,并且常常和他们本应管束其行为的有权势的人们与集团串通一气;社会成员之间常利用各自掌握的资源,在违反和抵制法规的基础上,为一己私利进行交换,亦即存在反法制的互利性;有着互诱性和积累效应,对包括下层阶级在内的各社会阶层有着很强的渗透性。

萧功秦曾长期研究发展中国家的现代化问题,针对上述现象,他指出,在这种以权钱交易为主要特征的"软政权"模式下,很容易形成各种分利集团,而这种分利集团一旦形成,必然会利用自己垄断的各种资源,通过种种寻租活动获取非法利益,而这些寻租活动又必然导致这些发展中国家进一步软政权化。"如此恶性循环,一旦这种恶性循环发展到一定程度,一个国家的政府将面对这两大陷阱的相互沟通而无能为力。"① 从中国现在的实际状况来看,这种分析正好切中要害。

如何遏制腐败,防止进一步"软政权化",阻止分利集团与政治结盟,在中国已经成为关系到改革成败的关键问题。正是在这一问题上,中国已经泥足深陷:由于在政府和企业这两大科层组织中拥有权力的大小决定了获得财富的多寡,所以不少政府公务人员不是去考虑如何加强为社会及公众服务,企业负责人不是去考虑如何增多社会产品,而是花费大量精力去进行权力的角逐。这些都极大地损害了社会基本单元的工作动机,侵蚀了人们的社会道德和政治责任感。

有人根据新加坡的经验总结出,中国目前腐败成风,主要是因为公务员的工资太低,"便宜没好货","贪污受贿、谋取各种特权和好处便成了低工资的一种虽然不合法但却合理的必然的补充"。言外之意,当然就是说只要对公务员实行了高工资制,贪污腐败之风就会得到遏制。

对这一看法,作者不敢苟同。因为中国目前的腐败之风并不是依靠对"人民公仆"实行高工资制就可以解决的——必须声

---

① 萧功秦:《"软政权"与分利集团化:中国现代化的两重陷阱》,《战略与管理》,1994 年第 1 期。

明的是,笔者绝对不是反对给公务员高工资,在这里谈的只是高工资制能不能遏止贪污的问题,而不是应不应该给公务员高工资的问题——历史上清代的"养廉银"制度也没有养出几个清官就是明证。再则欲望无止境,近几年频频曝光的数百万元乃至数千万元、上亿元的贪污案,证明这些人依靠贪污所获得的财产之巨,即便是享受高薪的新加坡公务员们也无法望其项背。这也就说明在中国实行公务员高工资制,恐怕也无法遏止公务员们的贪欲,所以这不是解决问题的根本办法。

继马基雅弗里之后,法国著名哲学家孟德斯鸠在《论法的精神》一书中指出:"一切有权力的人都爱滥用权力,这是万古不变的经验。防止权力滥用的办法,就是用权力约束权力。权力不受约束必然产生腐败。"这是被西方社会认同的公理,中国人在不再奢谈"共产党员是特殊材料制成的"以后,似乎也在某种程度上接受了这一公理。这些年"阳光法"等法律不断在出台,检察部门、监察部门、纪检部门、反贪局等"意在用权力约束权力"的机构也在不断成立,但贪污腐败之风却越演越烈,成了一种蔓延全社会的"政治之癌",其关键就在于中国还是"人治的法制社会",向"法治的法制社会"演进正处在步履维艰的阶段。

如何才能遏止目前这种贿赂公行,腐败成风的局面?笔者认为,这不仅有赖于建立健全法律制度,还有赖于在社会公众中建立现代化的道德和政治责任感。现行制度的不健全比较容易理解,如前所述,中国目前寻租活动的猖獗,从制度上来说,主要是源于资源分配大权掌握在各级政府手中,"权力腐蚀人,极端的权力极端地腐蚀人",这种问题一方面有赖于建章立制,让制度来约束人,使人们必须在法律允许的范围内活动;另一方面则是要尽快使政治权力从经济活动中退位。否则掌权者中就会出现"前车"不远,"后车"又覆的现象:北钢杀掉了管志诚,管的继任者紧接着步其后尘；贵州阎健宏尸骨未寒，接掌位置的向明序又走上她的老路。

仅靠严刑重罚似乎已不能有效地遏制腐败的蔓延。1993年9月，阎健宏因贪污受贿被抓，当时贵州省派了该省厅局级干部当中学历最高的向明序接任贵州省国际信托投资公司总经理一职，谁知1995年1月就有人向有关方面检举向有受贿嫖娼等劣行。这件事的出现令贵州省的领导"大为震惊"，原以为杀了阎多少有点震慑作用。其实仔细一想，就知道这是因为该位置实在是离钱太近，手中用钱的权太大，一般人在那一位置上很难把握住不受诱惑。所以换人是解决不了问题的。笔者就曾亲耳听过几位手握大权的官员在酒醉饭饱以后发表如此高论："政府从爱护干部的角度出发，只应该让一个人在一个位置上坐两年。因为第一年刚去，还没摸准路子，不敢放手捞，第二年就捞得够了，而第三年恰恰是最容易出事的一年，胆也大了，事也多了，保不住哪一单事留下一些手尾，就很容易翻车。"深圳市从1996年开始已在一些重要的位置上实行轮换制，其效果还有待检验。

用时下流行的话来说，这是"硬件"建设，这方面各国都有一些经验可以借鉴。然而最困难的问题却不在这方面，而是在"软件"方面，即如何建立道德和政治责任感的问题。再好的制度也必须依赖人去执行，人的素质在许多情况下，往往是关键。以制度创新和明确财产关系为主要观点的制度经济学派代表人士、1993年诺贝尔经济学奖得主道格拉斯·诺斯在观察了东欧和我国的经济改革以后，认为迄今为止，人们尚未找到一种从计划经济向市场经济过渡的有效药方。但通过已有的经验研究，这样几个方面是很重要的：第一，建立有效的经济市场；第二，建立有效的政治市场，即政治体制；第三，经济市场和政治市场的有效协调；第四，宏观经济政策与政治市场、经济市场的互相协调。

这里所谈的四点其实就是一点：制度建设。与此同时，他还提出了一个十分重要的概念：路径依赖。这一观点非常强调一个国家在制度改革过程中历史习惯因素产生的影响。他认为，如果一个国家不知道自己过去从何而来，不知道自己面临的现实制约、传统影响以及文化惯性，就不可能知道未来的发展方向。

我国现阶段正在进行建章立制，许多问题并非无法可依，而是有法不依。法律要从纸上的文字变成现实，看来还有一段漫漫长路。而从终极意义上来说，所谓制度建设其实也就是一种文化建设。基于此，在中国进行经济改革与建立各种法规法律的同时，如何在国民中，尤其是在政府公务员中建立道德和政治责任感，至少和经济改革、建章立制同等重要。

对中国的思想家们来说，还有一个要倾注全力研究的问题则是：考察中国现时所依赖的"路径"，即历史文化源流，看看中国究竟有没有可能成为一个"法治的法制社会"，而不是一个"人治的法制社会"。因为这两种社会的治理方法完全不是一回事。可以说，解决好这一理论问题，是解决现在中国所有问题的基本认识前提。

这批靠"灰色收入"起家的"灰色阶层",拥有成百上千万元的资产,高级汽车、别墅、美女等超级享受一应俱全。不少年轻人将他们奉为偶像,在他们的影响下,"勤劳致富"早已成为一种过时的思想观念。

占居民家庭总户数 7% 的富裕、富豪型家庭,共拥有中国现有的全部金融资产总额的 30.2%。而占全部城镇家庭总户数 38% 的贫困、温饱型家庭却只拥有全部金融资产总数的 11.9%。

第五章
中国当代的资本原始积累

从前面几章的分析可以看出,中国的经济改革在将计划经济体制转变为市场经济体制的同时,就使中国社会开始了资本原始积累过程。与世界历史上的资本原始积累过程相比,中国当代的资本原始积累有速度快、过程短以及以国有资产(包括国有资源)为积累对象等特点。

本章采用"资本原始积累"来表述中国目前这一社会经济过程,主要是从两方面意义予以考虑:第一方面是从资本积聚这一"量"的意义上来说,第二方面(也是最具本质意义的一个方面),是从"质"的意义,即中国当代积聚资本的手段具有强烈的超经济掠夺性质这一意义上使用这个词。

一般来说,经济增长和收入分配中,利润在国民收入中所占的份额愈来愈大,工资在国民收入中所占的份额愈来愈小,社会财富集中在少数人手中,就意味着资本原始积累过程的完成。本章的重点是分析如下几个问题:谁是中国当代资本原始积累过程中最大的获利者?这一过程为什么在当代中国难以避免?并剖析这一过程的特点和它对中国社会的发展到底会产生何种深远影响。

谁是最大的获利者

在这一轮积累财富的竞赛中,得利的主要是这样几类人:第一类是部分社会资源的管理者,这些人手中握有的权柄使他们握有计划内物资的审批权和资金的使用权;第二类是部分国有企业的负责人,这类人属于"内部人",特别容易将国有资产通过各种途径变为己有;第三类是有能力将这种权力变换为金钱的中介者;第四类则是部分驻国外及港澳等地的中资机构的掌权者。除上述四类通过各种寻租活动致富者之外,还有一些因缘际会,在改革中"搭上车"的人。

在这一轮积累财富的竞赛中,社会成员之间的竞争资本其实主要是权力。在掌握资源配置大权的部门任职者、国有企业的管理者，以及善于攀附权势者，由于能轻而易举地将手中掌握的权力市场化，因而也就最容易在瓜分计划经济体制遗产的过程中分得一杯羹，快速完成资本的原始积累。从生活实践中可以总结出，在这场原始积累中最大的得利者主要是这样几类人：

第一类是社会资源的管理者。这类人的谋利手段往往就是直接收受贿赂和贪污挪用公款。这方面的典型可以 1995 年处理的几大案件为例，贵州的阎健宏先后任省计委副主任和省国际信托投资公司董事长，深圳的王建业是市计划局财贸处处长，这几个部门的特点是掌握计划内物质审批大权和资金使用权，而批这类条子在实行价格双轨制的中国，实在是有点石成金之能，一张条子使人立成数百万巨富的现象并不罕见。这两人只是大面积腐败现象中的曝光者①。90 年代中国检察出版社出版的《当代中国肃贪实录》、中央纪委办公厅编写的《正义与邪恶——惩治腐败最新大案要案查处纪实》这两本书里收集的几十个案例，揭示了这样的事实：腐败现象存在于从上到下各个阶层。那些已曝光的官员上至中央部委，下至县和级别更低的基层。

据最高检察院公布的数据，1993 年中国检察机关共立案侦查贪污贿赂案件 56491 件，查办县级以上干部 1037 名，其中厅级干部 64 人。1994 年共立案侦查各类经济犯罪案件 60312

① 阎健宏系贵州省委某要员的妻子，其案件详细情形国内不少报刊均有记载，最早的长篇报道见于《中国市场经济报》（1995 年 1 月 26 日）。王建业一案自 1994 年起深圳各报均反复报道，1995 年 12 月 28 日王建业被判处死刑后，《深圳法制报》自 12 月 28 日~30 日以三大版连续报道详细披露了此案。

件,比上年增加 6.8%;案犯中有党政领导机关工作人员 3098 人,行政执法机关工作人员 1468 人,司法机关工作人员 2539 人,经济管理部门工作人员 3791 人。这些案犯的高级别干部又比以往有所增加,其中犯贪污受贿罪的县处级干部 1827 人,司局级干部 88 人。犯徇私舞弊罪的司法人员中有 110 人是领导干部。1995 年 1~8 月,全国检察机关共立案侦查贪污受贿案件 44813 件,其中县处级干部 1468 人,厅局级以上干部 84 人,司法人员 814 人 ①。

《上海法制报》登载了张思卿 1996 年初发布的讲话,称 1995 年 2153 名县处级以上官员犯有贪污贿赂等罪行被检察机关立案查办,这一数字与前年同期相比上升了 26.8%,是历年来最多的。其中厅局级官员 128 人,还有两人为省部级官员。"警匪一家"内外勾结犯罪的数字有明显增加,各级检察机关在过去 11 个月中查办构成犯罪的司法人员达 3500 多名。

而事实上,被"曝光"的只是这类人中的一小部分。掌握土地配置大权的国土局和贷款权的金融机构,也是这类经济犯罪案件的多发地带。如深圳市 1994 年在福田保税区破获一起利用土地和土建工程贪污受贿的案件,抓出 3 名处长和 1 名科长,而该区总共只有 4 个处和 4 位处长,由此可以想见"土地蛀虫"之多②。金融机构犯罪案件之多,令中国政府颇感头痛,人们将之称为"钱老大",行业风气之败坏,越到基层越猖獗。人们将为

---

① 《法制日报》(1995 年 3 月 14 日)和南方日报社主办的《南方周末》(1995 年 11 月 10 日)。

② 见《深圳商报》(1995 年 1 月 19 日)和《深圳法制报》(1995 年 1 月 21 日)。关于"圈地"方面的腐败行为笔者在《90 年代的圈地运动》一文中已有详细记述。

取得贷款进行的种种行贿活动,称之为"全国人民做银行"。1995年3月,国务院办公厅转发了中国人民银行对10家金融机构处理情况的通报,这10家金融机构被处理的原因是"违反约法三章,扰乱金融秩序"①。1995年深圳市处理了两起特大金融犯罪案件,均为银行的基层业务人员所为。一起是深圳市建设银行福田支行国际业务部外汇综合会计梁健云,其犯罪数额达1900万元港币和80万美元。另一起是中国工商银行深圳分行东门支行金城管理处主管会计郭曼鹏利用职务之便,侵吞公款798万多元②。1995年山西临汾地区挖出一起系列特大受贿案,该地区建设银行行长梁天荣以及其他60多名金融系统及企业工作人员牵涉于内③。

金融系统是贪污受贿案件的多发地带,这一点是人所共知的事实。据《南方周末》1996年10月25日登载的《一个金融"独立王国"的内幕》一文披露,中国银行湖北分行蒲圻市支行,这个多年来悬挂着红色招牌、被众多新闻传媒争相报道的"先进典型",竟是以行长熊学斌为首的一伙金融蛀虫为所欲为、大肆贪污挪用公款的"独立王国",副行长刘晓琴、信贷科长魏建新和会计科长李俊峰等十余人均参与其中,结成了号称"三驾马车"、"两个吹鼓手"、"两个打手"和"四个干儿子"的内部统治。案发后查实,该行从1988年到1995年案发时为止的账目,已经多次被篡改,完全失去真实性。

至于公安、司法、工商、税务等行政执法部门的腐败也令人

---

① 《法制日报》(1995年3月21日)。
② 见1995年12月28日深圳市中级人民法院对二人的判决书,以及次日深圳各报新闻。
③ 《法制日报》(1996年1月23日)。

触目惊心,1996 年辽宁省锦州经济技术开发区公安分局副局长赵国利在 250 天内鲸吞 2019 万元,按其贪污的速度来说,即便列为世界级巨贪也不为过。

赵国利任锦州市经济技术开发区公安分局副局长时,一身兼任三职:既是公安分局副局长,又是锦州经济技术开发区城区开发建设办公室负责人,还是该公安分局创办的"海发公司"的法人代表。他贪污的手段主要是利用受让、转让开发区的废虾池和盐池土地,填开空白发票,在所辖范围内任意以"借款"名义索贿等等。赵的官职不大,也不在掌握资源分配大权的部门,从赵一案可看出,中国当前的腐败到了何种可怕的程度[1]。

这类案件全国各地都有发生,是中国 90 年代整治经济犯罪的重点。尽管新闻传媒对此的报道非常有限,但从那些已曝光的案件来看,足以让人触目惊心。

第二类人是少部分国有企业的负责人。1995 年中国查处的违纪违法案件中,以国有或集体企业"一把手"犯罪问题为突出现象。(本书的第三章中已详细谈过这一问题)这些"一把手"往往与单位里的财务人员勾结在一起,"吃喝嫖赌贪"一条龙,蚕食国有资产。在长期的反贪斗争中,他们已积累起很多犯罪经验,如"三人不谈事,二人不签字,法不传六耳",采取"一对一"的作案方式[2]。

据《辽宁法制报》载,广州市 1982 年至 1989 年检察机关立案查处的贪污受贿案件 76% 发生在企业,1992 年至 1994 年,贪

[1] 原载南京《周末》报,《250 天内鲸吞 2019 万元,警界第一蛀虫受审》。转载于《深圳法制报》1996 年 10 月 6 日。
[2] 《中国市场经济报》(1996 年 1 月 10 日):《遏制企业"一把手"犯罪刻不容缓》。

污受贿案占企业发生的全部案件的 70％。社会上为群众最不满的公款消费现象，有 80％来自企业。据武汉、大连、石家庄市400 多家高档娱乐场所调查，有 60 ％的公款消费者是来自企业。

《上海法制报》报道，上海徐汇区检察院 1995 年 1～11 月立案侦查的 85 件贪污贿赂案件中，发生在企事业所办的"三产"企业的案件，占了总数的 60％以上。犯罪主体多为"三产"负责人或掌管权力的财务人员，房地产业和科技开发业为多发地带。

以深圳市东部开发(集团)公司为例，这个年创利润过亿元的公司，曾因公司里大大小小的"鳄鱼"鲸吞，被纠缠到 60 宗诉讼中达 5 年之久，除了流失的巨额国有资产之外，仅用于诉讼及赔偿的费用就多达 5000 多万元。在这 60 宗案件中，几乎每一宗后面都隐藏着侵吞国有资产的种种活动①。

这些国有企业的负责人侵吞国有资产，最后被绳之以法的只是其中极少数，大多数都成为或明或暗的当代富翁。根据中国国有资产管理局的统计资料、抽样调查和典型案例进行初步分析，从 1982 年到 1992 年这 11 年内，中国平均每年流失、损失的国有资产达 500 多亿元，每天流失国有资产达 1.3 亿元以上。至于这些损失的国有资产中有多少是被这些企业负责人鲸吞的，是一笔永远也无法算清的糊涂账②。据中国一份官方调查报告指出，占居民家庭总户数 7％的富裕、富豪型家庭中，包括部分企事业单位领导人、部分股份制企业负责人、部分承包租赁

---

① 《深圳晚报》(1995 年 3 月 31 日)。
② 郭东风、刘兆彬文:《国有资产流失惊人　产权改革刻不容缓》,《国有资产流失种种》。

者以及少数以权谋私者①。从中国目前的工资制度来看，这些人的财产来源大多处于一种可疑的灰色状态之中。

《南方周末》(1995 年 12 月 8 日)载，据全国在工资制度改革方面放得最开的深圳市有关方面的统计，1994 年深圳市 6 家试点企业的总经理年薪收入最高者为 126168 元，其中基本工资为 51228 元，效益工资为 74940 元。年薪最低的总经理的效益工资为负 13692 元，将从基本工资中扣除。如果按同年深圳市社会平均工资每月 881 元计算，这些国企负责人的年薪收入是社会平均工资的 5 倍。依此推理，在内地那些工资差距远没有深圳这么大的地方，这些吃"阿公饭"的企事业单位负责人要凭"阳光收入"积聚起这么多的财富，进入"富豪型"家庭实非易事，更何况"金融资产"只不过是他们形式多样化的财富形态之一。

总之，在时下的中国，不少国企老板侵吞国有资产已是公开的秘密。企业亏损，工人的工资发不出，而企业经理却大发其财，这种所谓"富了住持穷了庙"的现象在 80～90 年代的中国相当普遍。

第三类人是有能力将这种权力变换为金钱的中介者。他们和社会资源管理者中的腐败者是种共生共荣的关系。这类人的构成相当复杂，既有退休官员和现任官员的亲属，也有很多来自社会下层的人。前者靠关系，而后者则属于"能人"。一般来说，这些人都具有手头活络，眼光灵活，善于为自己编织关系网的能力。而那些掌握管理权力的人，也需要有人配合才能将手中的权力变为金钱。这就出现了人们戏称"官员傍大款"的现象。1992 年轰动全国、牵涉金额达 10 亿元的"长城沈太福集

---

① 《中国市场经济报》(1995 年 7 月 26 日)。

资案"①,1995年再次轰动全国的无锡新兴公司32亿元集资案,都是"官商结合"的典型。这些"能人"往往善于在"合法"与"非法"之间的"灰色地带"赚取"灰色收入",这些收入往往很难划清"罪"和"非罪"的界限。仅以无锡新兴公司集资案为例,该案涉及13个省市273人,其中党员187人,县处级以上干部126人,地厅级以上包括省部级干部55人。据司法部门认定,其中主动充当"中介人"的有107人,他们为新兴公司集得15.56亿元,从中获得中介费5250万元。个人非法所得10万元以上的3人,100万元以上的9人,1000万元以上的1人②。这批靠"灰色收入"起家的"灰色阶层",成为中国一批拥有数百万乃至数千万元资产的富豪阶层。他们拥有成百上千万元的资产,高级汽车、别墅、美女等超级享受一应俱全。他们那具有传奇色彩的发家史,他们的人生观及挥金如土的生活方式,对社会有不可低估的影响,不少年轻人将他们奉为偶像。在他们的影响下,"勤劳致富"早已成为一种过时的思想观念。近些年来频频发生的数百万乃至上千万元的贪污受贿大案的主犯,几乎都是艳羡这些"灰色阶层"的生活而走上犯罪道路的。也正由于这些人常常游刃于"罪"和"非罪"之间,所以每逢"打击经济犯罪活动"开展之

---

① 沈太福一案国内有多家传媒进行报道,牵涉到的人物既有新闻界,还有原国家科委副主任李效时。这一案件详情见中央纪委办公厅编写的《正义与邪恶——惩治腐败最新大案要案查处纪实》,中国方正出版社1995年1月出版。

② 见《南方周末》(1995年12月1日)《三十二亿集资案大骗局》,《粤港信息日报》(1995年12月1日),《深圳晚报》(1996年1月14日)。此案不仅以它的数额之巨引人注目,还因卷入这一案件的高官有北京市副市长王宝森和首钢总经理之子、总经理助理周北方而闻名,是至笔者截稿时中国已"曝光"的最大的经济犯罪案件。

时,也总是有一部分人入了监狱。王建业案中的史燕青,陈炳根案中的黄海南,无锡新兴公司集资案中的邓斌等人就是这类人中马失前蹄的"不够运者"①。

还有一类人虽然人数不是特别多,但其活动在资本原始积累过程中却非常值得注意,这就是那些驻海外及港澳地区的中资机构工作人员。这些人由于"天高皇帝远",在国外的活动更是肆无忌惮,如领导层滥用职权,建"家族式"、"小山头式"的公司,擅用公款经营超范围的业务,如炒股、炒期货、炒外汇、炒地产等。更大胆一点的是调用公款以个人名义和外商另立公司,将本机构所经营的业务、货单转到另立公司经营。有的不惜损害国家利益,收取贿赂或索取回扣,高价进货、低价出售。还有一些人非法在外商公司、企业担任职务,实质上是利用自己在中资机构的职务,为外商企业捞取正常经营得不到的利益,本人也借机从中获利。更有人利用人情关系网策划走私。至于那些藉各种名义挥霍公款、逛红灯区、嫖妓、携带家属或情妇周游各国的事更是司空见惯,一些驻外机构、公司一年的应酬费、交际费竟占总开支的60%左右!这些人由于在国外,洗黑钱及隐匿其"灰色收入",甚至逃脱法律制裁等,都较国内的寻租者更为方便。一些人在捞够了以后,就消失在地球的某一地方,仅1995年1~9月,就有80余名公派驻外中资机构干部,因涉及经济、贪污嫌疑而"失踪"。香港廉政公署在1996年上半年共接获涉及中国内地的跨境贪污案77宗,比1995年同期增加四成。廉政专员梁文建表示,近年发现香港执法人员参与过境贪污的情况有所上升;情报还显示香港与内地的执法人员勾结黑社会人

---

① 见《中篇小说选刊》1995年第6期上一位名叫王泽群的作者写的作品后记上。

士从事非法活动,主要为边境走私、毒品及色情活动①。正因如此,有人将中国现阶段的跨国经营形象地谑称为"跨国消费"、"跨国资产大转移"。中国现阶段到底有多少财富转移到国外,根本无法获得精确的统计学数字,但据一些研究者估计,这种非法资本外流的现象,比之其它第三世界国家有过之而无不及。数据见下表:

资本外逃与外债增长:中国与其它国家的比较 单位:亿美元

国别	1976~1982	1983~1985	1976~1985	1985~1994	资本外逃/外债增加额(%)
阿根廷	270	-10	260		62.70
巴西	30	70	100		12.00
智利	0	10	10		6.40
墨西哥	360	170	530		64.80
秘鲁	38				32.80
委内瑞拉	250	60	310		101.30
乌拉圭	6				27.30
菲律宾	84				36.10
韩国	61				21.80
中国				402.87	52.30

资料来源见王军:《中国资本流出的总量和结构分析》(《改革》1996年第5期)。

据研究者指出,中国自1985年以来的资本外逃占外债增长的比例达到了52.3%,超过了80年代世界上15个债务负担最

①　《报刊文摘》(1996年8月19日)文:《香港与内地执法人员勾结,跨境贪污案有上升趋势》。

沉重的国家资本外逃的平均水平，而且在进入 90 年代以后接近甚至超过了每年新增的外债额。换言之，在中国政府大量向国外举债的同时，却有超过一半的资本通过各种途径流失，也许是永久性地"消失"在国外。英国伦敦皇家国际问题研究所顾问沃尔先生在一份给经济合作与发展组织的研究报告中指出，从 1989 年至 1995 年间，中国长期资本外流的总量可能超过 1000 亿美元，其中约有 500 亿美元是未经政府批准的，"不是所有长期资本外流都经过政府批准。大部分长期资本是通过非法转移的形式流到国外。这从国际收支资本账户中出现的大量'误差和漏洞'中反映出来。这种资本的数额从 1989 年的 3.3 亿美元上升到 1995 年的 178 亿美元(包括直接投资和证券投资)。"沃尔还指出，到 1994 年中国在海外共建立了将近 1 万家企业，遍布全世界各地，但投资主要集中在香港、澳大利亚、加拿大和美国。事实证明，中国非法的资本外流是香港等地的重要资金来源，据估计，到 1995 年为止，中国企业和个人在香港投入 300 亿～400 亿美元的资本①。

大量资本外逃毫无疑问对中国经济产生了极大的负面影响：国家付出高额的机会成本借贷外资，这边却不断有巨额资金流出并消失在国外。可以肯定，这种资本外逃是构成金融危机的源头之一。

上述这几类人的经济活动，有民谚很生动地总结说："犯大法挣大钱，犯小法挣小钱，不犯法不挣钱"。第二、三类人在没出事之前大都被社会目为"能人"和"优秀企业家"之类，他们的大起大落使一些人感叹："企业家没有善终的。"但是感叹者无疑只

---

① 英国《金融时报》(1996 年 12 月 27 日)：《中国成为世界资本的重要来源》，记者沃克。转摘自《参考消息》(1997 年 1 月 8 日)。

看到事情的表面现象，而忽视了这些"企业家"中的不少人在积聚财富的过程中，其寻租活动充满了不道德和犯罪这一事实。可以说这类人积累财富的行为特征在某种程度上决定了其结局。民谚是这样调侃这种现象："砍头不要紧，只要金钱真，杀了我一个，富裕家中几代人。"

和前几类人在积聚财富的方式上有区别的是一些利用机遇发展起来的私人资本持有者。这些人主要由下面几类人构成：从国有企业和集体企业中脱颖而出的经营者和供销人员，以及那些民营企业家、包工头、部分私营企业主。属于前一种情况的人往往在国有(或集体)企业中积聚了多年的生产经营和市场经验，多为企业中的骨干。他们善于把利用工作之便建立起来的人际关系变为自己致富的资本。由于他们的"能耐"来自于职务的便利和权力，所以还有一些人采取一种更聪明和更隐蔽的方式，自己并不直接"下海"，而让其亲属子女出面经商，全部供销渠道却是由本人提供，可算是在旧体制和市场经济这两头都占尽风光。但这种行为最多只能说他们长袖善舞，很难归之于"违法"一类。属于后一种情况的人则头脑灵活，善于把握时机，自力更生，创业致富。这类人构成了中国今天说的"民营企业家"阶层(包括乡镇企业家在内)。由于中国目前处于"模拟市场经济体制"阶段，不少资源、尤其是稀缺资源主要由政府配置，这些民营企业在争取资源以及市场推销中并不排除通过关系网进行种种"寻租"活动，如佣金、回扣、中介费之类。但比之前三类人来说，由于他们的活动主要在生产领域内，其经济活动为社会提供了物质财富，所进行的"寻租活动"对社会经济秩序的破坏性要小于通过权力市场化获取利益的前三类人，而且所谓"佣金"、"回扣"、"中介费"是介乎于违法和合法之间的"擦边球"，在当代中国社会转型期，社会对许多行为，本来就很难认定其到底是"合法"还是"违法",故此这类人只要其"关系网"中没有人出事,一般很难用法律来约束其行为。

还有几类人由于因缘际会,成为这一时代先富起来的那一批人。如体育明星、名画家、著名演员、名作家、证券经营中获高利者,以及少量各种各样在改革中"搭上车"的人,如深圳特区那些因土地致富的当地农民。但是这些人从量上来说,并不构成今天富裕阶层中的主体,他们积聚财富的方式,也并不是中国当代原始积累的典型形态和主流方式。

原始积累过程的完成、特征及其必然性

我国资本原始积累开始于80年代,其始点是企业承包责任制的推行,从那时开始,中国就打开了国有资产流失的闸门,开始了国有资产流失和私人资本膨胀的过程。原始积累完成的标志是财富集中在少数人手中,其实质是我国当代社会政治经济两大科层组织的掌权者及其依附者进行权钱交易等"寻租"活动,共同瓜分国有资产;原始积累的对象是国有资源与积全国人民40多年血汗而成的国有资产;进行掠夺的手段是凭借权力。其必然性则是在特定的历史条件下,在社会转轨过程中存在许多体制方面的巨大漏洞,这种情况决定了谁掌握资源或资源配置权,谁就能将权力市场化为"资本",在社会财富的再分配过程中处于有利地位。

笔者在1993年写的一篇文章中曾谈到中国当代的原始积累形成的状况,其标志是社会财富已集中到少数人手中。近两年来各方面的调查统计数据亦支持了这一看法。

一是中国金融资产已集中到少数人手中。1995年中,中国

国家统计局城市社会经济调查总队发布一项有关中国城镇居民家庭金融资产(包括储蓄存款、有价证券和手持现金)的调查报告。据这项调查报告的研究者程学斌指出,1994 年中国城镇居民金融资产总额达到 18547 亿元,这些金融资产的分布特征为水平不高,分布不均,差距极大,占居民家庭总户数 7％的富裕、富豪型家庭(其中富豪型家庭占家庭总户数 1％),共拥有中国现有的全部金融资产总额的 30.2％。而占全部城镇家庭总户数 38％的贫困、温饱型家庭却只拥有全部金融资产总数的 11.9％①。

另一项调查报告指出的城乡居民储蓄(不包括各类债券、股票等有价证券在内)分布状况却比上述报告还要严重得多,据该项报告说,中国 10％的最低收入者只占有存款总额的 3％,并有下降的趋势;而 10％的最高收入者却占有存款总额的 40％,并有上升的趋势。这一差距正在按 10％的速度扩大②。

二是近年中国国民收入的分布状况。1995 年 7 月,中国人民大学社会调查中心公布了一项在全国范围内所作的 PPS 抽样入户调查报告,1994 年中国最贫穷的 20％家庭仅占全部收入的 4.27％,最富有的 20％家庭占有全部财富的 50.24％。这种财富集中的状况已超过了美国,据美国 1990 年的数据,它们最穷的 20％ 家庭占有全部收入的 4.6％,最富有的 20 ％家庭占有全部收入的 44.3％③。

三是从所有制结构变动的数据中可以很清楚地看到私人资本原始积累已经完成。从 1993 年 12 月到 1995 年 12 月,全国

① 《中国市场经济报》(1995 年 7 月 26 日)。
② 《中国市场经济报》(1995 年 4 月 19 日)。
③ 《中国市场经济报》(1995 年 7 月 26 日)。

非公有制企业的工业总产值占全国工业总产值比重,由 10.5%增至 20%[1]。全国非公有制经济社会零售总额则由 1993 年 11月份的 38.1%增至 1995 年 11 月份的 51.8%[2] ——这还不包括名义上是"公有",实际上却是戴"红帽子"的私营企业的工业总产值。所谓"红帽子",是中国目前企业界的一种特殊现象,主要是由于私营企业地位较低,不少私营企业为便于生产经营,挂着集体牌子,据权威部门测算,在乡、村、镇、街道一级企业中,约有 70%是戴"红帽子"的企业[3]。

上述三类数据,代表中国当前三类民间资本,即产业资本、商业资本和金融资本集聚的水平。工业总产值和社会零售商品总额所占比重是私人产业资本在生产领域、商业资本在流通领域中所占的比重;国民收入分配状况则说明部分人凭借产业资本、商业资本和金融资本在国民收入中取得了较大的份额。上述三类数据的统计口径不一样,但都说明了一个事实:社会财富已开始往少数人手中集中。

这"少数人"拥有的财富对我国经济到底会产生什么影响?这一点可以从居民储蓄存款和国家财政收入之比的变化测知:

改革前夕的 1978 年,国家财政收入是我国城乡居民储蓄的4.5 倍,而到 1992 年,我国国家财政收入只有 3800 亿元,而城

[1]　《中华工商时报》(1996 年 1 月 6 日)。

[2]　《中华工商时报》(1996 年 2 月 12 日)。

[3]　《中华工商时报》(1996 年 1 月 6 日)。又:据《中华工商时报》(1996 年6 月 12 日)载,截止见报日,湖北省襄阳县 137 户私企摘掉了"红帽子",重新办理了注册登记。这种戴着"红帽子"的挂靠企业在全国范围内有许多,1995 年广州市中级人民法院二审受理的 600 多家经济案件中有一半涉及挂靠。这些挂靠企业只有在严重亏损、其主管部门要负法律连带责任时,才会提出产权问题。

乡居民储蓄是 15000 亿元,与 1978 年的比例正好相易。近两年这一比例又有上升,1995 年我国中央财政收入为 3866.63 亿元[①],而截至 1995 年底,全国城乡居民的储蓄存款余额已达 29662.2 亿元[②],城乡居民储蓄是国家财政收入的 7.6 倍。如以 10% 的高收入者拥有 40% 的金融资产来推算,这 10% 的人占有的储蓄额高达 11864.88 亿元,是国家财政收入的 3.07 倍。到 1996 年 6 月末,城乡居民储蓄达 35457.9 亿元[③],这个数字说明,今后决定钱的流向,亦即决定投资抑或消费的权力已主要不由政府控制。

有的研究者分析中国储蓄格局的变化,从中亦可看出 80 年代末至 90 年代初,中国国民储蓄的来源主要是民间:

中国储蓄格局的变化(1978~1991 年)

国民储蓄来源(%)	1978 年	1991 年
政　府	43%	4%
企　业	34%	25%
家　庭	23%	71%

表中数据表明,中国的经济改革一直伴随着高而稳定的居民储蓄,到了 90 年代初,主要的储蓄来源已从政府和企业转到

---

① 国家财政部部长刘仲藜 1996 年 7 月 3 日向全国人大常委会第二十次会议提交的 1995 年中央决算报告。见新华社 1996 年 7 月 3 日电。
② 中国人民银行公布的统计数据。《粤港信息日报》(1996 年 2 月 12 日)。
③ 中国人民银行公布的 1996 年二季度金融统计资料。见《中华工商时报》(1996 年 7 月 23 日)。

了家庭①。而在前面已分析过,这些民间储蓄的 40% 又主要集中在 10% 的人手中,对于研究中国国情的研究者来说,这是一个绝对不可以忽视的数字。

但是必须指出的是,在中国经济中真正发生作用的主要是产业资本和商业资本。金融资本在现有的条件下,主要在股市、房地产市场、期货市场等泡沫经济领域内活动,很难转化为产业资本。这主要是由中国原始积累的特点所决定的。前述情况已很清楚地表明:中国当代原始积累的过程,实质上就是中国当代社会政治经济两大科层组织的部分掌权者及其依附者进行权钱交易等寻租活动,共同瓜分社会财富的过程;原始积累的主要掠夺对象是集全体人民 40 多年血汗而成的国有资产;进行掠夺的主要手段是凭借权力。正因为整个原始积累过程充满了不道德和罪恶,不少人的收入和财产都属于不能公开之列,这种状况决定了不少人总是边捞钱边准备护照,一旦捞够了以后就远走海外。尤其是那些靠贪污腐败聚敛而来的钱财,充其量只是短暂地投放在收效快的泡沫经济领域内,用短、平、快的方式操作,以便随时抽出。这类资本所占的量虽然不小,但更多的是资本持有者通过各种漏洞去聚集外国股票和债券,或干脆就直接存往外国银行,以便国内形势一对他们不利或在他们感到时机成熟时,便可远走他国。

全国有关这方面的具体数字笔者虽未掌握,但据广东省人民检察院检察长王骏 1993 年在记者招待会上答记者问,称从 1992 年初到 1993 年 5 月间,该省就有 125 人携款潜逃。(见《深圳特区报》1993 年 7 月 7 日)如果考虑到这类人只是携款外

① 此研究结果由谢平提供,转引自青木昌彦、钱颖一主编:《转轨经济中的公司治理结构》一书,中国经济出版社 1995 年 4 月出版。

逃者中的已露形迹者,更多的人是在根本没有败露形迹的时候就成功地出国定居,可以想见人数之多。又据深圳市统计,自建特区以来至 1996 年底,总共有 119 名贪污受贿分子携款潜逃。深圳市历年来从海外抓回不少人,截至 1995 年 10 月,历年从海外捕回的携款潜逃者达 74 名之多。(见《深圳晚报》1995 年 11 月 28 日)但是其中很多人难以捕回,捕回的人当中大多数也都无法追回赃款。又如武汉中国长江动力公司董事长兼总经理于志安利用"长动"的钱到菲律宾创办了一家注册资金为 50 万美元、年电费收入为 1000 万美元的公司,这家公司在法律意义上竟成了于的私产,于本人则在 1995 年 5 月失踪(见《中国企业报》1996 年 1 月 16 日)。

由于现在高水平的资本流动以及相当便利的国际通讯,为资本外逃提供了前所未有的技术上的便利,中国的资本外逃现象呈逐年上升趋势,见下表:

中国资本外逃的规模及其变化　　单位:百万美元

	KF1－1	KF1－2	KF2－1	KF2－2
1985 年	2363	8983	4716	—
1986 年	－2479	11822	1129	—
1987 年	－1238	10664	3567	139
1988 年	－1018	10167	3643	923
1989 年	－1536	7882	5974	1852
1990 年	－6329	15096	9891	7561.56
1991 年	6430	13895	10437	5925.48
1992 年	－9180	11760.4	27587	12648.55
1993 年	－13743	14217.6	25035	13618.28
1994 年	－12887	13890.6	20164.5	10532.34
1985－1994 年	－52360.51	98683.54	100398	40287.21

表中 KF1－1＝BOP 项下短期资本净流入＋错误和遗漏；KF1－2＝BOP 项下短期资本流入＋错误和遗漏；

KF2－1＝(当年使用的实际对外借款＋外商直接投资)－(经常项目逆差＋储备资产增加额)；

KF2－2＝(BOP 项下的 FDI 和对外借款净流入额)－(经常项目逆差＋储备资产增加额)。

资料来源:《改革》,1996 年第 5 期,王军:《中国资本流出的总量和结构分析》,有关数据来源于国家统计局和国家外汇管理局公布的数据。

王军在文章中指出,中国资本外逃主要是通过下列几种途径:

1、非法直接汇出或将外汇非法带出国外、利用跨国经营中的到国外投资、对外贸易业务和补偿付款等经济活动伪造发票,以出售特权(如许可证和配额)或重大商业信息收受国外贿赂和回扣并在国外开立私人账户等。

2、贸易渠道:低估出口发票或高估进口发票,提前结汇或推迟收汇,在公司内或关联企业间实行转移定价,在境外设立投资公司或注册贸易公司。有相当多的证据表明,不少中国企业的资金通过其在国外开办的关联公司或与其有关系的企业转移出境外。在美国和日本的许多中国企业,其盈利主要就是靠国内企业的钱赚钱或直接赚国内母公司的钱。这种公司以进出口公司和有外贸经营权的企业为主。相当部分的外贸企业,其亏损或资不抵债就是由于其以转移资金和个人从中渔利为目的而做长期"亏本生意"的结果。对于这部分企业,其"最佳出路"可能就是通过破产的方式把亏损转嫁出去,并逃避对其转移资金的追究。它们很可能成为那些面临破产境地或可能获准破产企业学习或仿效的"榜样"。如 1995 年 11 月 2 日继武汉市土产进出口公司成为全国首例宣布破产的国有自营进出口外贸企业之后,武汉市至少又有 5 家外贸公司提出破产申请。此风一开,山东、安徽、河北、江西等地的外贸亏损企业也纷纷申请破产,不少省市的进出口公司派人专程到武汉市"取经",学习破产经验。对于那些尚无破产之虞的外贸企业来说,不加追究的"破产"意味着他们可以放心地以"账面亏损"等各种巧妙的形式向境外转移资金和利润。

3、通过各种融资渠道进行资本外逃。这方面有两种情况,一是不通过金融机构,如延期收款或延期付款、平行贷款、模拟货币贷款、货币掉换。二是通过银行等金融机构,如改变信贷或借款条件、改变在国外发行证券的认购或包销条件、借"套期保值"之名,行"杠杆投机"之实等等。

总之,从这些资本的最终流向来看,基本上不会以资本的形式参与中国社会经济的发展 [1]。这种资本外逃对中国的影响目前尚难以估计,无法判定它最终对国家造成的后果到底会严重到什么程度。而世界上至今也没有什么国家能拿出行之有效的方法来遏止资本外逃。整个 20 世纪,国际间资本外逃的频率和严重性本已达到前所未有的程度,到了 80 年代末和 90 年代,又加入了中国这支不可小觑的队伍。

从普遍情况来看,中国当代的原始积累过程主要发生于城市经济系统里,而不是在农村经济系统里。这种情况主要由两个条件所决定:一是中国的农村并非国有资产集中之地,农村的主要财富是土地,当年在实行联产承包责任制的时候,采取按人头平均的方式分配给农户,有权者能做的手脚充其量是给自己分好地,却不能直接侵吞。加之现行的土地所有权和经营权相分离的模式又阻隔了土地向少数人手里集中,使兼并者无从措

---

[1]　王军:《中国资本流出的总量和结构分析》。

手。二是中国农村社会的流动性很小，至今仍然保持着聚族而居的生活模式，即便是在乡镇企业高度发达的农村，其人际关系也相对稳定，所谓"集体资产"和农民们的关系比较接近，公共财富的掌权者必须考虑自己及家庭成员在本乡本土的形象和生存问题，不可能大面积出现城市经济系统中那种"富了住持穷了庙"，捞得盘满钵满后走人的局面。其原因一是股东们即原村民监督得相当严密，二是这些负责人生于斯，长于斯，如果出现这种事情，其家族在当地的生存就会很成问题。在此情况下，农村虽也有贪污腐败行为发生，但其覆盖面要小得多，一些农村基层干部掠夺农民的方式和城市有较大区别。这一点在本书第九章《社会控制类型的多元化及地方恶势力的兴起》中将谈到。

城市经济系统是国有经济的重地，所谓国有资产的产权其实是完全虚置的。名义上的财产"主人"——人民其实对财产毫无处置的权利。由于市场经济条件下企业经营必须采取个人负责制，这就意味着国有资产人格化，作为国有资产管理者和代表者的企业官员，手中既然持有对国有资产的支配权力，其分配的砝码自然就会向自己这方面倾斜。从这10多年中国当代原始积累的过程来看，其始点在于企业承包制的推行，这一举措无异于打开了国有资产流失的闸门，从此以后，中国开始了国有资产萎缩和私人资本膨胀的过程。早在80年代中期，社会舆论就已忧心忡忡地指出了分配机制有利于企业承包者这一事实①。除此之外，一些部门的政府官员拥有对社会资源的配置权，也特别有利于他们开展各种寻租活动。中国自1949年以后，社会资源高度集中在政府手中，所有的社会资源都由政府配置。而近年

---

① 国防大学图书馆编：《教学研究资料》（政治版）1989年11月1日《关于社会分配不公的讨论》。

来的经济改革是变计划经济体制为市场经济体制,本质上也就是改变社会资源配置方式。但社会资源配置方式的变化必须有一个过渡时期。在这一过渡时期,社会的政治－经济模式是集权政治和模拟市场经济体制的结合体,存在许多体制方面的巨大漏洞,这种情况决定了谁掌握资源或者资源的配置权,谁就能在社会财富的再分配中处于有利地位。所以从本质上来说,中国当代原始积累的特征及其掠夺对象和方式,是由中国现行的经济体制本身决定的。对于长期在计划经济体制下工作的各类社会管理者来讲,要在市场经济中创造财富是件非常陌生和艰苦的事情,但是把手伸进"人民财产"这只自己充当看守人的口袋里获取财富,却几乎是举手之劳。在如此巨大的财富诱惑力面前,任何道德法则的作用几乎为零。中国当代原始积累过程中寻租活动之猖獗,其体制根源就在这里。

原始积累完成对中国社会的深远影响

资本原始积累过程的完成,从长远来看将在下列几方面产生深远的影响:第一,从理论上讲,大量私人资本的形成使社会权力不再是一种政治、经济、军事等权力的混合体。只要在政治权力之外还有经济权力的存在,权力之间就会存在互相制衡和互相监督的可能。但如果不能将政府权力尽快分离出经济领域,不能改变目前社会成员之间存在的权钱交易等软政权行为模式,各种分利集团必然会利用自己垄断的各种资源,通过种种寻租活动获取非法利益,而这些寻租活动又必然导致进一步软政权化。这种恶性循环发展到一定程度,政府将面对这两大陷阱的相互沟通而无能为力,在这种情况下,只会出现极端腐败的"金权政治"。第二,我国政府官员队伍因利益而产生分化。因贪污腐败而获利者其利益伸张和社会的无序化相联系，但另一部分远离物质部门的官员的利益则和社会稳定相联系，他们为稳定社会所做的努力将会促使一些整肃社会政治道德的改革措施出台。也就是说，必须将反贪污腐败变成一种不流血的革命，否则不可能想象这种任由贪官污吏肆意伸张个人利益的格局能使国家繁荣昌盛。

中国当代的资本原始积累，在短短 10 余年中以世界罕见的速度进行。其积累速度之快、时间之短，全世界唯此一例。除此之外，它还有一个别国没有的特点：由于这场原始积累是以国有资产为掠夺对象，是部分特权阶层和贪官污吏这些社会管理者以各种方式巧取豪夺自己看守的社会财富，使之从国库"和平"转移到私囊，不是用"火和剑"完成的，因之也就少了一点赤裸裸的暴力和血腥味，至于其贪婪无耻和不道德的程度比之于世界各国却毫不逊色。

世界历史上后发展国家曾面对两次力度非常强的挑战，亦即面临两次生存危机和两次发展机遇，第一次是 19 世纪中叶以来欧美等国对亚、非、拉国家的入侵，这一次机遇除了日本之外，其它的国家均未抓住，因此使自己沦为欧美诸国的殖民地。第二次是"二战"以后，面对这一次百年难遇的机会，各民族国家都选择了自己的发展道路，成功程度各有不同。严格地说，中国直到 1949 年为止，所谓资本的原始积累还处在一种未终结状态。而此后中国实行的计划经济体制，虽说存在资源的巨大浪费和效率低下这双重毛病，但在集中社会资源的能力方面却为市场经济体制所远远不及。所以在改革前的中国，一切社会资源都集中在政府手中，更兼长期的计划经济使人创造财富的才能严重萎缩，这就决定了中国只能以国有资产私有化的形式进行原始积累,舍此之外别无他途。既然不能通过政策对国有资产进行名正言顺的瓜分——这在中国根本没有可操作性,既得不到政治上的事前认同,又得不到舆论的赞成——就只能以这种极大地消耗社会资源的方式进行。对中国来说,这是历史宿命,无可规避。

那么在中国,这场引起社会道德极度破坏的资本原始积累到底将在哪些方面对今后的社会发展起决定性的影响呢?笔者认为,在没有发生中断社会发展进程的大事件的条件下,它至少将在下列几方面产生深远的影响:

第一,从长期看,它将改变社会权力的格局,使社会权力不再是一种政治、经济、军事等权力的混合体。已经形成的民间资本虽然还比较微弱,但其进取性和生命力却比国有经济强大得多。无论是在创造利润的能力方面还是在对社会经济整体层面上的影响,早已不再老老实实局限在政府为其规定的框架里。尽管社会财富从总体上来说还是集中在素质较为低下的社会群体手中,但其中一部分集海盗式智慧与生存能力于一体的有产阶级,早已不满足于今天这种政治上的被动局面,正在采用各种方式,以金钱的力量从最基本的层面上对社会施加影响,最直接的举动就是要求获得政治权力。

《南方日报》1995 年 1 月 8 日曾报道了一件这样的事情:广东省某市江洲镇选举镇长时,候选人原本只有一人,并已由组织部门考察后报市委审查,然后由市人大讨论定下来。然而出人意料的是,在全镇 47 位人大代表的选票中,原定候选人只获 23 张,而半路杀出来的岑潮作却以 24 张选票当选,彻底打破了原来设定的局面。据调查,这位岑潮作是一位包工头,趁前任镇长因贪污受贿下台,该镇要选新镇长之机,用每张选票 1000 元的代价,拉了 24 张选票,在他活动过的 26 位人大代表中,只有 2

人拒绝了他的要求。这里不讨论这件事情的是非,但可以肯定,这种现象的出现,将会打破中国权力一元化的格局。因为岑只是一个未成功者,可以肯定有大量成功者存在。另外,郑州市委常委杨振海,两次收受贿赂保荐别人当官的事被"曝光"①。1995 年底,杭州市纪委亦针对当地利用亲族、宗族、财富、权势以及不正当手段拉选票干扰各地乡镇干部换届选举的现象作出通报批评②。1995 年 11 月重庆市沙坪坝区选举区人大代表,该区郭家岚垭村村民林洪全以每张选票一元钱的代价和当选后帮村民解决吃水问题的许诺,付出 55 元钱,共获得 107 票,压倒官方提出的两位正式候选人(一位得 69 票,一位得 66 票)而当选。后林洪全因此事被判处 4 年有期徒刑③。

1996 年 2 月 26 日的《法制日报》登载了这样一件事情,由这里可以看出在非法治社会里权钱交易泛滥会导致什么局面。安徽省蚌埠卷烟厂厂长李邦福是安徽省企业界一颗耀眼的明星,因其特大贪污问题暴露,被安徽省及合肥市检察院收审。在收审期间,安徽省诸多看守所乃至军队的看守所都有人为其串供提供方便,通风报信,以至办案的检察官不得不一次又一次将其转移地方。在追捕有关人犯的过程中,不断有人组织人马围追堵截,企图用暴力将人犯抢走。此案涉及安徽、福建、广东、江苏等四省及军队、武警和银行系统,但在办案的过程中,就连执法部门都没有很好地配合,以致办案人员在无奈之下,只得两次请最高人民检察院出面干预。

---

① 《南方周末》1996 年 1 月 12 日。
② 《粤港信息日报》1996 年 1 月 13 日。
③ 《民主与法制》画报 1996 年 1 月 24 日,以及解放日报社编辑出版的《报刊文摘》1996 年 1 月 29 日。

从本质上讲,国家的权力是政权的权力,而社会的权力是财富的权力。政权的权力体现为不平等,财富的权力体现为平等。只要今后政府不再控制全部社会资源,就不能再像以往那样任意用政权的权力干预财富的权力(即使用超经济权力干预经济权力),社会只要除了政治权力之外还有经济权力的存在,两种权力之间就会存在互相制衡和互相监督的可能。但是在中国,由于政府权力并未从经济领域退位,现在特别要警惕的是陷入软政权化和分利集团这两大交互作用的陷阱。前面几章中都谈到,我国不少社会成员之间常利用各自掌握的资源,在违反和抵制法规的基础上,为一己私利进行权钱交换,亦即存在反法制互利性;在这种以权钱交易为主要特征的"软政权"模式下,很容易形成各种分利集团,而这种分利集团一旦形成,必然会利用自己垄断的各种资源,通过种种寻租活动获取非法利益,而这些寻租活动又必然导致国家进一步软政权化。这种恶性循环发展到一定程度,我国政府将面对软政权化和分利集团这两大陷阱的相互勾结而无能为力。也就是说,我国的资本原始积累完成以后,并不一定会引领我们进入法治化的公民社会,因为腐败的路径指向只会是类乎于南美、伊朗那种黑金政治当道、特权经济横行、贪污贿赂蔚为风气的金权政治。

第二,中国政府官员队伍因利益的分化从而产生了思想上的分裂。少部分直接管理物资或掌管资源分配大权的官员因权力而获益,他们的行为使社会管理陷入无序化状态,其利益伸张也和这种无序化的混乱状态相联系;但另一部分远离社会资源管理部门的官员,其利益则与社会稳定有序相联系,他们为稳定社会所作的努力会促使一些整肃社会政治道德的改革措施出台,这些措施或多或少会成为促使社会发展和稳定的条件。中国目前的情况就是这样:如果反贪污腐败的力度不够,没有威慑作用,今天这种"杀鸡猴不怕"、"前车不远,后车又覆"的局面就还会继续下去,社会创造的财富仍会被贪官污吏大肆侵吞掠夺。这种情况下,社会经济不可能保持活力和持续的增长;而反贪污腐败要真正到位,最终的结果只会促使政治体制的变革。因为中国今天这种制度性腐败和阶段性腐败,已扩张至社会各个层面,不可能只依靠严刑重罚、群众运动等浅层面的内部政务整肃而获得成效,必须将反贪污腐败变为一场不流血的革命,进行制度创新,否则这种任由贪官污吏、不法分子肆意伸张个人利益的局面,必然使国家陷入万劫不复之境。

经济合同失效及愈加严重的"三角债"问题,意味着一个民族的经济伦理正在发生劣变。

"兔子不吃窝边草"这种以前的强盗都要奉行的准则,竟为"杀熟"(即专门以亲朋好友为行骗对象)所代替,不少杀人抢劫、拐卖人口、绑票这类刑事犯罪案件发生在熟人、朋友、老乡之间,人和人之间产生了前所未有的信任危机。

一个每年在公款吃喝上要挥霍将近 2000 亿元,在洗桑拿浴上要花掉 100 亿元,在吸毒上要消耗上百亿的国家,绝对不是一个善用财富的国家。

第六章
缺乏伦理规范的市场游戏

每一种经济制度都有相应的道德观念和法制基础,自从中国经济改革开始,自发私有化进程推进得相当迅速。那么中国人是在一种怎样的伦理观念支配下完成这一过程的呢?毫无疑问,中国正在进行一场缺乏伦理规范的市场游戏,经济伦理观念也正陷入一种严重混乱脱序的状态,有必要作一全面理论检讨。

所谓经济伦理,包含的内容主要有市场交换中的道德秩序、分配法则和占主导的价值体系,如对财富的追求、使用和管理。本章限于篇幅,不可能对中国当代经济伦理的变化进行全方位的研究,主要是围绕上述 3 个问题进行分析。

政治、经济和伦理道德的不同步变化

10 多年改革最显著的特点是政治制度、经济制度和经济伦理这三方面的变化极其不同步。总的特点是:政治制度的变迁滞后,经济制度的变化相对要快,经济伦理观念的变化则快得惊人。社会主义奉献型经济伦理,在 10 多年中土崩瓦解,并被一切围绕实利作取舍的价值判断标准代替,结果导致社会严重混乱脱序的局面出现。

近 10 多年来,中国社会各方面都发生了非常深刻的变化。但社会政治制度、经济制度和经济伦理这三方面的变化极其不同步,总的特点是:政治制度的变迁严重滞后,经济制度的变化相对要快,经济伦理观念的变化则快得惊人。用各种社会压力强制社会成员表面上遵守的奉献型经济伦理,在短短 10 多年时间内陷入土崩瓦解之中,并被一切围绕实利作取舍的价值判断标准取代。结果导致了社会严重混乱脱序的局面:社会成员失去了理想,生活成了纯粹的买和卖。极端自私的利己主义(往往被误解成西方的"个人主义")、以邻为壑的地方主义、化公为私的腐败行为……人心浮躁飘荡,行为混乱失序,不少社会成员连起码的道德感都丧失殆尽。为了追逐利益,不少人不惜损害他人、损害整体、损害民族、损害社会。政府不得不一再强调社会治安形势严峻，公众安全感下降。

奉献型经济伦理，在物欲的冲击下如此不堪一击，正好说明了它完全藐视人的求利动机，从根本上违反了人性。它之所以在社会上一度成为主流形态，从较浅的层面看，是依赖于意识形态强有力的约束。但往深一点看，实质上更有赖于计划经济体制的资源支撑。当人们舍政府提供的就业机会之外无法以别的方式谋生时，其行为自然也就遵循政府划定的界限。一旦奉献型经济伦理的支柱——计划经济体制发生变化，这座在沙滩上苦心构筑的伦理大厦自然也就失去了支撑的基础。可以说，近年来社会政治道德日渐败坏，是经济改革和法制建设不同步的必然结果。在经济改革的同时没有进行一些相应的政治法律制度的建设，以规范人们的求利行为，才导致如此混乱脱序的状态出现。

这里有人们不得不思考的几个问题：

为什么在财富的冲击下，奉献型经济伦理会如此不堪一击？中国以"安贫乐道"为主调的传统经济伦理，为什么在全社会群情汹汹追逐利益的潮流中见不到半点影子？对传统经济伦理到底扬弃了什么，继承了什么？它在目前经济伦理剧变中到底起了何种作用？

西方发达国家现在这种公民社会奠基于市场经济体制之上，有其道德基础，即对他人生命、财产、自由权利的尊重，其全部法律制度也以此为出发点。而中国现在发展市场经济，为什么竟会出现这种以社会整体生活的理想和道德准则作交易的局面？人们追逐利益时，往往是以损害他人（或国家、集体）的权利，甚至损害他人的财产和生命为前提，以此为代价获得经济发展到底值不值得？经济发展的最终目的究竟是单纯追求经济的发展,还是为了求得人和社会的全面发展?

上面这些问题,尤其是第二个问题,凡有社会良知的人都在思考。凭心而论,中国之所以走到今天这种状态,并非"开放"带来的"外来"影响。正如马克斯·韦伯所说,任何社会的人都存在对财富的贪欲,和其它制度相比较,资本主义恰好更多地是对贪欲的一种抑制或理性缓解。对西方社会稍有了解的人都不会否认,功利性确实是市场经济的主要特征,但西方国家经过几百年的发展,早已建立起相当完备的法律制度,比较成功地将社会成员对功利的追求限制在不损害他人生存的范围内。中国当代经济伦理的剧烈变化,最引起研究者兴趣的问题应该是:就在对"道德人"和"道德经济"的批判尚余音袅袅时,就出现了令人惊诧的"道德大滑坡"。而人们的道德伦理观总是从他们所处时代的实际关系引伸出来的,这中间的剧变说明,一定在中国人表面上还是"道德人"的时候,在民族心理的深处,已埋伏下某种导致日后道德劣变的隐性因子,只是研究者过多地注意到表面上的"道德"状态,没有进行更深的内在挖掘而已。

被破坏的市场道德秩序

市场经济的道德秩序,主要是由经济伦理的第一层次——职业道德和经济信用构成,这两者构成了人们的行为准则,是市场经济运作的基石和市场有序化的保证。而我国到了80~90年代,各行各业出现了职业道德危机,许多人获取财富不是依靠履行其职业责任,而是依仗职权、破坏其职业的基本道德准则得以实现的。与此同时还出现了严重的经济信用失常现象。最突出的表现有两种,一是经济合同失效,导致经济信用严重梗阻;二是假冒伪劣商品充斥市场,形成了"坏车市场模型",市场失效。这种情况导致我国经济陷入过度投机之中。

市场经济的道德秩序,主要是由经济伦理的第一层次——职业道德和经济信用构成,这两者构成了人们的行为准则,使人们的经济交往有了规范。但现在的中国,这两者都出现了严重的问题。

职业道德感的缺乏和行业风气的败坏

所谓职业,从本质上来看,是社会职能专业化和人的角色社会化的统一。由于职业所固有的社会性质和地位,决定了每种职业在道德上有自己的特殊要求:做官有官德,行医有医德,从艺有艺德,经商有商德,执教有教德,从事学术研究有学德。各行各业都有与本行业相一致的道德准则和行为规范。可以说,职业道德是一种高度社会化的角色道德,在经济伦理体系中,它与经济信用一样,同属于第一层次,是整个经济伦理体系的基石。

所谓职业所固有的社会性质和地位,简单地说,主要是指职业和职务集中地体现着社会关系的三大要素——责、权、利。"责"是指每种职业都意味着承担一定的社会责任,如遵守职业规则程序、承担职权范围内社会后果的责任,实现和保持本岗位、本职业与其它岗位、其它职业有序合作的责任等;"权"是指每种职业都享有一定的社会权力,即职权,如使用、操作、管理或支配某些社会资源的权力,通过职务报酬获得社会财富的权力。这些职权是社会公共权力的一部分,在如何承担和行使职业权力上,体现着社会公共道德;"利"是指每种职业都体现和处理着一定的利益关系,尤其是那些以公众为服务对象的职业,都是社会利益(或国家利益)、公众利益、行业集体利益和个人利益的集

172

结点。如何处理它们之间的关系,既是职业的责任和权力所在,也是职业内在的道德内容。

从中国的现状看来,在处理职业的责、权、利三者关系上,恰恰出现了严重的问题。可以说无论在何种职业群体中,都没有多少人认识到自己的职业责任,对职业的"权"和"利"倒是有着特别清楚的认识。从社会实践来看,许多人获取财富不是依靠履行其职业责任,而正是依仗职权、破坏其职业的基本道德准则得以实现的。在这种情况下,利益分配的砝码自然是朝个人利益和行业集体利益倾斜,社会利益、国家利益和公众利益成了牺牲品。少数人从事所谓"第二职业",如一些资源部门的官员到企业兼职,出任董事或名誉董事长之类,恰好是因其第一职业的便利和权利,因之这些"第二职业"往往是以损害第一职业的责任和道德为前提的。

由于种种历史原因,中国许多行业如房管、电力、电话、医疗、教育等行业都具有一种垄断性,至于工商、税务等更是凡开办企业者都需仰其鼻息的职业。由于生存需要,老百姓需要和这些行业打交道的时候很多。而这些行业中,几乎每一职位都有"权"可资利用,所以老百姓谈到"电老虎"、"房老虎"以及某些行政执法人员的劣行时都很愤怒,对许多行业滥用"职权",靠山吃山、靠水吃水,如看病动手术要给红包,小孩上学要送礼,要满足学校里各种各样不合理要求,盖章批条要行贿等劣行,无不切齿痛恨却又无可奈何。

下面这一例是没有职业道德的典型例证。1996 年 1 月 2 日,福建省周宁县小儿科主任阮诗锡值晚班,置病危小儿和家长多次哀恳于不顾,只管自己烤火睡大觉,根本不给病儿施治,导致病儿死亡。而这病儿只要及时施治,本不会死亡。(见《南方周末》1996 年 3 月 8 日报道)类似事情在许多地方都发生过。

医疗卫生部门医德之差，从80年代开始可算是"有口皆碑"，温州日报社记者周新曾在1990年发表过《病房察访记》一文，专门将其在温州某医院调查来的事实公之于世。该调查表明，医生向病人索要红包是常见的事。各地常呼唤纠正医德医风也从另一侧面说明了这一问题。

职业道德败坏的极端例子为河北省雄县电力局副局长李玉成，这位李副局长1995年8月某天到该县一家酒店跳舞被婉拒，他遂利用职权编造谎言下令有关人员停电，造成4座35千伏变电站、15个乡镇企业及大半个县城停电长达半个多小时的恶性事件，使该县工农业生产蒙受了巨大损失，最后在调查组查实此事后，这位李副局长却只受到撤销行政职务及留党察看一年的处分①。

《中国青年报》曾载有一篇《行业风气问卷调查数据》，该文谈到，公众最为痛恨的八种行业不正之风是：用公款大吃大喝；不给好处不办事，给了好处乱办事；乱收费；利用特权索要财物；乱罚款；乱摊派；党政机关及其工作人员无偿占用下属单位和企业的钱物②。社会公众痛骂这类行为"比妓女还不如"，认为妓女拿了钱还要提供服务，还要讲"职业道德"，而这类人拿了钱，连起码的职业道德都不讲，还要破坏这一职业的声誉。比如在政府中担任公职本不是一种纯粹的雇佣关系，有其伦理上的精神意义，即要求担任者有个人献身精神。但现在不少政府工作人员拿了国家的工资，亦即人民的血汗钱，不但没有"为人民服务"，还要贪污腐化，挖政府的墙脚，破坏政府声誉，削弱了政府计划的实施，甚至还破坏了许多社会公共政策的原定目标。

① 《中华工商时报》(1996年4月19日)。
② 《中国青年报》(1995年3月10日)。

如果说上述行为可冠之以"不正之风",那么下述行为就只可以用"反社会、反道德"这类词来形容了。如走私贩毒、制假贩假、卖淫设赌以及设立各种骗局等等。不少长途汽车的乘客都受过"车匪路霸"坑害,不少旅客上车之前说好票价,等拉到半途,司乘人员强行加价,稍不依从,就是一顿毒打;或是半途甩客,旅客如有异议,就会被饱以老拳①。一些路边店强行拦截过往车辆,用打骂等威胁手段要求旅客花高价"买"他们供给的饭菜,一辆车上只要有一个旅客不买,就坚不放行。有的旅客坐上一天车,被拦截 7 次,强迫吃饭 5 次②。更令人匪夷所思的是,一些没有办法从公有财产中分一杯羹的官员,为了捞钱而设置"色情陷阱"诱人入局。如江西省上饶地区万年县石镇政法办,在 206 国道线万年境内路段,与沿线部分路边店老板及妓女串通,利用卖淫妇女在店内或上路搭车等方式勾引过往驾驶员、货主或旅客嫖娼,店老板随即向石镇政法办"报案",政法办派人到路上拦车将嫖客抓获处以罚款。自 1992 年 11 月至 1993 年 9 月止,石镇政法办人员采用上述手段共"抓获"嫖娼案 118 件,对 161 名嫖客处以罚款,总共罚没款项 34.86 万元。像这种设局骗陷他人谋取财物的行为,竟出自基层执法者,可见世风之坏③。这一类行为早已不是正常的买和卖,和打劫已没有什么本质区别。如果说政府官员的腐败和企业经营者监守自盗的腐败行为属于权力制衡的范畴,"靠山吃山,靠水吃水",以职业便利谋私

① 《深圳晚报》(1995 年 11 月 22 日)《触目惊心广深路》及其后数天的连续报道。

② 《半月谈》(1995 年第 24 期)。

③ 见中共中央纪委编写《正义与邪恶——惩治腐败最新大案要案纪实》,中国方正出版社 1995 年 1 月出版。

属于职业道德和社会公德问题,那么这类强买强卖和设置"色情陷阱"之类则说明部分人已根本无视他人生命、财产的权利,根本不想付出市场交换中的"交易费用",而用准暴力强制性地将别人的财富占为己有。上述种种行为的扩散,败坏着整个社会的道德风气。

职业道德是一种软性的行为规范,在经济伦理体系中居于第一个层次。作为起中坚作用或者说主导型的道德规范,它本身受良心和社会成员个人素质的制约,同时又调节着人们的自我行为、人际关系和一切非法律关系的交往,是全体社会成员都需恪守遵循的道德规范。从 1995 年开始,中国舆论对几个先进人物如徐虎、李素丽进行大规模表彰,这几个人的先进事迹主要是对本身职业规则高度自觉地信奉,职业操守非常好,体现了爱心。从对这几个平常人的表彰内容来看,可以反观出社会职业道德的紊乱已达到何种可怕的程度。据某份调查资料显示,1993 年有 87.1%、1994 年有 93.3%、1995 年有 89.6%的被调查者对社会风气表示了强烈的不满①。

哈耶克认为,市场经济最重要的道德基础就是"责任感",这种责任感源于每个人对自己行为的一切后果负责的道德感。没有基于道德感基础之上的责任感,任何职业都将失去它的社会价值:对于社会,它不能有效地实现职业职能、创造效益、组织社会结构、稳定社会的价值;对于个人,它不能实现长期谋生,进行个人技能的积累,为社会创造服务与作出贡献的价值。要言之,完全丧失了责任感的人,已不能被视为文明社会的一员。由无数多个这种个人所组成的社会,其生存意蕴也将降低到一种非常可怕的程度。

---

① 《中华工商时报》(1996 年 3 月 15 日)。

经济信用的失常状态

所谓"经济信用",和职业道德一样,在经济伦理体系中居于最低层次,是人们在经济交往中的基本行为准则,也是任何社会中经济实体生存与发展必不可少的一项道德资本。因而它的要求往往十分明确、具体、清楚,甚至一目了然,使从事交易者很容易识别、理解并遵循。如货到款讫、不销售伪劣制品等。关于经济信用在经济生活中的意义,有一句著名的话,即马克斯·韦伯在《新教伦理与资本主义精神》中反复强调的那句"信用就是金钱"。中国传统也非常强调信用是个人品质中非常重要的一部分,古语中有"人无信不立"这句话。基于此,可以将人力资源分成两部分,一是人的能力,二是人的道德素质,后者构成经济信用的载体,其高下决定了物质资源是否能得到最有效的利用。所以经济信用被视为市场经济运作的基石,是市场有序化的基本保证。

然而,中国到了 80 年代后期与 90 年代上半期,已出现了严重的经济信用失常的现象。其中两种最有代表性的行为,一是经济合同失效,典型的表现是中国企业之间互相拖欠货款或服务费(俗称"三角债")的现象越来越严重,已导致经济信用严重梗阻,社会经济无法正常运行。二是假冒伪劣商品越来越多,充斥全国各个市场,绝大多数消费者都受过假冒伪劣商品之害。

以"三角债"为例,到 1991 年 6 月 1 日"三角债"被提到总理办公会议时,实际上已处于国家不能不管的被动局面。当时全国"三角债"累计达 3000 亿元,在工商银行开户的 4 万户企业,三项资金占用达 3523 亿元,其中产成品占用 1306 亿元。在将近两年的时间内,国家共注入清欠资金 555 亿元,清理了拖欠款 2190 亿元,达到了注入 1 元清欠 4 元的效果。虽然经过这几次大规模的清欠，但拖欠的问题始终没有得到根本解决，形成"三角债"的因素在 1992 年仍在发展①。近两年相互拖欠的"网"越织越密，越拉越紧，陷入了"剪不断，理还乱"的困难境地。中国国家统计局公布了一组数据：1994 年底，中国工业应收而未能收回的账款净额为 6314 亿元，比 1993 年末增长了 51%，相当于工业企业全年销售总收入的 15.8%。若与 1991 年的"三角债"相比，1994 年多出 1600 亿元。1995 年上半年，拖欠的情况仍有增无减，截至 5 月末，已超过 7000 亿元，严重影响了国民经济的正常运行②。大量追债公司应运而生，以黑社会手法追讨债务的事例屡见不鲜。

　　另一经济信用失常的表现就是伪劣商品与各种假货充斥市场。由于中国市场自我调节功能较弱，市场准入制度很不严格，制售假冒伪劣商品的人，获得成功的几率比失败的几率要大得多，高额利润使不少人趋之若鹜。统计数字表明，1993 年初至 1995 年一季度，在全国共查出假冒伪劣商品标值 52.4 亿元；销毁假冒伪劣商品标值 15.8 亿元；全国共立假冒伪劣案件 21 万多起；移交司法机关处理的人 4145 人，判刑 1127 人，其中死刑 12 人，无期徒刑 16 人；参与、包庇制售假冒伪劣商品的国家干部受党纪处理的 111 人，追究刑事责任的 8 人。伪劣商品中，数量最多、对社会公众危害最大的是各种伪劣药品③。《中国消费者报》公布了一项调查数据，宣布 95% 以上的消费者都买过假货。从各类传媒披露的情况中不难看出，今天从南到北，从东到西，可以说找不到一个没被伪劣商品和假货污染过的市场。即

①　《粤港信息日报》(1993 年 1 月 10 日)。
②　《金融早报》(1995 年 12 月 20 日)。
③　《法制日报》(1995 年 4 月 22 日)。

便是百年老字号,也有被他人假冒之虞。如"王朝"酒的原生产地天津市场就曾出现为数不少的假"王朝"酒,且来势汹汹,有铺天盖地之势[①]。一些企业甚至因为假冒商品的恶性竞争,面临倒闭命运。

东莞龙城服装公司的遭遇就是假货驱逐真货的明显例证。1992年东莞的一家中外合资企业龙城服装有限公司向市场隆重推出"KASALA"(嘉士拿)名牌服装,由于该品牌的服装款式新、料子好,做工考究,大受海内外客户欢迎,产品刚一出来,就被要货者抢走,无需地方堆放产品,成了近些年来罕见的"无仓库企业"。但好景不常,福建石狮、广东普宁等地马上就有大量的"嘉士拿"服装抛向全国各地市场,因仿制品质量低劣,消费者大呼上当。仅仅只有几个月时间,在市场上大受欢迎的"嘉士拿"服装,在假冒商品的冲击下,成了滞销商品,积压了4000多套服装,只得将食堂改作仓库,并外租场地堆放积压商品。以后该公司先后创出"火箭船"、"老爷车"、"健唛"等数种产品,无一不遭到同样的命运。该公司负责人叫苦连天:"这老冒(假冒者)也是太厉害了,我们是惹不起也躲不掉。现如今我们连广告也不敢做了。我们在明处,他们在暗处,实在是和他们拼不起。"

1995年8月,号称"全国首家、北京唯一"的一家保真商城,因为坚持"真"而难以经营,只好结束了它仅维持了400天的生

---

① 《中华工商时报》1996年1月数期报纸对这类事件有连续报道。如天津有名的百年老店"狗不理"的注册商标在全国被到处滥用,该总店虽多处投诉,却无法解决这一问题。又如天津王朝葡萄酿酒有限公司的商标亦被到处冒用,1995年在长沙全国糖酒订货会上,造假者竟然将假"王朝"摆到订货大会会场门口。不久后,在"王朝"葡萄酒的大本营天津,假货竟也长驱直入。

命①。这一事例给人的启示是深刻的,远远超出了商业的内涵。因为"保真"与不受商品危害本是消费者起码的权益和最基本的需求,也是交易成立的基本理由:人家付了钱,你就得保证商品的质量,凡是信息不对称的交易,就包含着道德风险。商家开设"保真商场",以"保真"作为特色招徕顾客,这一事实本身说明,目前中国消费者连这点最基本的需求都满足不了,商业信誉已经荡然无存。而"保真商场"的倒闭,更说明中国消费市场已形成了"坏车市场"模型,市场失效。而导致市场失效的主要原因就是经济信用失常②。

上述这些现象都可以称之为经济信用失常。

中国近年来为什么会出现如此严重的经济信用失常现象,已有许多文章讨论过,并总结了几条原因,认为某些不适合市场经济的体制性因素,成了经济信用失常的温床,如历史原因造成企业自有资金缺乏,高负债经营从而导致企业硬性违约;宏观调控波动性与信用约束软化的矛盾;大量资金体外循环;金融机构的不良信贷;银行间占汇压汇,等等。由于这些行为的目的都是通过占压别人的资金解决自己的困难,其结果就导致大家陷入"三角债"旋涡。

上述分析其实都只是一些表面现象,因为如果只是这样,那么这个问题由国家出面,采用放松银根等方法,还不是不可解决的。但是中国经济信用失常的深层次原因并不像上面所说的那样简单,而是关涉到一个民族的经济伦理观念劣变的问题。

---

① 《北京青年报·青年周末》(1995 年 12 月 8 日)。

② 美国经济学家阿克罗夫早在 20 余年以前就针对上述消费者偏好,提出"坏车市场模型"之说。参见第十章《黑色经济和黑社会组织的勃兴》。"保真"的命运,正好论证了这一"坏车市场模型"理论。

　　大量事实表明，中国目前在经济交往中发生的硬性违约，并不完全是企业生产经营不景气或自身资金紧缺而造成的硬性拖欠，从而使经济合同成为一纸空文。许多经济主体在成立之日开始，就有意设置陷阱，利用欺诈手段和另一方进行经济交往，一到骗子面目败露，这些人就会卷款潜逃，隐匿踪迹，根本没有想到日后承担义务、履行合同的问题。这方面的例子近年来经常见诸报端，如湖南岳阳县荣家湾一些党政单位，自 1992 年开始，根本不理会政府有关"党政单位不许办公司"的规定，兴起一股办实体"搞创收"的风气，逼着工商部门发执照，开办大量皮包公司，由于这些机关工作人员根本不懂如何经营企业，便从社会上聘请了一些无业游民来搞经营，或是将公司承包给他们，自己坐收渔人之利。这些被聘请者当中，有许多本来就声誉不佳的骗子，却被这些党政单位视为"能人"。有了"国有企业"这块牌以后，这些骗子则以"国有企业经营者"的面目四处出击，采用五花八门的骗术，在全国各地骗货、骗钱。全国许多追债者近年来云集岳阳县讨债。其中一些惯骗经常采取"打一枪换一个地方"的办法，今天是这个公司的经理，明天可能是另外一个公司的董事长，而且行踪不定，有的已经把公司办到外地去了。荣家湾亦因此得到"骗子湾"的"美誉"①。

　　这类事情在目前的中国随时随地都会发生。试举几例：1995 年 3 月深圳市劳动局、公安局、工商局联合发出"整顿社会职业介绍机构的通告"，该通告就是针对许多职业介绍所收取求职者"介绍费"以后，不履行职责，有部分介绍所还对上门讲理的求职者大打出手的恶劣现象而发。但这种现象屡禁不绝，到了1996 年 3 月，传媒又呼吁要整顿劳务市场。（见《深圳特区报》

---

① 《南方周末》(1996 年 1 月 12 日)《荣家湾还有多少骗子》。

1995 年 11 月 17 日"鹏城今版",《深圳晚报》1996 年 3 月 11 日《我市劳务市场鱼龙混杂,实施统一管理刻不容缓》)1995 年下半年深圳市开始整顿旅游市场,因为该市旅游市场出现许多"旅游业非法经营机构",即所谓"野旅",这些旅游公司坑骗游客,假冒证照,牟取暴利,而且自成网络。(见《深圳特区报》1995 年 11 月 22 日"鹏城今版")上述这些人大多是内地来深圳找工作无着者。又如深圳市中级人民法院于 1995 年处理了一宗这样的案子:深圳天鸟电子技术有限公司总经理胡某欠另一家企业 70 余万不还,自己却坐豪华奔驰,住别墅,孩子上贵族学校。(《深圳晚报》1995 年 11 月 22 日)正因为生活中这类人太多,才导致一些青年人在看《白毛女》时,竟认为杨白劳欠债还钱天经地义,因为这些青年人见到的多是现在这批欠债不还的无赖,无法理解杨白劳的欠债是怎么回事。

这类以行骗为目标的公司目前在中国绝不是少数,仅是传媒公开曝光的就不知凡几。《深圳法制报》(1996 年 9 月 1 日)登载了一篇《万业骗你没商量》的文章,讲述了这样一件事情:广东陆河县人彭云辉成立了一家挂牌为"全民所有制驻外企业",表面上看来仓库、办公室、商场齐备的公司,公司成立伊始,就以行骗为目的。表面上他们总是按法律要求,手续齐备地和供货者签订合同。一旦货物清点入库之后,便以各种理由拒付款。不少被骗的单位从此就开始了漫长的追债过程。该公司从 1993 年到 1996 年案发时止,在不到三年的时间内,共诈骗 16 家企业,涉及金额 301 万元,诈骗金额达 277 万元。更值得注意的是,这种骗子公司不是个别现象,而是群体现象。就在万业所在的龙岗龙昌街上,还有由广东陆河人办的类似几家公司,进行同样的诈骗活动。宝安区龙华镇的万福利更绝,大宗诈骗活动一成功,"总经理"就逃之夭夭,杳如黄鹤,法院连人都找不着。

　　《南方周末》1995 年 12 月 15 日在《碉堡楼里大骗局》一文里,披露了河北平山钢铁公司承包者(即该公司总经理)梁泽生专门从事合同诈骗的案件,诈骗总额将近一亿。这一案件最能揭示中国现在经济交往中信用危机的根源。"平钢"自 80 年代末被梁泽生承包后,就开始进行这种诈骗活动。他们每次和交易对方订立合同,均以骗取对方货款为目的,当被骗者醒悟后要求偿还货款,梁泽生往往还要求被骗者帮他们再去骗人上钩,允诺将骗来的货款双方按比例分成。由于梁泽生为公司所在地的革命老区作了一些经济上的"贡献",所以他可以毫不遮掩地对受骗者讲:"你们来平钢讨债,我可以为你们指点两条死路、三条活路。一、去公安局告我诈骗。可我们这里是革命老区,老区人民肯定不会答应让我这个财神被抓,平钢的上千工人也不会答应,你看见我那块功德碑了吗? 公安局也怕老区人民闹事啊,所以这是条死路;二、去法院告我。我比你更懂法律,法院经济庭审理经济案件,从调解到审理,判决下来至少要 6 个月,说到执行嘛,你去问问住在钢花宾馆(即平钢附近的一个宾馆)二楼的宜宾法院刘副院长就知道了。再说三条活路:一、我正在向国务院扶贫办申请 5000 万扶贫贷款,到手后我或迟或早可以还你那 400 万;二、我在某中央级大报上刊有销售生铁现货的大幅广告,你去为我再拉几家客户来,只要对方的货款划到平钢的账户上,划来 800 万,我就还你 400 万,我提成 50%;三、你干脆不要向我讨什么钱了,反正那钱都是银行贷款,你让银行来找我,我自有办法搪塞,你们那 400 万嘛,可以算作平钢入股,年底我按 35% 分给你生铁……"后来前来执法的四川刑警,在太行山中被梁的人围攻,抓回平钢的碉堡中被毒打和非法拘押,其中一位当事人至此事见报时为止,还被拘押在平钢。

　　上述这类商业欺诈行为在中国目前广泛存在的原因,根源在于当代中国信用观念缺乏:既缺乏传统的道德范畴的"信用",又缺乏现代法律意义上的契约意识。加之众多社会管理者政治道德不彰,肆意伸张个人利益,从而导致不少人把坑蒙拐骗看作是市场经济的交易谋略,认为市场经济就是骗子经济,可以自由行骗,不讲信用。如安徽省阜阳市农副产品经营处负责人王某某多次利用库存的少量商品作样品,与外地签订标值额较大的合同,一旦合同签订,他就千方百计刁难对方,想方设法制造纠纷,然后以对方"违约"为由向阜阳市地方法院起诉。由于他采用贿赂行为买通法院一群法官,所以他每件案子都能胜诉①。湖北省工商局 1996 年 7 月进行的一项企业合同专项调查表明,合同欺诈活动严重。1995 年这个省 1929 个企业中,发生合同欺诈案件 274 起,被骗金额 3079 万元②。据公安部有关部门不完全统计,天津、沈阳、大连、深圳等一些计划单列市每年因诈骗造成的经济损失均在 2 亿元以上,全国每年损失约几十亿元。其中被公安部门追回的仅占 40%,大部分不是被犯罪分子挥霍、侵占,就是流出国境。更令人深思的是当被骗者上门求告时,一些地方政府对本地的经济信用失常行为不是进行制裁,而是采取放纵的态度,深层意识里甚至认为拖欠有理,拖欠有利,拖欠出效益,有的还对失信者采取保护政策。1996 年 11 月北京市工商局在一份情况通报中透露,以签订经济合同作幌子的违法活动非常突出,名目繁多,花样迭出,主要手法有 18 种之

①　《老年报》(1996 年 2 月 13 日),转摘自《报刊文摘》(1996 年 2 月 26日)。据报载,由于那些"被告"不服法院判决上诉,地区人民检察院审查时发现这些案子有问题,立案查处。在这个案件中,涉嫌者 18 人,被立案查处的 14 人,其中法官 8 人,律师 2 人,其他 4 人。

②　新华社武汉 1996 年 9 月 1 日电。

多。这18种手法大致可分成五大类：一是移花接木，假冒或借用他人名义或货物，骗取对方信任；二是利用广告、信函、传单等媒介，散发虚假信息；三是虚构货源，伪造文书，如伪造执照、私刻公章，或者内外勾结，窃取合同文书等；四是利用回收产品、包销产品、低价销售、夸大产品真实价值等利诱手段；五是利用对方法律素质低或法律不健全，在合同中设下种种陷阱，或恶意串通，骗取对方财物①。

由于合同欺诈事件屡屡发生，一些企业因此陷入停产、半停产困境。为了避免上当，在一些地方和一些行业，出现了由现代信用交易向以货易货、一手交钱一手交货等传统交易方式倒退的现象，合同交易只占整体经济活动中交易量的30%左右，合同履约率亦不足50%②，严重妨碍了大生产、大流通。原因很简单：没有游戏规则的市场无法获得发展。1996年，全国共查处合同违法案件9000余件，为合同当事人挽回经济损失48.9亿元③。

在经济信用失常和大量经济行为失范现象的背后，起深层次作用的是所谓"地方保护主义"。这一点，中国政府也早已看出。1996年1月，全国打假办主任徐鹏程接受《中国质量报》记者采访时就谈到，地方保护主义成为严重影响"打假"的一个深层次问题。有些地方"上动下不动"，对本地发生的销售假冒伪劣商品违法行为不管不问，甚至纵容包庇；"打假"打外不打内，涉及外地的案件查的多，对本地的案件不查或者敷衍塞责，避重

---

① 《中华工商时报》(1996年12月4日)。
② 《粤港信息日报》(1996年8月23日)，《中华工商时报》(1996年12月4日)。
③ 《中国市场经济报》(1997年1月21日)。

就轻;对外地到当地查办的案件故意推诿刁难,制造种种障碍。有的地方由于有地方保护主义作后台,制假售假违法分子气焰嚣张,以暴力抗拒执法。近年来,在广西、云南、山东、河北、河南等地都曾发生过暴力抗拒执法的恶性事件。徐鹏程认为,这里不仅有个认识问题,也有个利益机制问题,还有少数干部的腐败问题。少数地方存在"假冒得利""假冒出效益"的错误认识,把造假售假视为发展经济的一条出路,把打假和搞活经济对立起来①。有些传媒引经据典地论证,国际上某些地区、某国在经济起飞时期,是如何依赖大规模制假售假积累了资金,才有了后来的发达兴旺。这种思想上的误导,无异于对经济信用失常行为加以鼓励。

经济伦理关系是否失常,关系到一个地方投资软环境的好坏。近年来经济发展日趋落后的湖南省,其省委书记王茂林在1996年2月9日的一次会议上就指出,湖南投资环境不被看好,主要不是"软""硬"件问题,而是人文因素的缺陷。他指出:"一条107国道本是湖南的经济动脉,可一些人设关立卡,屡禁不止,名曰查走私,其实是敲诈勒索。车一停,这个上来强卖矿泉水,那个硬行卖鸡蛋,弄得过往客人怕在湖南段落脚。广东某报一个版,登了我省某某市某某镇还有多少骗子的文章,湖南人脸上有光?某某市人脸上有光?如此,湖南对外开放能扩大吗?""做生意要讲信用,这是自古以来的道理,可早一段,好几家外省公司写信给我,说我们省几个公司收了他们的款不发货,意思是要我帮助解决。省地市各级法院也受理了不少这样的案件。"② 这位省委书记在这里讲的"人文因素",实际上就是包括

---

① 《深圳法制报》(1996年1月10日)。

② 《湖南日报》(1996年2月10日)。

经营哲学、企业文化、职业道德、行业规范在内的经济伦理观念。

真正的市场经济是信用经济,也是法制经济。一个国家的管理者和人民如果容忍甚至纵容这种严重的经济信用失常行为,那么这个国家的经济注定要陷入过度投机之中,只能是第二流乃至末流的。在实行了市场经济体制的发达国家里,经济信用从来就被放置在很高的位置,这一点有其深厚的文化根源。如休谟认为,人类社会之所以能生存,就是靠了三条自然律:一是对私人财产占有的尊重;二是对财产占有者转让财产的社会公认;三是承诺的兑现。第三点讲的实际上就是"信用"两字。如果再详加分解,"信用"可分为两个层次:一是为了生存需要,追求利益最大化,如某商品信誉好,购买这一商品的消费者就会增加,有利于生产该商品的厂家发展。但是如果信誉仅仅停留在这一层次上,容易导致人和人之间互相利用的短期化行为,所以信用还必须上升到更高层次来认识,建立超越个人利益、体现信誉和正义的规则,即法治。中国目前的现状是出于个人利益最大化追求的"信誉"尚有待建立,更不用说所谓行之有效的"法治"(不是法制)。

1996 年全国的工商业企业一窝蜂地推出"承诺制",但观看那承诺内容,有许多其实只是将外在的强制性内容纳入承诺范围内,如反腐倡廉、正确使用行政权力、不乱收费、不吃卡拿要、不收受礼品等,本是由党纪政纪约束的内容,有纪委、监察、审计部门主管;如水质与燃气热值等指标,本来有国家、行业标准甚至还有国际标准与有关质检部门管着;如不销售伪劣商品、不短斤缺两,保证商品质量不出问题、出了问题派人上门维修,服务态度一定好等等,这些本有行业与部门规章管着。上述这些承诺有如母鸡下蛋保证鸡蛋有壳有皮有蛋黄蛋白一样,本是商业或社会行为应有之义,现在却要作为"承诺"的内容推出,这一事实正好可以作为中国社会经济伦理畸变的有力佐证。如果将"信用就是金钱"这些资本主义信条与现在中国信用失常的情况对比,很难相信这种信用失常状况会使中国经济进入良性循环,并使中国社会有良好的发展前景。

调查结果显示的商业道德危机

1996 年,由新加坡昂记科技公司委托零点调查公司进行了一项名为《中国企业家的商业伦理指南调查报告》的活动。在调查中,调查人员采用了分层抽样的方法,电话访问了北京、上海、广州 300 家国有、民营、三资、个体企业的负责人,调查内容涉及到商业伦理的作用,对不道德行为的容忍程度,企业经营者心目中的理想伦理规则及其道德实践,经营者个人信念等。根据本次调查结果,该公司研究人员概括了中国企业商业伦理关系中存在的主要问题:

1、企业经营者对商业伦理的熟悉程度尚不够,对商业伦理规则处在低水平的自发遵循状态,对商业伦理的重要性的认识与对实际生活中非道德商业行为的高度容忍形成强烈反差。调查表明,只有 34% 的人听说过"商业伦理"这一说法,且多将"商业伦理"与职业道德等同视之,只有约 15% 的企业经营者能较全面地理解"商业伦理"这一概念的内涵。

虽然多达 85% 的企业经营者强调商业伦理在企业经营中的重要性,但调查人员提供的非道德行为测试结果又令人担忧:企业经营者中对相当一部分非道德行为采取高度容忍的态度,或持道德中立立场,其中对于外部权威与客户关系中的非道德行为的容忍更为明显。

企业经营者对非道德行为的容忍度

序位	非道德行为类型	容忍度%	道德模糊%
1	行贿受贿	79.0	3.7
2	贿赂客户	71.3	6.3
3	缺斤少两	55.4	0.7
4	不实广告	55.0	0.3
5	无企业文化	25.3	9.0
6	偷漏税	18.7	2.7
7	环境污染	3.3	2.3

2、经营者们期待诚信、公正、合乎人情的商业伦理关系，但是利益和现实功用的驱动性往往使大家屈从于违反道德价值的现实。在回答经营者心目中理想的商业伦理关系时，与客户交往应保持信誉、相互信任的原则被受访者放在首位(37％)，其次是双方真诚合作的原则(28.3％)；在与政府等外部权威的交往中，企业经营者希望能真正做到公事公办者占32.3％，做到相互支持者占71.7％；而在企业内部文化规则方面则反映出多样化的形态，从大类上看，主张在企业内强调感情联系的经营者占49.1％，强调管理规则的占25％，强调报酬规则的占6％。

"守法"是企业经营者认为应该在其经营中坚持，而且在实践中也能做到的基本原则。但除此以外的经营原则则在"应该"与"实际"之间表现出较大的差距，处在应该坚持的原则前几位的次序依次为："诚实信用"、"自信自强"、"尊重和信任他人"、"不断创新"，而处在大家现在实际奉行的原则前几位的依次是："随机应变"、"稳定发展"、"只重视效益与利润"、"自信自强"、"不求有功，但求无过"，两者之间差距相当显著。

3、良好的商业伦理体系为经营者所向往，但不良道德习气则被主要归咎为社会环境作用，经营者缺乏内在道德自省，是企业经营中非道德现象蔓延的重要原因。"信用"、"事业心"、"把握商业时机"、"吃苦"被经营者们推崇为事业成功的四要素，并认为这是个人可以把握的因素。但对于社会上存在的相当普遍的非道德经营行为，经营者往往归结为外在环境的影响："社会风气不好，大家只顾挣钱"（36.7％）、"用来支持商业伦理建设的法律制度不健全"（24％）等，而企业经营者很少做自我道德反省。相反，在维护自身利益时，企业又往往乐于接受不道德行为，甚至有时推波助澜。企业对商业伦理的矛盾看法，反映了企业在经营活动中的道德双重标准：对于非道德经营行为的批评，多着眼于指责他人，是一种他律规则，而在自律方面则宽以待己；将非道德行为归咎于大环境，拒绝为自己个人进行的不道德行为承担道德责任。

4、商业伦理规则的制度化的水平尚不高。规则制定的主要推动者是企业的高级管理层与上级单位，缺乏对企业全体成员的道德诉求的整合，从而存在着将商业伦理规则作为某种工具性的管理手段，使其难以成为企业从业人员由衷接受的共守规则。调查中发现，85.2％的企业经营者表示，一旦企业能把伦理规则制度化并确定下来，企业在经营活动中基本能坚持正确的伦理指向，显示制度化较之非制度化有一定的优势。但是，事实上只有不到半数的企业有一些不完全的条文式的商业规则。而在商业伦理制度化的过程中，企业的高级管理阶层又起着主要决定作用，其中有31.1％的人表示企业伦理规则是企业的高级管理阶层来推动确立的，很少有企业报告其员工能参与制订企业的商业伦理规则。

调查表明，在作为商业伦理规则的主要确定者的企业高层管理人士中，他们的个人信仰以工具型（科学与知识）、亲情型（父母与朋友）、权力型（有权者）最为突出，而政治型（某种特定政治信念)及奉献型较为低落,从而可用于解释目前中国企业中经营者重视眼前功用、家庭化色彩浓厚及为什么接受权力寻租行为的趋向严重。

机会不均等导致的分配法则畸变

平等和效率一直是困扰经济学家的一个主要问题。短短10多年,中国已由一个平均主义盛行的国家变成一个贫富差距过大的国家。出现这种情况的主要原因是我们选择了"效率优先"、"先发展后分配"的发展战略,以收入悬殊为激励机制的利润最大化为最终目标,非经济领域的改革一直没有起步,从而导致权力市场化。其结果是权力之手介入资源分配,社会成员各自依据其在政府和企业这两大科层组织中所占据的地位,来了一场起点极不平等的积累财富大竞赛。这种战略的实践结果是既丧失了公平,又没有得到效率。

平等和效率在经济伦理中属于贯穿始终的分配法则。在经济学这个大家族中,以讲分配法则为特点的政治经济学其实处于心脏地带。但由于以往那种布道式的单一讲授,政治经济学这些年备受冷落。转轨期的政治经济学问题因之也就一直未被认真研究过,但改革中矛盾的集结点恰好就是权力之手介入资源分配,使中国从绝对平均主义的分配状态中直接走向由机会不均等导致的严重不平等。

10多年前中国刚开始改革时,面临的最大问题其实就是发展战略的选择。应该说,中国当时(甚至现在在某些决策者的头脑中)还错误地将经济上单纯的数量增长看作是"发展"。比较一下西方国家的经济发展战略理论,可以看出在发达国家的经济学理论里,经济增长和发展从来就是一个内涵不同的概念:增长是一个单纯的数量增长的过程,而发展则是随着产品的增加,包括收入分配、经济结构、经济体制及社会制度变化在内的复合社会过程。

翻一翻10多年以前的著作,随手可触的是这样一些从先哲著作中引来的警句:

"在一定程度上,文明是由社会不公推进的。"(罗素)

"科学和艺术都是从我们的罪恶中诞生的。"(卢梭)

应该说,这些话还比较含蓄,只是表达了这些学者对社会动力的公允见解。但一些作者引用下面这段凯恩斯的话,无论怎样,都有点直接为腐败辩护的意思了——因为当时大家都以为中国只是像所有的后发达国家一样,面临着无可避免的"阶段性腐败",而这是改革必须要付出的"社会成本"和"代价",所以当时有人常用这一段先哲名言为这种"阶段性腐败"的不可避免作出解释:

"要注意! ……至少在一百年内,我们还必须对己对人扬言美就是恶,恶就是美;因为恶适用,美不适用。我们还会有稍长一段时间要把贪婪、高利剥削、防范戒备奉为信条。只有它们才能把我们从经济必然性的地道里引领出来见到天日。"

对不公的道义张扬实际上反映了中国改革开放初期选择发展战略的社会心理基础。以效率优先为基础的"先增长,后分配"的经济增长战略,本是西方的传统战略,其伦理支持是:在经济增长初期,收入分配不公平有利于资本形成和经济增长,以收入悬殊为激励机制的利润最大化是最终目标,为达到这一目标,可以付出社会、政治、文化等方面的巨大代价。至于经济增长的好处,可以通过"涓滴效应"慢慢流入下层贫苦阶层。也就是说,先增长,把"蛋糕"做大一点,再来谈分配,一些社会问题自会获得改善。这种战略理论在西方以罗马俱乐部的报告问世而告结束，在发展中国家实践的最坏典型以南美为代表，引发了一系列灾难性的后果，被称为"没有发展的增长"，一些国家已进行战略调整，转向注重公平优先的发展模式。本来，传统社会主义模式在全球范围内的诞生，从经济尤其是从分配上看，那种"按人头分馒头"的模式，在一定程度上是对西方国家先增长后分配战略的否定。但中国还是在改革中选择了这种先增长、后分配的发展战略。现在分析起来，也许是因为当时中国在计划经济体制下，人们已习惯了那种"普鲁特克斯"之床造成的结果均等。为了唤起社会的活力，人们求助于利益机制，认为只有这样才能打破那种一潭死水般的局面。理论家们没有想到的是，他们呼唤的"机会均等"没有到来，而由于机会不平等造成的经济不平等却以快得惊人的速度出现了。统计数据表明，1994 年中国城乡按家庭户收入分组计算的基尼系数为 0.445，已经超过了国际上通常认为的基尼系数在 0.3～0.4 之间的中等贫富差距程度。而 1978 年中国的基尼系数为 0.16，居当时世界最低水平。基尼系数的迅速变化，表明在短短 10 多年间，中国已由一个平均主义盛行的国家，变成一个贫富差距过大的国家①。

　　而不能忽视的事实是，在中国这 10 多年经济改革的关键环节，即资源配置中起作用的，恰好不是市场这只"看不见的手"，而是非经济法则，即在转型期严重变质的权力这只"看得见的手"。在权力作用下，社会成员依据其在政府和企业这两大社会科层组织中所占据的地位，来了一场起点极不平等的积累财富大竞赛，其结果就是出现了目前这种贫富差距过大的局面。

　　耐人寻味的是，面对这样不平等的社会现实，还有人强调目

---

① 《中国市场经济报》(1995 年 7 月 26 日)。

前中国的贫富差距并不大，认为分配不公的说法只是"根深蒂固的平均主义分配观至今仍然影响我们对新时期收入差距的看法"，"在很大的程度上是用平均主义眼光看问题"，对"把我国贫富差距过大，解决这一问题当成当务之急"，"当作主要矛盾对待"的看法"不敢苟同"①。且不说在中国社会发生急剧变化的年代，撰文者用几年前的数据论证中国1994年的问题这一做法妥不妥当，至少撰文者犯了两个不应有的常识错误：一是对我国经济转轨时期的财富流向缺乏了解，忽视了公众对现实生活的实际感受；二是在谈论"公平"问题时却忽视了"公平原理"中最基本的要素：人们不是根据现在生活是否比以前好一点来衡量自己得利与否，而是根据一个人得到的利益与这个人对社会的贡献是否成正比，即所谓"既讲奉献也求收获"的原则。

也正由于中国近年来一直强调"生产先于分配"，认为只要把"蛋糕"做大了，许多问题就会迎刃而解，因此对如何形成一种合理的分配机制，一直缺乏有效的努力。在面对社会成员的功利追求这一问题上，政府没有考虑必须制定出严格的市场经济法则，强迫每一个经济主体遵守，从而导致在实际生活中，存在许多利用权力和职务便利而不正当致富的现象。

由国家统计局城市社会经济调查总队公布的一个调查报告说明，占中国居民家庭总数7%的富豪、富裕型家庭，其金融资产占城镇居民家庭全部金融资产的比重达到30.2%，是平均水平的10.5倍，是贫困型家庭的93.3倍。饶有趣味的是这些富裕、富豪型家庭，包含下列这样几类人：部分机关企事业单位领导人、部分股份制企业负责人、部分承包租赁者，以及少数以权

---

① 李平杜：《关于我国目前贫富差别的思考》，《战略与管理》（1994年第6期）。

谋私者。而中国的"企事业"单位和"股份制企业"，大多数都是"国字号"，这些领导人的身份是"党政干部"和"企业干部"，其公开收入亦即"工资"并不会比一般职工高出多少。也就是说，这份调查报告既然将这些人和以权谋私者划分开，就等于在某种程度上承认了这些干部存在的大量隐性收入并非"以权谋私"的行为。这些富裕者的身份就充分说明了在中国这一轮积累财富的竞赛中，起点的不平等起了决定性的作用。

这种忽视了公平分配法则的传统发展战略在中国实施，事实上已造成了灾难性的后果，它引起的财富流向不是往下流入普通人民的口袋，而是往上流入权势者的私囊，人民没有享受到经济增长应有的好处，而是被排斥在创造财富这一激动人心的过程之外，由此引起了一系列的社会政治矛盾。毫无疑问，这一忽视了公平的"先增长后分配"的战略现在在中国正受到严重挑战，因为在中国打破小农社会平均主义分配格局的不是机会均等，而恰好就是机会不均等！

同样令人不能忽视的是一部分人对目前这种不平等的反应，一方面是决策者们也并没有试图通过立法来矫正这种不平等，理论界对这种不平等也甚少进行伦理追问；另一方面则是有人提倡通过"红卫兵运动"来"均贫富"。这对于研究中国的学者来说，无论如何都是一个不应被忽视的信号。上述两点昭示了这样一个事实：中国人理解所谓"平等"和"市场经济法则"，决不会按照西方观念去理解。因为在"平等"和"市场经济法则"这类伦理概念中，蕴含了一个社会全部的政治、经济、道德等社会因素在内。

中国在牺牲了"平等"以后，究竟得到了多少"效率"？

所谓"效率"，从经济学意义上理解，就是用尽可能少的投入，争取尽可能多的产出。10多年以前，大家认为效率低下、资源浪费的主要症结在于平均主义分配方式,只要打破平均主义,拉开收入差距,效率就会提高,资源就会得到合理使用。"公平和社会发展不相容"这类误导社会舆论的理论也就是在那种背景中形成的。

那么,在"时间就是金钱,效率就是生命"的口号声中度过了10多年,中国到底有没有形成大家期盼的"效率机制"呢?

国有企业效率低下的局面依仍其旧,而国有资产的流失却与日俱增,在企业领导层和一般员工的分配问题上,"平均主义"分配原则早已打破,"效率"却并没有提高。在不少国有企业负责人的私产增大的同时,是为数不少的国有企业职工被失业问题所困扰。企业亏损、经理发财的事例在中国到处可见。在中国有关部门查办的经济犯罪案件中,企业"一把手"犯罪问题突出——这是国有企业的经济"效率"?

整个社会的办事"效率"也没有提高多少。在这里,无须去列举一份公文需盖几十个章这样的例子,也无须列举办一件事要经过多少环节这样随处可见的事实。只要列举一件事:每年在办事必不可少的吃喝招待上,中国浪费了多少人民币,便知道牺牲了"公正",其实也没有换得多少"效率"——不过这里指的是整个社会的"效率",而不是指某个单位或某个人的"效率",因为在"吃喝玩乐一条龙服务"之后,肯定办事要容易得多。这倒不是企业或那些私营业主喜欢去花这样的冤枉钱,而是因为不少地方的政府部门"门难进,脸难看,事难办",必须要进行这类"服务",才能求得个别单位的"效率",把事办成。所谓"腐败是消解旧体制力量的最佳方式,成本最小,效益最大",也就是根据这种情况得出的结论。但实际上,这种寻租活动从总量来说,并不增加社会财富,而只改变财富流向,也就是说,从总体上来说,它并没有为社会提高效率。

国家统计局的数字显示,全国公款消费 1980 年为 186 亿元,1990 年为 741.2 亿元,1993 年则猛升至 1283.5 亿元。这笔钱相当于 1 亿多农民一年的生活费。而与此同时,中国有关方面为贫困山区儿童的失学问题在向整个社会呼吁筹建"希望小学"。不少人在捐了钱以后愤愤地说:何不叫那些当官的少吃点! 少贪污一点! 而令人对中国当前道德状态真正感到寒心的,是还有良心泯灭的地方官贪污挪用人们节衣缩食捐出来的扶贫款[①]!

1995 年 3 月在中国第三次全国人大会议上,财政部长刘仲藜照例交"家底":1994 年国家出现财政赤字 237.49 亿元。这不能不令人拿它去和公款消费所消耗的财富相比:如果那些有资格去吃公款宴席的人少吃一点,这财政赤字原本可以不出现的!

社会资源如此浪费,又岂能谈得上"效率"? 更何况,牺牲"平等",除了没有换来"效率"之外,还产生了许多别的问题,其中对社会发展影响最大的就是公众对"平等－公平"期望的丧

[①] 《法制日报》(1996 年 10 月 20 日)载:湖南省桂东县是一个在 16 万农业人口中尚有 7 万余人处于贫困线以下的贫困县,但该县副县长郭垂飞竟与该县计委副主任、县以工代赈办主任邓忠、寨前乡党委办秘书易鑫平、县以工代赈办会计曹铮等 4 人一起,合伙挪用老区的以工代赈款 50 余万元,贪污 7 万余元。

失①，而和"平等－公平"期望一同丧失的，是对社会的信任感和责任感。由于没有责任感，也就没有什么是非感。道德信念的全面丧失，对当代中国人的行为准则产生了极大的影响，导致经济伦理恶性畸变。

面临这种现实，有识之士应认识到，要想重新塑造社会的平等观念，并不是仅仅通过经济增长就可以做到的事。现在经常用的"社会转型期"这一概念究竟应包含什么，恐怕需要认真界定一下其内涵和外延。缺乏公平的社会转型，其恶劣后果已有南美、菲律宾等国为证。尤其是经济学家们，更应该考虑公平与效率两者之间何者为先。因为从动态操作上来说，公平与效率理论虽然具体表现为时序问题，但哪个目标是作为经济发展起始阶段上的优先考虑，哪一原则是解决另一原则的前提和基础，其实是经济发展中的主要价值判断之一。

财富的追求
——经济伦理畸变的实证考察

与平等和效率共同构成经济伦理体系的还有人们对待财富的态度。人们对待财富的态度通常可以从其追求财富的手段、

---

① 《中国市场经济报》(1995年5月15日及1995年7月26日)载文谈到的两次调查。另：作者在日常生活中也经常与人谈到这个问题，不管是已经致富的还是未曾富裕的，在这一问题上的看法基本一致，都认为目前的致富很少依靠市场手段，主要是通过非市场手段。只不过致富的人还多了一番感慨：我们也不想这样做，但不这样就赚不了钱！

财富的使用以及国家对财富的管理这三个主要方面来加以测度。本节列举了大量的事实，说明了中国人的"公""私"观念发生了严重畸变，"私欲"如何以一种非常极端的形式支配着人们的行为。在中国，追逐金钱的活动，从未形成目前这种铺天盖地、全民参与、势头汹汹的金钱潮；对金钱意义的张扬，也从未达到这样一种藐视任何道德法则的地步。

与平等和效率共同构成经济伦理体系的还有人们对待财富的态度。人们对待财富的态度通常可以从财富的获取（即追求财富的手段）、财富的使用以及国家对财富的管理这三个主要方面来加以测度。从这三方面考察，就可以发现，近 10 多年以来，一些有终极意义的社会价值目标在中国已发生了本质性的变化。

"公""私"观念的畸变

这 10 多年来，我们原来提倡的"集体主义精神"受到前所未有的冲击，先前被从形式上驱逐出去的"私欲"，现在却以一种极端的形式外化成人们的行动。

笔者在《中国当代的资本原始积累》一章中谈到，在近 10 多年中国积累财富的竞赛中，得利的主要是一部分在政府部门中掌握资源分配大权者、国有企业的一些管理者和那些攀附他们的形形色色的"中介人"。这些人早就没有所谓"公""私"之分，如果说这些年来他们在"市场经济"中操练了一些"本事"的话，那这些"本事"就是如何将手伸进"公有财产"这只口袋里，用种种手段将"公有财产"化为己有。

最能说明中国人"公""私"观念畸变的不是任何理论，而是大量事实。近年来化公为私，公开侵吞国有资产，导致企业亏损，而经理个人发财这种"富了住持穷了庙"的情况相当普遍，这一点在第三章及其附文里面已谈得相当清楚。以深圳特区为例，截至 1995 年 3 月底，全市共清退挪用、借用和拖欠公款计人民币 2.69 亿元，港币 637 万元，美元 548.8 万元。各类公职人员利用职权和工作之便，长期挪用、借用和拖欠公款，将公款借给外单位或亲友使用，长期拖欠承包款或不交租金，擅自动用公款炒股票、炒房地产中饱私囊，挪用公款购买香港或外国护照，借用、挪用公款进行非法活动或为个人经营牟取私利等问题，在深圳一些单位里非常严重①。

目前中国人在公有财产私有化上所持的是这样一种态度：拿"公家"的，不拿白不拿；我拿公家的，管你什么事，有本事你也拿，没本事站开点！老百姓虽然知道自己所在单位的权势者在做什么事，但大多数人都抱着一种"这是国家的，又不是我个人的"这种"明哲保身"的态度，鲜有检举者。即便有检举者，其中一些人也是因为自己利益受损，而不是因为正义感的驱使。至于有些人因为检举了单位领导人的贪污腐化而受到打击，还会有人这样认为：这人真傻，领导拿的是"公家"的，管你什么事，反正他不拿，那些东西也没有归你。当然这种现象的产生，与中国缺乏保护检举者的机制有关，因检举而被"炒鱿鱼"并受到各种打击迫害的事例在在皆是。

这一世态的变化和思想界重新研究"个人"根本无关。因为思想界充其量只是对从 50 年代延续下来的一些藐视人性的政治化伦理要求，如"个人的事再大也是小事，国家的事再小也是大事"，人民群众应该无条件地牺牲个人利益，服从"社会利益"等思想进行了浅层次的清理，一是将个人（本位）主义和自私自

---

① 《深圳特区报》1995 年 4 月 1 日。

利、损人利己区分开来,认为个人利益的存在,和国家利益、集体利益的存在有着同样的合理性;二是将个人主义和市场经济秩序联系起来,认为良好的社会制度,应该是个人利益和社会利益的统一,在这种制度下,社会的发展将会更好地保证个人的自由发展,而不是以牺牲个人的发展作为代价。所有这些理论,都是要求尊重自己,尊重他人,尊重社会规则。

那么在中国当代,目前这种私欲极度膨胀、对社会正常秩序造成严重威胁的局面又是如何造成的呢? 这和中国近半个世纪以来经济伦理的变化有直接关系。

本世纪 50 年代初,是中国对传统经济伦理彻底扬弃的时候。在新建立起来的经济伦理中,除了"按人头分馒头"这一点思想确实深入人心之外(分配法则忽视人的能力差异,大大迎合了素质低下人群的弱者心理),所谓大公无私、公而忘私、先公后私这一类社会主义理想经济伦理,虽然一直见诸于报刊等宣传材料上,但有多少深入人心实在值得怀疑。不过当时对人们道德行为严加约束的意识形态作用相当强大,人们只能将私欲抑制在社会允许的范围内。另外一个不可忽视的原因是,当时除了少部分生活资料之外,没有私有财产的存在。由于这种现实,当时在理论上一直对"私有财产神圣不可侵犯"持大力批判的态度,更不会对私有财产在法律上进行保护。各级企事业单位领导人以及公有财物的具体保管者在支配单位公有财物时,有等同于支配私人财物的权力,故此所谓"公"和"私",在中国人的心里,实际上一直没有明确的界限,所谓"人民"财产人人有份,而"人民"这个集体名词在中国,恰好是被引用得最多又最容易被人将其涵义个人化的一个名词——"我是人民中的一员,所以我代表人民"这种说法,充分说明了中国人在使用这个名词时思维上的混乱。

　　笔者必须着重加以指出的是，在分析这一问题的时候，不能忽视通过政治手段强制性地实行财产转移，以及为了论证"私有制是万恶之源"而批判"私有财产神圣不可侵犯"这一观念时，实际上已将"把手伸进别人口袋里"这种隐性经济伦理合理化。这种隐性经济伦理观念在中国一直存在，水浒英雄名之为"替天行道"的"劫富济贫"，就是这种隐性经济伦理的具体表现和阐释。这种从现代观念看来，无论如何都是任意侵犯他人财产生命的行为，一直被中国民间视为英雄美德，并通过清代获得空前发展的流民组织——江湖会社广泛传播，沉淀在民众心灵深处。鲁迅在《阿 Q 正传》里描写的阿 Q 对"革命"的理解，以及大跃进时代一些乡干部对共产主义的荒谬解释，就是流氓无产者意识对这种隐性经济伦理观念的一种粗鄙的直白式发挥①。可以想象，这种对不属于自己的财产的觊觎心理，一旦失去了外在的强力约束，就会生发出强烈的占有冲动。

　　同样必须加以注意的问题是：奉献型经济伦理的另一个矛盾之处，就在于提倡"劳动光荣""多劳多得"的同时，又用"按人头分馒头"的分配方式在实践中切断了劳动和财富分配之间的因果链。这一切都在某种程度上模糊了人们在如何获得财富这一问题上的认识。可以说，这种片面强调奉献义务而藐视个人经济权利的经济伦理，使几代深受这种思想濡染教育的中国人，

① 薄一波《若干重大决策与事件的回顾》下卷（第 754－755 页）讲到这样一件事："1958 年 10 月中旬的一天，跑马乡党委书记在大会上宣布，11 月 7 日是社会主义结束之日，11 月 8 日是共产主义开始之日。会一开完大家就上街去拿商店的东西，商店的东西拿完后，就去拿别人家的；你的鸡，我可以抓来吃；这个队种的菜，别个队可以随便来挖。小孩子也不分你的我的了。只保留一条，老婆还是自己的。……不过这一条，还得请示上级。"（北京中央党校出版社，1993 年出版）

在履行职业责任和获得财富这二者的关系上，缺乏一种道德认识。

谈到上面这些，或者有助于大家在某种程度上了解目前中国人在公有财产私有化这一问题上的态度之所由来。也只有充分了解在这种隐性经济伦理状态下的民众心理基础，才可能较好地理解这一事实：中国改革开放以来，所有权主体缺位的国有资产成为权力阶层大肆掠夺的对象，为什么基本上没有遇到文化上的反抗。不少人在自己没有能力加入瓜分国有资产行列的时候，可以痛骂腐败现象和腐败者，但一旦自己具有了参加瓜分的"资格"和能力，便也毫不犹豫地把手伸进"国有资产"这一只口袋里。公民自律精神如此之差，其原因就在于整个社会缺乏一种健全的公私观念。

金钱至上和商品拜物观念的形成

这里有必要简单回溯中国历史。儒家"重义轻利"的思想，其实只是一种人格理想，社会中只有少部分儒家知识分子奉行而已。在日常生活中起作用的，主要是"常识理性"。这种"常识理性"承认人们追逐利益的合理性，始终在中国人经济生活中起着规范人们行为的作用，只是得不到道德上的张扬而已。所以中国儒家学说和老百姓在对待金钱的道德感情方面，亦即"利"的态度上始终有很大的区别。对于"财富"，直到洋务运动以前，中国历代思想家几乎都怀着一种深深的恐惧，《管子》一书的作者、商鞅、韩非等对后世有很大影响的思想家，都在追求财富的终点提出了"富国不求足民"的思想，认为老百姓富足不仅不足以言治，反而对国家有害。于是中国在鼓励老百姓"安贫乐道"方面形成了一整套道德信条，这种对财富的鄙视到了毛泽东时代被发挥到了极致，外化到政治上就是极端轻视经济活动，过

203

分强调政治教化。这种思想到毛泽东的晚年,形成了他的两个重要思想:"穷则革命富则修"和"越穷越革命",承认人们有追逐利益合理性的"常识理性"在道义上被彻底否定,应对"穷"而形成的一整套安贫乐道的哲学,这时被发挥到以穷为荣的荒谬程度。但尽管政治戏剧如此轰轰烈烈,以食为天的中国老百姓对财富仍一直持很实际的态度,为了改善生活而种自留地的所谓"资本主义尾巴"之类的行为就是明显例证。

物质贫乏的民族对财富的梦想也是贫乏的。在改革开放以前,中国人无论是对富裕本身的理解,还是对富裕的向往,其实都很原始。那时候的理想境界,在农村来说,无非就是一首风靡一时的歌曲中所唱的那样:"床上盖着花被窝,屯里粮满仓"。就在"允许一部分人先富起来"的口号提出来以后的两三年中,大多数中国人都还不知道百年难得一见的致富机遇已经悄悄来到面前。在农村中有一些头脑比较灵活的人主动抓住了这一机会。而在城市中,则只有一些被当时社会的就业体制排斥在外的人,在万般无奈,亦即连街道工厂都进不了的情况下,被迫接受了这一机遇的"垂青"。这些人或多或少都发了财,成了当时传媒热衷宣传的"万元户"。"万元户"们的存在,对中国社会产生了强烈的冲击,唤醒了人们被压抑已久的物质欲望,由政治意识形态设定的"奉献型伦理"规范日渐处于一种弱势状态。在充满体制漏洞,且没有设定任何追逐财富的游戏规则的国度,几亿处于长期贫穷状态中的人,其物质欲望一旦释放出来,就形成了一种前所未有的金钱饥渴感,那种在政治压力下被迫退缩回意识深处的"常识理性",一旦没有了外在约束,就以极快的速度膨胀起来,最终导致了当前这种道德严重失范状态。追逐金钱的活动,在中国从未形成这样一种全民参与、铺天盖地、势头汹汹的金钱潮;对金钱意义的张扬,也从来没有达到这样一种藐视任

何道德法则的地步。在这 10 多年商品大潮的强力冲击下,商品
拜物观念已渗透中国社会各阶层的意识深处,以至教养、文化水
准很不相同的社会各阶层,在追求金钱的过程中,其行为方式之
不道德在本质上竟没有多大的差别。

这种状态用民谚来表示,比任何学术语言都来得直观和生
动。

80 年代初:"金钱不是万能的,但没有钱是万万不能的。"

80 年代中:"抬头向钱看,低头向钱看,一切向钱看。"

80 年代末及 90 年代初:"犯大法挣大钱,犯小法挣小钱,不
犯法不挣钱。""捞它几十万,最多判它十几年。"前者是对社会
现实的概括,后者是对铤而走险赚钱者心态的概括。"兔子不吃
窝边草"这种以前的强盗都要奉行的准则,竟为"杀熟"(即专门
以亲朋好友为行骗对象)所代替,不少杀人抢劫、拐卖人口、绑票
这类刑事犯罪案件发生在熟人、朋友、老乡之间,人和人之间产
生了前所未有的信任危机。

我国历朝历代都流传了许多意味隽永的民间谚语,许多民
谚口口相传,颇能反映一个时代不见于"正史"记载的风貌。特
别是那些针砭时弊、嘲讽世态风情的民谚,因为表现了人民群众
对某种不良现象的不满,常常无需通过传媒不胫而走。近年来
这方面的民谚很多,有一些颇能反映经济伦理观念的变化,如:
讲人际关系变化的有"50 年代人帮人,60 年代人整人,70 年代
人哄人,80 年代各人顾各人,90 年代见人就宰人。"讲致富不
择手段的有"要想富,请上路,抢劫也有专业户;复员哥哥组队
伍,抢了旱路抢水路,抢了公路抢铁路,一路抢进城里去,刀子下
面出金库。"对近年接二连三出现的经济犯罪大案,亦有谚语讥
刺:"砍头不要紧,只要金钱真,杀了我一个,富了家中几代人。"
讽刺官商结合的有"无钱有权,以权换钱;有钱无权,以钱换权;

用我手中钱,买你手中权,靠权行方便,合伙赚大钱!"

这些谚语虽只寥寥数语,却比许多长篇大论更能刻划当前的许多不良现象,其中蕴含的警世意味不言自明。中国从上古时代开始,就特别注意"采风",周代还特设采诗官每年春天到民间搜集民谚,目的就是通过民谚了解民情,"以观风俗知得失"。由此可见民谚实是对世风人情的一种反映。中国最高人民检察院反贪污贿赂总局局长罗辑在 1995 年 11 月曾对传媒谈到,中国新闻机构考虑到宣传的负面效应,很少利用新闻的特点直接去调查、揭露领导干部中的贪污受贿问题,见诸报端的总是已成定局的案例①。这等于承认了中国的新闻传媒在反映民众意见方面有相当局限。在这种情况下,用民谚这种非正式的资料陈述世态的变化,多少可以弥补文字资料之不足。

整个社会充斥着患了金钱迷幻症的人们,这个社会只能说是病态的。美国思想家詹姆斯(Willianm James)在批评美国时曾说过:"我们的道德软弱,造成了只崇拜成功这个邪瘟女神的现象。而只以金钱来解释成功,乃是我们的国家之病。"对金钱意义的张扬到了现在这种程度,重建民族道德确实是当务之急。

财富的困惑

在人类世界,所有财富最后都要陷入思想与物质之间的空隙中,受人类思想的支配。本节主要考察了社会暴富阶层如何使用财富、国家如何管理财富以及中国人在财富面前的道德困窘。中国传统文化在教育国民应对贫穷方面有一整套哲学,但

---

① 《深圳商报》(1996 年 1 月 17 日):《'95 中国反贪风暴——最高人民检察院反贪污贿赂总局局长罗辑一席谈》。

现在面对财富却产生了深深的困窘。这种困窘令研究者感到有必要重新审视中国经济伦理变化的全过程。因为经济发展必须要有一种人文精神作为支柱和动力,这种人文精神对经济的发展具有规范和推动的作用。如果丧失了人文精神的支撑,追求财富的欲望最后必然沦为纯利欲的冲动,导致人们动物性的膨胀、人性的泯灭、社会秩序的混乱和财富的浪费。

困惑之一:素质低下的富人如何使用财富

在人类世界,所有财富最后都要陷入思想与物质之间的空隙中,财富凝聚成物质形态,但最终却受思想支配。像许多看起来简单的经济概念一样,财富在它那金光闪闪的华丽外表下面,隐藏着一堆令人颇感困扰的问题。前面谈的只是人们对财富的追求,现在还有两个问题:富人对财富的使用与国家对财富的管理。

眼光短浅、素质低下是现阶段中国富人一个根深蒂固的缺陷,这些人对财富的使用方式常使人考虑一个问题:财富集中在素质低下者手中到底对社会有什么意义?

我国的西部和中部少数地区在受贫困困扰的同时,东部沿海发达地区不少地方却在受"富裕"的困扰。在富裕的珠江三角洲和深圳特区原农村,不时可以看到一些富裕却无所事事的农民在游荡。用当地人自己的话来形容,这些人是"三不像":没种田,不是农民;没有生活技能,也不用从事某一职业谋生,不是工人;生活上保持浓厚的农村生活色彩,也不是城市居民。以深圳市罗湖区的农民为例,该区 16～40 岁的原村民(在农村城市化以后成为农村集体股份公司的股民)的失业率高达 42.6%,政府虽多方劝导他们工作,但他们根本就没有工作欲望,因为对他们来说,千来元钱工资只好当作"茶钱"。于是他们的生存方式构成了这些富裕地区的一大"景观"：富有而无所事事，过剩的精力无处发泄，便寻衅闹事、打架斗殴、吸毒、嫖娼、养小老婆……等等，引发了不少社会问题。不少女村民也依靠打麻将、赌博等打发漫漫时光。这种情况不独只在广东出现，一份对浙江义乌10个超亿元村的调查报告，也谈到当地农民虽然富裕，但精神文明建设却相当落后的事实。该报告说，当地青年农民和中小学生成天就泡在集镇的各种娱乐厅里，观看各种黄色录相和书刊，打架斗殴等刑事犯罪案件不断，建造坟墓圈地越来越多，阴宅越来越大——仅在1996年的一次清理"青山白化"的政府行动中，浙江就拆除了25万座豪华坟墓。更还有人不惜斥资数百万元，购置镀金家私，一圆其"富贵之梦"——这哪里像一个刚从贫困中解脱出来的国度里公民所应有的消费行为？

现实中的种种事实都说明财富集中在素质低下者手中对社会没有什么促进意义。以最简单的事实来说，就在报纸等传媒报道贫困山区的孩子因没有钱念书而绝望痛苦之时，这些地区富裕农民的孩子却不愿意念书。笔者曾到几个修有豪华祠堂的村庄里去调查过，这些以血缘为纽带聚族而居的村落为族人设有数额可观的奖学金，如考上大学奖励5万元，考上中专奖励2万元。但这些奖学金虽已设立多年，却从未有人拿到过，因为从恢复高考以来，这些村庄就没有人上过中专或者大学。笔者曾问过一位农村集体股份公司董事长的孩子，为什么不念书？他回答得干脆利落："念书有什么好？在我老豆(爸爸)公司里有三四个大学生和研究生，辛辛苦苦工作一年，挣的钱还不如我拿的红利一半多。我老豆说，我这一辈子就算什么都不干，钱还可以养两代人。再说我有钱，可以雇研究生、大学生帮我打工。"

天道循环，以前"富不过三代"的周期对于我国现在这批暴富者来说是太长了。由于对这些人来说，他们致富或是机缘

——因为坐在某个位置上；或是地理位置——就像深圳的农民们在睡梦里发了财。正由于财富来得就像阿拉丁神灯这个故事一样太容易了，他们还来不及从财富带来的狂喜和骄矜里清醒过来，更没有来得及训练子孙守财的本事，有一部分人的财富就又随风飘逝而去。于是我们就看到这样的事实：一个个富裕的农民村庄里重复演绎着今天的败家子故事，数百万家财和房产，最后都化作海洛因等毒品，以及一个一个形同废物的"白粉仔"、"白粉妹"。这是历史对暴富者的惩罚。

在一个健全的社会中，对挥霍成性从而毁灭自己及家庭生活安全的人，社会有义务和权利把他们置于监护之下，因为既然每个人有权伸手向社会要生活资料，社会也就必须保护他们以免其活在这种自暴自弃的状态中，最终增加社会负担。

困惑之二：国家如何管理财富

对一个国家来说，创造财富和管理财富一样重要，是同一过程的两个方面。如同前几章所述，中国的资本原始积累已经完成，从财富总量和资本积聚的程度来说，中国经济起飞的条件已经具备。据1996年上半年央行公布的材料，1996年第一季度，中国城乡居民储蓄已超过35000亿，这说明我国国民十分善于储蓄。但是人们千万不要忽视一条，即储蓄是否能兑现完全取决于这个国家能不能善于将储蓄转化为投资，取决于到消费被推迟到那个未来日期时，这个国家所具有的生产消费品的能力。也就是说，储蓄能否兑现，取决于在提取存款的那个日子里，这个社会有无足够的生产能力和供给能力。

那么我们是如何管理这个国家的财富的呢？且看下列几类事实：

首先是要看这些存款中有多少会转化为投资。那些零星散户的存款，都是存户们根据自己的生命周期，为子女读书、自己养老及各种不时之需而存款备用，这些钱只可能由国家"借"去给企业用；而大额存户的钱，有一部分的最终流向不会是生产领域。据一份时闻资料报道计算，在 1995 年审结的三宗百万元以上的经济犯罪案件中，犯罪金额与储蓄形成额之比分别为 80/500，410/1600，90/700，平均为 20.7％[①]，虽说不能就据此断定全国居民储蓄中有这么高的犯罪所得，但估计这些来源不透明的储蓄至少不可能投向生产领域或流通领域，成为社会再生产资本。这些存款中的不少部分最终会成功地转移至国外，它们的具体数目谁也说不清，它们只是中国原始积累时期的财富幻影。中国没有办法管理和运用这部分财富，只有眼睁睁地看着这部分财富化为国外的购买力。

可以断言的还有一点，对于暴富者们来说，还有一个如何善用财富生财的问题，因为财富是由那些可以保证将来有源源不断收入的资产构成的。上述那位农民董事长"教子经"的错误，就在于他将财富看作静止的金钱，而不是以财生财的资本。他的更大错误在于，他没有将孩子的素质看作财富。事实上，有形资本和自然资源并不能说明一个国家的经济状况，思想和精神也是财富，经济中思想和精神的质量，可以胜过资本的数量。最好的、最能使人信服的、最具有创造性的和灵活的智力构成是一个社会拥有的最持久的财富。更何况，对于一个国家来说，仅有储蓄还不能形成资本，因为资本还包括人的工作积极性与国民受教育程度，只有这三者的有机结合，才能形成源源不断的商品生产。否则，以金钱为主要形态的财富最终只是虚幻的光环。

即便是对国有资产，我们也缺乏管理能力。没有比现在这

---

① 《审判台》(1995 年特号)。

种情况更让人困惑的了：一方面是大量国有企业发不出工资，新生城市贫困人口不断增加，另一方面在酒楼歌厅里，每天都有大批红男绿女们享尽人间艳福。而这日掷万金的"豪气"，基本上是靠挥霍公款来支撑的。据辽宁省锦州市1994年对该市15家夜总会和歌舞厅的调查，发现公款消费在夜总会收入中占80％以上，每天消耗公款达22万元，相当于该市困难企业3500名待业职工每月从该市基本生活保障周转基金借取的基本生活费之和。一名夜总会的老板毫不隐讳地说："我们挣的就是公家钱，个人掏腰包来玩的有几个？"

于是中国就出现了这样一种经济奇观：一方面是贫富差距日大，畸形消费能力超前发展；另一方面生产能力却没有相应扩展，第一产业农业处于萎缩状态，第二产业也极不景气，只有第三产业，尤其是某些为少数人服务的第三产业畸形发展。许多本应在本国市场有巨大需求的产品在舶来品的攻击下节节败退，工业生产尤其是国有企业的生产处于一种令人很不乐观的状态。对于我们这个善于储蓄的民族来说，创造财富竟成了一件相当艰苦的工作，许多市场竟拱手让给了外国人。外商不但抢占了我国的微电子、通讯器材等市场，即便在服装、食品等中国传统长项产业上也大举进攻，迅速挤占了原有国产牌号的市场占有率，还形成强大的进入壁垒。而对于一个国家来说，没有自身生产的商品支撑的储蓄，最终只是一堆纸币而已。

一个每年在公款吃喝上要挥霍将近2000亿元，在洗桑拿浴上要花掉100亿元，在吸毒上要消耗上百亿元的国家，绝对不是一个善用财富的国家。观诸世界历史，那些发达国家没有一个是在资本原始积累时期大肆挥霍财富的。

困惑之三:在财富面前的道德困窘

经济的发展必须要有一种人文精神作为支柱和动力,这种人文精神对经济的发展具有规范和推动的作用。如果丧失了人文精神的支撑,财富的追求欲望就必定会沦丧为纯利欲的冲动,就会导致人们动物性的膨胀、人性的泯灭、社会秩序的混乱和财富的浪费。

将中国人思想观念的变化做一历史的纵观,就会发现,自鸦片战争后至 1949 年这一段时期内,和政治及社会制度的变化相比,中国人的经济伦理变化得最为缓慢。在长达一个世纪的动乱中,传统道德的基本价值观始终没有陷入崩溃状态。而自 1978 年以来所发生的变化,比过去一百多年来所发生的变化还要深刻,还要大。这就不能不令人想到,在这两个时期之间的那一段经济伦理巨变究竟给中国带来了什么? 本章前面对此曾作了分析,这里不再重复。

追根溯源,经济伦理的剧变虽发生于现在,但促其变化的因子却绝不是这些年才种下的。以藐视人性为特点的奉献型经济伦理,必定给在这种教义下成长的一代人的生活带来一个这样的后果:信仰破灭以后,每个人都感到空前的虚无和幻灭。正因为这种幻灭感,才使得现在的中国人不再相信任何道德。这里还要看到自 50 年代以来历次政治运动中,鼓励人们虚伪无耻地告密对中国传统道德的巨大破坏——在人类所有的恶行中,再没有什么比告密更能破坏一个民族的道德积累。可以说,这种破坏人性尊严并使人丧失道德羞耻感的告密,早就在我国公众意识深处种下了道德畸变的因子,否则不会有今天这种道德大滑坡的局面出现。

在一种文化的经济伦理中,人们对待财富的态度,是具有根本意义的价值观,它在某种意义上决定了这个民族的经济行为模式。在追求财富的过程中,中国近年来道德失范现象是非常惊人的。如前所述,中国长期以来一直生活在物质匮乏的贫困状态中,在教导人们"安贫乐道""知足常乐"这方面有一整套道德信条。80年代对安于贫穷的思想进行批判时,大多数人也没有想到那时的中国公众心里,沉淀的已不再只是儒家的传统经济伦理观念。更没有人会想到,经历过"文化大革命"等政治运动的中国公众,事实上已经发生了道德劣变,一旦没有了外在约束,就会在追求财富的过程中走到另一个极端。

剩下的一个问题是,富裕者和贫困者相比,谁在道德上更有优势?自80年代初以来,富裕阶层在绝迹了几十年以后,又重新出现在中国的社会生活中。由于大多数富裕阶层中人素质低下,其行为方式、生活态度以及心态对中国社会产生的影响大都是消极的。如追求财富过程中种种寡廉鲜耻、不择手段的行径以及由此引发的各种犯罪行为;"富易妻"、嫖娼养"小蜜"的婚姻家庭模式;奢侈性的消费方式;富裕家庭中第二代的不健康成长,等等。这些问题都可以称之为中国现代富裕阶层的特殊"社会病"。这些"社会病"使人有充足的理由发问:财富集中在素质低下的人手中,对社会到底有什么好处?不少人看到这些富裕阶层的道德缺陷后,惊呼"富人除了钱之外什么也没有","救救富人!"

但是问题在于,这种困窘并不是哪一个特定阶层的。上述现象并非只存在于富人中,这些富人和大多数穷人在道德操守上并无本质的不同,只不过大多数没有富起来的人,还没有办法像富人那样表现而已。他们的不道德,多是以另外一些更坏的形式表现出来。这些年社会上"三无人员",即附生在城市边缘的流氓无产者和大量次生社会集团成员,为获得财物而抢劫杀人、偷盗扒窃,对他人生命财产或家庭构成破坏的事例随处都是,大中城市的刑事犯罪案件多是这类人所为。就连在"保姆"这类看起来似乎对他人最没威胁的妇女当中,也经常发生拐卖雇主家小孩、偷盗雇主财产,甚至伙同他人杀害雇主以抢劫财物,或绑架雇主家小孩以勒索金钱的案件。由此足见贫穷阶层在道德上并不见得有什么优势。

据《中国市场经济报》1996 年 1 月 17 日发表的《打工族犯罪现象不容忽视》一文称,打工族犯罪,首先是比率高。一些大中城市,特别是东南沿海经济发达地区,外来打工族作案的比率越来越高。其次是团伙作案多。因为进城做工,大多是乡亲、朋友结伴而行,同吃同住。第三是侵犯财产型犯罪多。他们之所以外出打工,就是为了挣钱。可是在城里挣钱也不那么容易。有些人发财心切,一旦达不到目的就想走歪门斜道,不惜任何代价搞钱。第四,多带有季节性,大多发生在三夏、三秋和春节以前。这时候他们正要回家收割或者过年,觉得反正作完案就走,警察也抓不着,胆子因此特别大。第五,手段特别残忍。因为来自贫困地区,有些人对物质占有欲特别强烈。同时大多数打工族年龄偏低,无牵无挂,在城里又无亲无故,作起案来往往不计后果。

打工族犯罪的原因,首先是这些人的素质比较低。据某地的粗略统计,在当地的打工族里,初中以下文化程度的占了将近80%,文盲占了 20%,高中文化水准的只有 0.2%。其次是管理跟不上。当打工族像潮水一样涌来的时候,加上他们分散居住,常常飘浮不定,有关管理部门原有的管理制度就显示出种种的不足。反差心理也是造成某些人犯罪的重要原因。由于打工者自身条件的局限,他们在城里干的,基本上都是最脏、最累、最苦的活。工作压力大,随时都可能被解雇。城市的种种高消费,使打工族中一些人产生强烈的自卑感、失落感和压抑感,造成他们心理失衡,促使其走上犯罪道路。

可以说,当前在追逐财富过程中,社会各阶层的表现并无多大的本质不同。只不过有权者用权,无权而又愿铤而走险者用暴力而已。素以"威武不能屈,富贵不能淫"为人格理想的中国文化,在追求财富的过程中所暴露出来的道德困窘,并不只是少数人的困窘,而是整个文化在财富面前的困窘。这种困窘令研究者感到有必要重新审视中国人经济伦理观念变迁的历史过程。

小　结

从伦理学角度看,中国人现在奉行的功利主义观念是导致实践负效应的前提。一旦缺乏伦理约束,人类实践活动就必然会出现盲动。所谓功利主义的观念,就是主张在考虑行动后果时,考虑的是行动可预期的直接后果,而不是那些未来的后果。这就是说,它注重的是直接利益,而不顾人类长远的利益。从人和自然的关系来看,它造成人和自然关系的失衡。如只考虑眼前利益,不顾及人类的长远利益,不顾一切地掠夺资源,从而破坏生态环境,使经济发展与环境失调;另一方面,它加剧了人与人之间关系的紧张。当今市场竞争日益激烈化,人和人之间,利益集团与利益集团之间,如果不是奉行正当合理的竞争原则,势必影响市场经济的有序性,从而影响世界经济的发展和国际社会的稳定。因此,功利主义实践观念在两方面加剧着人类社会发展的困境。众所周知,国家功利主义的泛滥,必然导致整个社会的短视行为。

目前中国这种功利主义的经济观念已主宰了经济生活,最恶劣的影响乃是在通过经济生活中所发生的种种事实教育着人们：只有适应这种严重扭曲的经济秩序，人才能生存下去。这方面最著名的一个命题就是当代青年对腐败的看法：腐败虽然在道义上遭到贬斥，但如果只有通过腐败才能办成事，那它就没有什么不好。这种有用即善的看法事实上漠视了一切伦理规则的限制。

黑格尔曾经说过，哲学的出现总是在时代潮流、世界事变已经结束之后，因此总是迟到，不能给世界以任何教导意义。从这方面来看，也许可以理解为什么现阶段中国会出现严重的缺乏伦理规则的市场游戏和中国经济伦理严重失范状态。但是也正因为认识到这种状态，积极推进伦理道德的建设也就特别具有现实意义。

在商品经济社会里，各个人的自由都以自我为出发点，每个人追求个人私利的动机及目的必然会引起相互之间的冲突。因此坚持自由市场机制的原则并不等于完全的自由放任。一种社会需要一定的规则约束交易的双方去遵循它，而没有外界的制裁，这种规则往往是实现不了的。这里一方面需要政府制定规则和裁决交易双方的经济行为，另一方面，在长期经济交往中所形成的伦理观念也对人们的行为起一定的约束作用。马克斯·韦伯在论述统治合法性时提出，每一种真正的统治形式中都包含着最起码的自愿服从成分。但只有这一点还不足以构成真正的统治，必须要有"对统治合法性的信仰"，通过信仰体系可以将物质控制转变为合法统治。而所谓信仰体系，指的是说明为什么某人或某些人应该服从某种统治的理论体系或意识形态。一个社会要生存，在追逐财富、使用和管理财富方面必须要有一定的社会行为准则，亦即经济伦理规范。如果不少人在追逐财富时危害国家利益，或以破坏他人生命财产安全，无视他人权利，败坏社会风气为手段，只能说这个社会已堕落到了"人皆为盗贼"的可悲境地。在这种时候，如果还想为这一国的国民提供正常的生活环境，除了法制建设等制度建设之外，必须还要考虑重建经济伦理的问题。经济伦理的建设应以终极关怀为核心，包括经营哲学、行为准则、人格追求等内容。只有建立了充满人文精神的经济伦理规范，才能使浮躁飘荡的人心有所依归，使茫然无措的行为有所参照。对一个国家来说，这是一种根本意义上的建设。

一位提倡可持续发展的英国学者曾经说过："发展并非只从商品开始；它是从人民以及他们的教育、组织与纪律开始。……任何国家只要具有高度教育、组织与纪律，不管遭到怎样的破坏，都能创造出经济奇迹来。"

短短的 10 多年,中国已经由平均主义盛行的国家,变成了一个贫富差距引起社会不安的国家,这种变化无论如何不应该被忽视。

相当部分高收入者,并不一定做出了与收入相匹配的重大贡献;倒是相当多的低收入者为社会、为国家作出了相当大的贡献。

中国政府现在面临的抉择是艰难的:在公有制条件下,劳动推动生产力是主要的;但在市场经济条件已初步建立的情况下,资本推动也是必不可少的。

第七章
贫富差距的形成和扩大

允许一部分人、一部分地区先富裕起来,以带动全体人民共同富裕,这一改革政策已取得重大成就。但在进行了长达 10 多年的改革以后,大家不无遗憾地发现,"共同贫困"的局面虽已消失,但"共同富裕"也还只是纸上的蓝图。现在深深困扰政府和社会的是这样一个问题:城乡之间、地区之间以及社会各阶层之间,贫富差距越来越大,形成了一种"马太效应":穷者越来越穷,富者越来越富。由于优胜劣汰的市场经济有导致贫富分化的自发趋势,在这种情况下,如何坚持共同富裕原则,避免两极分化过度,将贫富差距控制在一个适当的程度,也就成了政府必须加以解决的紧迫问题。

本章不打算论述地区的贫富差距,因为地区之间的贫富差距,更多的是由自然条件、历史背景等多种因素造成,与当前中国城市阶层之间的贫富差距成因并不一样。本章集中讨论的主要是权力市场化造成的分配不公及导致的贫富差距。

城市贫困人口的生活现状

本节具体分析了我国城市贫困人口的主要构成、生活现状,以及他们是如何一步步掉落到社会最底层的。

社会收入分配不均的问题,早在 80 年代中期就已存在,但那时社会公众的不满,和 90 年代相比有很大的不同。一份很详细的调查报告说明了当时的社会舆论主要是针对脑体倒挂,个体、私营业主收入过高,承包、承租者和一般职工收入差距过大,地区之间利益分配不公平等问题。[①] 而到了 80 年代后期和 90 年代,由于权力市场化进程加速,这方面的情况有了很大的变化,一是高收入者的主体加入了大批通过非劳动手段致富的人,

---

① 《关于社会分配不公问题的讨论综述》,《教学研究资料》(1989 年 11 月 1 日)。

二是国有企业职工成了城市贫困人口的主体部分,三是收入高低悬殊的情况已比 80 年代显著得多。由于这三方面的因素,贫困问题也就成为阻碍中国发展、影响社会安定的一大主要问题。

据国家统计局资料,从 1986 年到 1992 年,国有企业职工的人均收入水平和增长速度,远远低于非国有单位:

国有企业与非国有企业职工收入比较(收入总数:亿元)

类别	1986 年	1992 年	增长倍数
国有单位	1537.3	3913.7	1.55
城镇集体单位	401.5	885.4	1.21
合营单位	9.4	111.1	10.28
个体劳动者	120.0	495.7	3.13

从人均水平来看,1986 年至 1992 年,国有企业单位职工人均收入由 2633 元增加到 3594 元,增长率为 36.5%;城镇个体劳动者人均货币收入由 2484 元增至 5915 元,增长率为 138.1%。[①] 如果考虑后者的收入透明度远没有前者高,增长率决不止此数。截至 1994 年 8 月末,国有企业职工的人均月工资为 325 元,而其它经济类型企业职工的人均工资为 477 元。[②] 由于国有企业长期亏损,1994 年全国有 100 多万退休职工领不到、领不够或不能按时领到退休金,约有 400 多万在职职工未能足额领到工资。[③]

---

① 郭继严、杨宜勇:《城镇居民收入总量增长分析》。
② 冯同庆:《我国职工现状分析》。
③ 喻利新、刘朝晖:《全国贫困职工救济中的问题与对策》。

近几年我国贫困人口一直呈递增趋势,这一点可以从居民收入变化中看出来:

1993－1995 年居民收入变化表

	增加（％）	没有变化(％)	减少(％)
1993 年	56％	31％	13％
1994 年	54％	30％	16％
1995 年	40％	38％	22％

上表揭示出一个事实,即近几年中国城市居民收入水平下降的比较多,上升的较少。这种情况导致大家对未来收入的不稳定感增强,不少人压缩即期消费,增大储蓄份额。可以说这种心理因素是近两年居民储蓄激增的主要因素。[1]

1994 年,国家统计局对全国 550 个县市的 15 万居民 1993 年全年的生活资料进行抽样调查,测算出城镇居民贫困标准为人年均收入 1130 元,困难标准为 1355 元。根据这一调查结果测算,处于贫困线以下的城镇居民约 370 万户,1200 万人。[2] 据有关方面透露,由于企业亏损面在继续不断扩大,许多国有、集体企业陷入了停产、半停产状态,这些双停企业的职工被停发或减发工资和退休金,断绝或削减了基本生活来源,这就使 1994 年全国生活困难职工比例由上一年占城镇人口的 5％上升到 8％左右,已达 2000 万人(人均月收入在 103 元以下)。[3] 劳动

---

[1] 《粤港信息日报》(1996 年 1 月 7 日)。

[2] 《投资导报》(1994 年 12 月 11 日)。

[3] 《中国市场经济报》(1995 年 1 月 10 日)。

部信息中心提供的一份材料更具体地说明了中国贫困人口逐渐增加这一事实：近几年领取失业救济金的职工人数猛增，1991年为 10 万人，1992 年 34 万人，1993 年 103 万人，1994 年则达180 万人，是 1993 年的 1.8 倍及前 7 年的总和。[①] 1995 年，贫困人口有增无减，据国家统计局统计，到 1995 年底，全国贫困人口约在 1500 万，相对贫困人口有 4000 万。[②] 国家体改委社会调查系统公布"社会公众对 1996 年家庭生活现状的满意程度"的专项调查，对这一年生活表示很满意的只有 7％，比较满意的有28％，很不满意的占 5％，不太满意的为 18％，表示一般的为42％。[③]

这些城镇贫困家庭有这样一些特征：

收入低，入不敷出，基本生活失去保障 目前中国国民收入结构呈多元化趋势，但对大多数企事业单位的职工来说，工资性收入仍然是最主要的生活来源。一旦工资得不到保障，不能按时足额发放，生活就难以为继，那些靠退休金生活的职工更是如此。调查结果显示，占城镇人口总数 8％的贫困家庭人均年生活费收入 1059 元，比全国平均水平低 54.7％，人均消费支出1183 元，收支缺口 124 元。这表明入不敷出是这些贫困家庭的主要特征。部分家庭要依靠借款或动用有限存款来维持生计。

物价持续上涨使贫困家庭难以承受 1994 年全国物价上涨的总水平已超过 20％，尤其是与居民生活息息相关的粮油肉禽蛋菜的价格和服务价格居高不下，给居民和职工的生活带来

---

① 新华社消息，1995 年 1 月 12 日电。
② 《粤港信息日报》(1996 年 8 月 4 日)，国家计委社会发展研究所社会
  保障室主任杨宜勇谈话中所引数据。
③ 《南方周末》(1997 年 2 月 14 日)。

了严重影响。据统计,1994 年因物价上涨而收入减少的城市居民占城镇人口的 20.7%,贫困家庭消费性支出较 1993 年多 164 元,其中用于购买食品多支出近百元。据调查,1995 年这些城市贫困家庭月人均收入用于食品支出的开支为 58.30 元,占生活费支出的比重为 59.1%,按恩格尔系数应视为绝对贫困。尽管如此,这些家庭饮食水平仍很低下,量少质低,营养不足。以黑龙江省为例,该省 40% 的城镇居民入不敷出,其中 10% 的最低收入户家庭人均生活费收入与生活支出比为 1:1.2。

公费医疗得不到保证 双停亏损企业拖欠职工医疗费现象十分严重。1994 年辽宁省 18900 户被调查企业中,拖欠职工医疗费的有 3940 家,涉及职工 688200 人。有的企业或因历史长、离退休职工多,或由于职工中绝症患者和慢性病者多,职工医疗费超支现象十分严重。个别困难企业拖欠职工待报销的医疗费用竟达数百万元。

除了上述这些职工以外,中国还存在一大批常年需要救济的人。据民政部统计,近几年每年需要救济的灾民和贫困户达 1.4 亿人,优抚对象近 4000 万人,孤老病残人员 5000 多万,总计 2.3 亿多人。[1] 虽然各地现在都采取一些措施救贫济困,但并没有得到根本改观。

杯水车薪的扶贫救济

阐述了我国现有的社会救济机制的缺陷,社会保险体制改革的进展,以及一些省会级城市最低生活保障线的制定。

---

[1]　冯同庆:《我国职工现状分析》。

上文所列事实已经很清楚地说明,目前城市贫困家庭的成因主要是三点:一是家中主要经济负担者失业;二是企业开工不足,导致工作收入不稳定;三是工资收入增长幅度低于通胀幅度。这些贫困人口虽然得到一些救济,但这些救济对于他们来说无异于杯水车薪。中国社会化救济程度低下,主要依靠企业救济。按照有关规定,职工困难补助费主要来自于按职工标准工资总额14%提取的职工福利基金的一部分,企业行政不定额拨付。而那些特困企业连工资都无法兑现,整体贫困的职工群事实上已得不到本企业的救济。那些尚有救济能力的企业由企业工会负责发放职工困难补助,标准虽几经调整,但全国大部分城市仍然执行国务院1988年〔51〕号文件中所规定的补助标准,这种标准单以城市规模来划分,既未与当地经济发展相联系,又未与物价指数挂钩,在市场物价猛涨的情况下,实际上根本难以保证困难职工的生活。由民政部负责的城镇贫困者的救济,同样存在标准偏低的问题。1993年,全国城镇享受定期社会救济的有38.8万人,救济费为1.4亿元,年均428.5元,月均才35.7元。[①] 这样低的常年补助,实际上无法使贫困人口正常生活下去,故此近两年各地政府都开展了一些临时性的救助工作。劳动部一位负责人称,1992~1994年这三年,劳动部共使用4亿多救济金,救助了360多万特困职工。1995年春节开展的救助活动,比以往任何一年的规模都要大。

我国在改革以前一直对西方发达国家"从摇篮到坟墓"的社会保险制度颇有微词,视为批判对象。直到近年来才将社会保险制度的改革提上政府议事日程,并于80年代中期开始在深圳进行试点。我国的社会保障制度,包括社会保险、社会救济、社

---

① 喻利新、刘朝晖:《全国贫困职工救济中的问题与对策》。

会福利、优抚安置和社会互助、个人储蓄积累保障六个方面。从整体上看,中国社会保险不但水准低,其覆盖面也很窄。但从1994年以来,社会保障制度改革的进展速度很快,从下列数据可看出进展速度:

全国社会保险体制改革情况一览表

年 份	已出台方案的省、直辖市、自治区	参保企业总户数（万户）	参加养老保险职工人数 （万人）				参加行业养老保险统筹行业数(个)
			在职职工	百分比	退休职工	百分比	
1994 年		59	7336	66%	1628	80%	
1995 年	11 个		8900	73%	2100		11
1996 年 6 月	28 个	61.7	8738	76.9%	2241	94.7%	11

数据来源:1994 年来源于郭佩:《社会保障:现实与展望》;1995 年来源于杨宜勇:《中国社会保险制度改革的回顾与展望》,《粤港信息日报》(1996 年 6 月 3 日);1996 年 6 月底的统计数据来源于新华社 1996 年 8 月 5 日电。

但是从总体来看,社会保险覆盖面还是较低,1994 年参加社会保险的人只占总人口的 34%;从表上亦可看出,近两年参保面的增长幅度较之 1994 年,也高不了几个百分点。除了广东、深圳等地之外,别的地区、省份还没有将事业单位的工作人员纳入养老保险范围。个体、私营企业的工作者基本上没有参加社会保险体系。

与此同时,部分城市已开始实施最低生活保障线制度,其标准如下:

已实施最低生活保障线制度的部分城市

城市	标准(元/月)	城市	标准(元/月)
上海	200	北海	130
厦门	220	桂林	120
青岛	96	柳州	120
福州	150	海口	170
大连	155	沈阳	85
广州	200	本溪	150
无锡	120	抚顺	120
梧州	110	丹东	70
武汉	120	锡山	100
南宁	125	北京	170

数据来源:《粤港信息日报》(1996 年 8 月 4 日)。表中有些城市实行资金与实物配套措施,或资金与政策、实物配套措施,故最低标准定得较低。

上述措施虽然能够减少社会震荡,但由于国有企业存在大量失业员工,更由于不少国有企业濒临破产,不少员工将失去工作——在中国这种半封闭的就业体制中,失去工作就意味着长期找不到工作。有关统计数据表明,我国城镇国有单位职工共有 1.09 亿人,其中闲置富余职工约为 1500 万人,占职工总数的 12%,其中有的国有企业的冗员高达 50% 左右。有关专家预测,在 1995～2000 年内,新失业员工总数将达 2130 万人,每年平均 355 万人。如此庞大的失业人口,对中国造成的社会压力可想而知。为了减轻失业引起的社会震动,政府正在促使各地加快社会保险体制改革的步伐。但是这种为了应急而出台的社会保障体制,有多大的承受能力实在值得怀疑。据 1995 年结算数据,补充养老保险基金积累 8.3 亿元,个人储蓄性养老保险积累 3.2 亿元，[①] 从庞大的失业人口与保险基金积累的数额来看，就知道即便是为这数千万的失业人口提供起码的生活费用，也是社会保险目前无法承受的重负。在贫富差距日大的今天，存在这么多的城市失业人口，给社会伏下了相当大的不安定因素。

职工对破产及失业的心理预期[②]

	对破产 非常担心	对破产 不担心	对失业 非常担心	对失业 不担心
1994 年	40%	16%	63%	38%
1995 年	48%	13.8%	68.5%	31.5%

有位叫都玲的研究者专门分析过中国国有企业职工家庭的失业承受力。该作者说，以家庭经济保障能力来说，由于中国国有企业职工的收入水平长期以来既"低"又"均"，结果削弱了职工的储蓄能力和边际储蓄倾向；而另一方面，就业的安全保障又使职工缺乏就业风险意识。1995 年中国全国城乡居民储蓄余额为 2.15 万亿元，按 12 亿人口计算，人均储蓄余额为 1800 元。根据国家统计局抽选的全国 550 个县市 15 万户居民的家庭生活资料的测算结果：1993 年我国最低人均消费应为 1180 元。考虑通货膨胀因素，那么 1993 年人均消费至少应为 1500 元。如果按照"城市职工人均储蓄余额/人均最低消费＝失业承受时

---

① 李缘元:《三个庞大群体压向就业市场》,《中国妇女报》(1995 年 4 月 5 日)。

② 《粤港信息日报》(1996 年 1 月 7 日)。

间"这一公式计算,中国城市居民的失业承受时间应为 1800/1500＝1.2 年,但事实并不如此乐观,因为扣除公款私存因素,排除"大款"对普通职工人均储蓄余额的影响,中国国有企业职工大约失业承受期限约为 6～7 个月。[①] 大多数失业人员在失业期间面临的情况相当艰难,这方面可以透过观察社会失业保险方面搞得最好的深圳经济特区了解全局。在深圳,劳动部门发给失业者的失业救济金每月为 286 元,领取期限因工龄长短而不一样,在原有的规定中,工龄为 5 年以上者发给 24 个月,1年以上、3 年以下工龄者为 6 个月,满 3 年以上者发给 12 个月。这一规定随着新的《深圳经济特区失业保险条例》出台而有所改变,新条例第十八条规定:"失业员工领取失业救济金的计算标准,按其连续工作年限每满 6 个月计发一个月的失业救济金,但最高不得超过 24 个月。"该条例从 1997 年 3 月起正式实行。深圳之外有不少地方,失业员工根本无法领到救济金。根据中国大陆现在就业的艰难情况,亦可以断定不少失业者很难在失业承受期间找到工作。

分配中的不平等问题

从非法收入对我国基尼系数的影响出发,探讨了我国现阶段的贫富差距过大的状况,在很大的程度上是由于权力介入市场,分配机制被扭曲为以权力、人情(实际上是金钱)关系和投机为本位进行分配而形成的结果。

在本书的前六章中,大家已经很清楚地感到,我国的贫富差

[①] 《经济问题探索》(1996 年第 10 期)。

距在很大的程度上是由于权力介入市场,分配机制已严重扭曲为以权力、人情(实际上是金钱)关系和投机为本位进行分配所致,所以在分配中的不平等问题就显得特别突出。陈宗胜在其著作《经济发展中的收入分配》一书中曾专门就非法收入对中国收入分配的影响进行过量的分析。该书所用的方法是正确的,但因转轨期统计资料的严重失真,更兼90年代的情况和80年代已有很大不同,所以结果只能供参考,因为实际情况要比他在书中所列举的情况严重得多。见下表:

各种非法收入对中国收入分配差别的总影响

	正常收入的差别	私营非法收入的影响	官员非法收入的影响	行管费用转化收入的影响	总收入差别
基尼系数	0.2961	0.0846	0.0055	0.0026	0.3888
比重(%)	76.2	21.8	1.4	0.7	100

各种非法收入对中国城镇收入分配差别的总影响

	正常收入的差别	私营非法收入的影响	官员非法收入的影响	行政费用转化的影响	总收入差别
基尼系数	0.1689	0.0962	0.0056	0.004	0.2747
比重(%)	61.5	35.0	2.0	1.5	100

以上表格的分析是建立在几个假设上的:1、私营经济从业者占总人口2%,人均收入按7000元(其中非法收入5000元);2、党政官员的经济犯罪率按10%计,占总人口的0.21%,人均非法收入按3000元计;城镇党政官员占总人口的1%,行政管理费向个人消费的转化率按15%的水平计,约使这部分人的人均收入增加300元。将这些资料代入1988年的正常分配资料,得出上表所列数据。按照此表资料,可以推算出非法收入大约

使收入分配差别基尼系数由 0.2961 上升到 0.3888,上升 31%。

对中国现在国情有所了解的人都明白,用陈宗胜所推算出的结果来论证 90 年代的收入分配有严重不足之处。这种不足由两方面原因所造成,一是所用的资料是 80 年代的,而现在的情况有了很大变化:私营经济从业者的人数占总人口比重有了很大的增加,人均收入也绝对不止 7000 元。党政官员的经济犯罪率按照现在的情况推算,也远远超过 10% 这一比率。从贪污受贿的量来看,根据这些年已经曝光的案件反推,最低者都是动辄几十万元,人均非法收入自然不止 3000 元这个小数目;公款私存、公款消费等漏斗型资金流向使行政管理费向个人转化的平均数也大大增加。二是转轨期统计资料严重失真,实际情况要比统计数据所显示出来的严重得多。如果要是将这些情况统统列入考虑范围,基尼系数绝对远远超出陈宗胜所计算出来的结果。只是在现在的中国,对这种经济现象的研究要求得到统计学意义上的支持,实在是难乎其难。但不管结果是否精确,陈宗胜研究工作的价值在于他首先尝试了将权力市场化引起的收入分配不公进行量化分析。

经济中的不平等问题在所有发展中国家都处于中心位置。90 年代的中国人自然不会再去追求那种纯属子虚乌有的"乌托邦"式的经济平等和社会平等,但并不等于对目前这种贫富差距过大的现状可以视而不见。

在 80 年代以前,中国是绝对平均主义下的"平等"。这种绝对平均主义使社会处于无效率状态,制约了社会发展。改革以后,为了使社会摆脱当时的无效率状态,更新社会思想观念,让社会成员适应市场经济必然带来的不平等,在平等和效率二者之间,当时的理论界前卫人士是如此论述:现在优先考虑的不是社会公正,而是经济发展。隐藏在这一观点后面的实际论点就是：在发展的目标和平等之间存在着冲突，要想发展经济，必须牺牲社会公正。更兼当时在社会主义国家中存在的主要问题是商品短缺，物质匮乏，研究匈牙利经济学家亚诺什·科尔奈的"短缺经济理论"成为经济学界的一时盛举。在这种情况下，"生产先于分配"这一思想在当时的经济指导思想中无疑占有主导地位。无论是政府还是理论界都忽视了一点：分配有如汽车的前轮和后轮，在同一宏观经济领域内是互相依赖、互为作用的。忽视解决分配领域内存在的种种问题，其结果就是导致社会贫富差距过大，引起剧烈的社会摩擦。

忽视了"分配"中的公平原则，忽视了"腐败"在资源分配中的巨大作用，一再强调"腐败是消解旧体制力量的最佳选择，成本最小，效益最大"，其结果就是造成了我国几乎是轰轰烈烈的"自发私有化进程"。这种"把蛋糕做大点"，而不考虑及时校正分配机制的想法之所以是错误的，除了在第六章《机会不均等导致的分配法则畸变》一节中所谈到的种种问题之外，还在于它忽视了一个问题：在贫富差距日大的今天，由于就业保障已经没有，对于许多人来说，在日益贫困化的同时还面临着失业风险，而失业则意味着这些人将堕入更可怕的贫困境地。可以想象，人们工作的不确定性和失业的威胁必然会带来非常严重的社会问题，最后累积成政治问题。因为一个人靠勤劳致富，另一个人靠投机、贪污受贿发财，就其金钱来源进行道德评判当然是两回事，但在市场经济的世界里，这两者却是等值的，金钱并不因为它的不同来源而留下不同的痕迹。这在经济学里有个专门的说法，就是"劣币驱逐良币"。而"劣币驱逐良币"的逻辑结果是：只要劣币与良币等值，只要现存体制不能使手持劣币者受到惩罚，人们便不会奉公守法，而是会仿效那些投机取巧以及贪污受贿者。简言之，"劣币驱逐良币"的结果就是第六章所谈到的经济伦理恶性畸变。

收入分配中的金字塔结构

本节具体分析了我国各阶层在国民收入中所占份额的分布状况,以及近期的发展趋势。

工薪收入(劳动收入)和资本收入(非劳动收入),是衡量人们财富的主要尺度。在发达国家,工薪收入更为重要,因为它为社会成员提供了一种维持某种生活水平的基本购买力。

中国的特殊之处在于,在目前的城乡居民经济福利及收入分配这一问题上,非劳动性收入远远高于劳动收入。

1995年1月17日,《人民日报》登载了这样一条消息:截至1994年末,中国居民储蓄存款总额已达21518.8亿元,与改革前1978年的210亿相比,增长了101倍多(按可比价格),年平均增长率高达33.5%;人均存款由1978年的21.88元增加到1994年的1795元,增长82倍,年增长率为31.7%。这一年新增信贷资金的90%就是靠这么一笔庞大的城乡居民储蓄支撑。

这样一笔庞大的存款,又是怎样一种分布状况呢?据调查,占中国人口总数的10%的贫困人口只占有存款总额的3%,且有下降趋势;而10%的最高收入者却占有存款总额的40%,且有上升趋势。行内资深人士预测,这种差距正在按每年10%的速度在扩大。① 以此推算,截至1996年6月底的35457.9亿元

---

① 《中国市场经济报》(1995年4月19日)。

城乡居民储蓄，① 其中的一半属于那10％的高收入者！

根据本文罗列的详细资料，可以将中国的收入状况形象地比喻成一座金字塔，大家可以看到：

在这座金字塔的顶端，高踞着占总人口的10％的高收入者，他们储蓄着其收入的大部分，拥有几乎占全国份额一半的私人财富。让中国老百姓可望不可及的花园别墅、高级公寓、进口豪华轿车和各类精品店，都是以他们为供给对象。在积累财富的前一轮竞赛中，这些人由于社会关系、所居职位或是居住地的特殊地理条件——只有少数人是由于个人才能——而成为这个社会的富裕者。由于他们的成功，他们用来喂猫养狗的食物都比贫困者用来哺育后代的食物要好得多。

在这座金字塔的底座，是占总人口10％的贫困人口，这些人的绝大多数在积累着债务。他们的情况在前面已有详细的描述。居于金字塔中部的是为数众多的工薪阶层。他们辛勤工作，只能积蓄收入中的小部分。② 从90年代的城市生活状况来看，这些工薪阶层的"财富"，主要是家具、家庭设施和数量不多的储蓄、国债、股票等。在沿海地区，如深圳，工薪阶层最典型的"财富"就是有一套不能进入市场买卖的"福利房"。这些家庭中的一部分（即处于金字塔腰部中线以下的那一部分），如果不辛

① 新华社1996年7月23日电，中国人民银行公布第二季度金融统计资料。

② 这方面有一个公式计算：个人储蓄率＝每年个人新增储蓄额÷每年个人可支配收入。当年可支配货币收入的储蓄存款率从1978年的1.8％上升到1991年的17％，近两年如加上各种有价证券和手持现金，储蓄率平均达30％以上。但必须考虑到不是每一户家庭都有如此高的储蓄率，而且不少家庭还在为购买住房存款，所以这种储蓄具有周期高峰的特点。

苦撑持,就有可能掉入金字塔的底座。因为他们存款的增长速度,无论如何都无法和通胀率的增长速度相比。

民众的相对剥夺感

通过我国近几年来"基尼系数"的变化,论述了我国在短短10多年之间,走完了由平均主义到贫富差距过大这一历史过程的事实。用调查结果反映了公众对贫富差距过大不满的真正原因,实际上是对不正当致富的不满,而不是平均主义时代那种简单地对贫富分层的不满。

实事求是地说,现在中国的贫困并不同于改革开放以前的贫困。实行改革开放以后,中国经济发展很快,任何一个地区的绝大部分民众的生活水平都比改革以前要高得多。这方面有统计数据为证:1978 年至 1994 年,在收入分配方面,城乡居民拿了大头。[①]但是一个人或一个家庭的富裕程度,不仅仅要看它比以往的历史纪录是否更好或更差一点,还要看它和其它阶层相比的相对差距。

---

① 据国家统计局透露,改革开放 16 年来,中国收入分配格局发生很大变化,居民个人收入增幅最大,农村和城市居民收入增长分阶段有所不同,各种所有制经济收入增长也有一些差别。从 1978 年至 1994 年,居民个人收入和集体收入呈上升趋势,特别是居民个人收入占国内生产总值的比重由 49.3% 上升到 61.7%;集体收入比重由 19.1% 上升到 23.8%。在城乡收入方面,1978 年到 1984 年,收入分配政策主要是向农村居民个人倾斜,农民收入增长较快。1985 年到 1994 年,这个阶段的收入分配政策主要向城镇居民个人倾斜,城镇居民收入平均每年递增 21%。(见《深圳商报》1995 年 10 月 16 日)

国际上通常用"基尼系数"来衡量居民收入差异程度。基尼系数在 0.3 以下为平均状态,在 0.3~0.4 之间为合理状态,而 0.4 以上则属于收入差距过大,如果达到 0.6,暴发户和赤贫阶层同时出现,则社会动乱随时可能发生,所以 0.6 被定为警戒线。西方发达国家的基尼系数一般都在 0.3~0.4 之间。

据世界银行测算,在改革开放以前的 1978 年,我国城镇居民个人收入的基尼系数是 0.15,这个指标在当时的世界上几乎是最低的。这说明当时我国平均主义、大锅饭体制盛行。而到 80 年代中期以后,收入差距迅速拉开,基尼系数的变化如下表:

基尼系数变化表

年　份	城镇居民 个人收入	农村居民 个人收入	中国人民大学 PPS 抽样
1978 年	0.15		
1982 年		0.22	
1986 年	0.19	0.30	
1988 年		0.34	
1990 年	0.23	0.31	
1994 年	0.370	0.411	0.434

前两栏为国家统计局数据。但中国人民大学根据他们于 1994 年在全国范围内作的一次严格 PPS 抽样入户调查问卷的数据所作的计算,我国城乡居民家庭人均收入的基尼系数为 0.434,同年,城乡按家庭户收入分组计算的基尼系数为 0.445,这已经超过了西方国家通常的基尼系数。这组数字表明,在短短的 10 多年间,中国已经由平均主义盛行的国家,变成了一个贫富差距引起社会不安的国家,这种变化无论如何不应该被忽视。该中心的专家指出,在收入分配差距的比较中,还常用五等

分的测量方法。按照这种方法,1994 年我国最贫穷的 20％家庭仅占全部收入的 4.27％,最富有的 20％家庭占有全部收入的 50.24％。这即意味着,20％富豪阶层的收入已超过 60％中等收入者的收入总和。这种差距已经超过了美国。根据美国 1990 年的数据,美国最穷的 20％家庭占有全部收入的 4.6％,最富有的 20％家庭占有全部收入的 44.3％。[①]

必须要指出的是,这个基尼系数和老百姓的感觉不太一样。因为在这些调查中,对中低收入阶层家庭的调查比较可信,那是因为这些家庭收入透明度较高;而对高收入阶层家庭的调查却应打个折扣,因为这类家庭有隐匿收入的倾向。了解中国国情的人都知道这样的事实:进入 90 年代以后,中国出现了几大投机行业:股票市场、房地产市场、期货市场。这几大投机行业的兴起,使得一部分人可以依靠权力和资本的投入,进行社会财富的再分配。在这几次资本原始积累的高潮中,中国涌现了一大批百万、千万乃至亿万富翁。这些人由于财富来源大多处于一种可疑的"灰色"状态,故此对其财产的处置方式多处于隐匿状态。而在这些人积累着巨额财富的同时,作为我国国民主要就业渠道的国有企业,却陷入了日甚一日的亏损之中,相当部分国有企业的职工长期以来只能领到 40～60％的工资,基本生活都成问题。所以一些民间调查机构在对中国的现实进行调查了解以后,竟认为中国的基尼系数已达 0.59。[②]

由于种种原因,我国的统计数据并不能很真实地反映我国的现实,这一点连政府官员都予以承认。[③] 且不谈在经济转轨

---

① 《中国市场经济报》(1995 年 4 月 29 日)。

② 熊海滨:《全民逐富:中国"大洪荒"》,《经济潮》总第三期。

③ 郑家亨:《转轨期经济与统计数据失真问题》。

时虚报、瞒报、伪造、篡改统计数据的情况日趋严重,仅仅由于地下经济、泡沫经济的存在,工资外隐性收入的增加,预算外资金比重日大,非银行机构资金体外循环扩大等,就已对全面搜集生产、建设、分配、交换、消费等资料带来严重影响,使统计信息难以覆盖全社会。研究者亦很难根据这些统计资料对社会进行全面分析观察。即使进行了分析,其研究结果也难以让人信服。所以在贫富差距这个问题上,还必须广泛调查老百姓的意见。

近两年来,不断有各种政府机构和学术研究机构就社会形势之类到民间进行种种调查。在这些调查中,被调查者无一例外地对当前贫富差距过大表示了强烈的不满。如山东省有关部门在 1995 年一季度就当前职工最不满意的问题进行了一次调查,结果职工们最不满意的问题之一,就是感到社会分配严重不公。被调查者认为,目前的分配既不是按劳分配,也不是按需分配,更不是平均分配,根本没什么标准。① 而且相当部分高收入者,并不一定做出了与收入相匹配的重大贡献;倒是相当多的低收入者为社会、为国家作出了相当大的贡献。

值得注意的是,民众对贫富分化的不满,实际上在很大的程度上是对不正当致富的不满。在中国人民大学社会调查中心组织的一项调查中,当问到"您认为在目前社会上的一些富人中,有多少是通过正当手段致富的"时,回答"不太多"的占 48.5%,回答"几乎没有"的占 10.7%,回答"不知道"的占 20.8%,仅有 5.3%的人回答"很多"。由此可见,多数人对分配不公的抱怨主要是对致富方式的不满,而不是对贫富分层的不满。

作者在和社会各界人士交谈中发现,现在中国民众对分配不公的抱怨已与 80 年代有很大不同。那时的抱怨还多少有点

---

① 《中国市场经济报》(1995 年 5 月 15 日)。

平均主义的遗迹，对个体户带有身份上的歧视，认为文盲之类的挣大钱，使教育显得一钱不值，但却没有人否定个体户主要是依靠能力，通过市场行为赚钱。经过后来的"下海"潮，人们已经知道"下海"的不易，对个体户、私营业主的含辛茹苦有所体会，愤慨小了许多。但民众也看得很清楚，90年代几次机会中基本都是权力圈中人或和他们有关系的人获利。一想到致富的原因是靠掌握权力，或是靠社会关系中有什么人能弄到"条子"批地、批各类紧俏物资、批外汇额度、或搞原始股票之类，这种机会不均造成的经济不平等就显得特别不公平。而在财富积累这个问题上，可以说是一步赶不上，就会步步赶不上。因为在凭资本称雄的90年代，不再会有那么多的机会留给一无所有、白手起家的人了。

毫无疑问，在高收入者和贫困者之间，存在着明显的利益冲突。尤其是当高收入者的高收入常用于奢侈性的挥霍上，只刺激了某些不正当的行业发展与寄生阶层出现时，社会公众产生强烈的相对剥夺感，也就比较容易为人所理解了。

收入集中化对社会发展的影响

收入严重的集中化，强烈地（从物质和心理上）阻碍了公众对发展的参与，损害了民众勤奋工作的意愿和能力，助长了国民的无责任化倾向。政府必须在资本要素和劳动要素这二者参加分配的比例上有公正的规定，以防止少数人不正当的收入过高和两极分化的不断扩张。

对亚洲等发展中国家的发展史稍加关注的人都知道，平等问题在发展中国家始终是处于中心位置的问题，联合国亚洲及

远东经济委员会秘书处在详细考察了亚洲一些不发达国家的经济发展状态后,得出了如下结论:

"从经验来判断,显著并在增大的收入差距并未证明有助于富有活力的经济成效和发展的强大势头。事实上,看起来更可能是严重的收入集中化,强烈地(从物质和心理上)阻碍了公众对发展的参与,从而妨碍了健康的经济发展。"①

社会的平等和经济发展密切相关,互为因果。种种迹象表明,收入的严重集中化极大地妨碍了中国的社会和经济发展。

首先,贫困人口低下的生活条件损害了他们勤奋工作的意愿和能力,结果只会使生产停滞不前,大大降低效率,这就使中国在现代化的道路上还要走很多弯路。

其次,不平等的现状助长了国民的无责任化倾向。因为在民众寻求更大的平等背后,是对这样一个事实的认识,即它在社会公正方面有种独立的价值,对国家凝聚力具有健康的作用。而中国目前国民的无责任化倾向毫无疑问使国家凝聚力下降。

从根本上来说,弱势阶层的处境恶化对政府而言是具有危机性质的社会问题。所以中国政府现在面临的抉择是艰难的:在公有制条件下,劳动推动生产力是主要的;但在市场经济条件已初步建立的情况下,资本推动也是必不可少的。仅从经济发展的角度考虑,资本收入越多,越有利于资本形成。如何使资本要素参加分配,并确定劳动收入与资本收入的比例,牵涉到社会公正问题,而不平等这个伦理问题又和所有的社会经济关系相连。不管怎样,政府要考虑的不仅仅只是经济效率问题,它所肩负的责任比这要复杂得多。因此,为了社会的长治久安,政府不

---

① 《亚洲近来的社会趋势与发展》,载于《亚洲与远东经济通报》第 19 卷,第一期。

但应该割断政治权力和市场的紧密联系,还必须在社会财富初次分配和二次分配过程中,设计出行之有效的办法调校目前这种状态,以防止少数人不正当的收入过高和两极分化的不断扩张。

贫困——世界性的困扰

中国用了 15 年时间使农村绝对贫困人口从 2.5 亿减少到 8000 万,取得了举世公认的巨大成就。然而,不能因此就忽视新生的城市贫困问题,为公民提供最低生活保障,是每一个政府义不容辞的责任,也是社会能够良性运作的基本保证。

人们总结说,改革以来中国开始了大分化:东西部分化、城乡分化、阶层分化、贫富分化。其实前两种分化包含了深刻的历史地理因素,计划经济时代政策性的强行拉平,或者用财政转移支付那种"输血式"方式扶贫,都是一些不成功的反贫困措施,其后果大家也早已看到。但阶层分化、贫富分化这两个问题不但关系密切,且和东西部分化、城乡分化的成因不同。如前所述,权力市场化是导致贫富分化的主要成因,而贫富分化又是导致阶层分化的重要基础,只是阶层分化较之贫富分化还包括更为广阔的内容,如职业声望、政治地位等等。在这所有的社会分化中,最基本的问题其实就是贫困问题。而贫困问题不独中国才有,它已成为困扰世界的顽症。

1996 年是联合国宣布的"国际消除贫困年"。将这一年定成世界消除贫困年,是 1995 年 3 月在丹麦哥本哈根召开的联合国首脑会议上作出的决定。在这次会议上,180 多个国家的领导人和代表在《共同宣言》和《行动纲领》等文件中,表示要以果断的国家行动和国际合作达到消除世界贫困的目标，允诺把消除贫困、增加就业和促进社会融合等目标列为当前以及跨入 21 世纪后的最优先项目，以确保全人类的福祉。

反贫困是世界各国都必须为之努力的社会目标。在过去 50 年内，世界财富增加了 7 倍，但与此同时，世界范围内的贫困问题也日益突出。据联合国统计，目前全世界有 13 亿贫困人口，比 5 年前增加了 3 亿，现在正以每年 2500 万人的速度增长；有 10 多亿人缺乏安全饮水等基本生活条件；每年约有 1800 万人死于饥饿、营养不良及与贫困有关的其它原因，远远超过战争造成的死亡。第三世界的贫困问题尤为严重，在南亚居住着世界上 1/3 的人口，贫困人口却占了一半。非洲 6.3 亿人口中，约有一半挣扎在饥饿线上。拉美地区有近 2 亿人口生活在贫困线之下，占拉美人口总数的 1/3 以上。世界上最不发达国家已从 1974 年的 29 个增加到 1994 年的 48 个，其中 28 个国家每人每天靠不到 1 美元生存。

发达国家的贫富悬殊问题也日益严重，贫困人口呈上升趋势。以世界超级富豪国美国为例，就有 15% 的人口生活在贫困线以下。

如果将个人名下资产超过 50 万美元的个人定义为富户，那么 1995 年欧洲的富户已达到 170 万个，那里也因此成为全球个人财富最为集中的地区，他们的身价高达 47000 亿美元。北美地区集中着 160 万富户，总资产也有 46000 亿美元。但联合国以及其它机构普遍相信，亚洲很快会取代欧美成为财富之最，目前亚洲富户的总资产已达 42000 亿美元，过去 10 年来这些富户的财富一直以 9% 的年速度增长，香港、新加坡以及韩国成为个人财富增长的翘楚。

针对上述现象，联合国的人力资源发展报告指出，一个正在崛起的城市富裕阶层正在世界各地形成,他们通过种种途径建立相互联系并聚敛大量的财富与权力,而种种令人担忧的迹象显示,地球村近半数的村民已经被摒弃在这一激动人心的财富创造过程之外。

贫困问题主要是不合理政治秩序带来的恶果,其中贫富差距日渐扩大是贫困问题日益严重的突出表现。在世界人口收入统计表上,20%的富人与20%的穷人的收入差距在60年代相差30倍,1991年已增至60倍,现在这一差距还在继续成倍扩大。世界总人口中,社会上层的10亿富人拥有83%的世界总收入,而社会底层的10亿穷人只占1.5%。在贫困人口中,绝大多数是失业和半失业者。

人口增长过快使发展中国家雪上加霜,抵消了它们为提高人民生活水平所作的努力。目前,全球每天增加23.5万人口,每年共增加9000余万人口,所增人口的95%都集中在发展中国家,照此速度和目前的经济增长率,到2000年全世界将净增2亿贫困人口。

与贫困伴生的是严重的社会问题。1990年以来,全世界发生82起大规模武装冲突和战争,至少有65起发生在发展中国家。跨国难民已从70年代的80余万人增至目前的2000万人左右,另有2600余万难民在他们自己的国家里流离失所。穷人为了自己的生存涌向城市,使发达国家和发展中国家在过去的40余年里城市人口分别增加1倍和5倍,仅拉丁美洲每年就有数千万青少年流落街头。暴力犯罪、吸毒贩毒、环境污染等社会问题也随贫困的增加而日趋严重。

联合国因此并不将一国的富裕程度视为考察民众生活状况的唯一指标。在被称为"头号经济巨人"的美国,那里富者与穷者的收入差距已扩大至9∶1,悬殊程度与巴西、圭亚那等拉美国家相当,而一般工业化国家贫富悬殊程度则为 4:1。所以当联合国人力发展项目在 1990 年首次推出评估报告时,除国民生产总值外,教育、寿命以及实际购买力同时成为衡量社会进步状况的指标,而人力发展指数则包括了民众健康、卫生保健、妇女地位等充分反映民众日常生活状况的系列指标。在今天涵盖了 174 个国家及地区的人力发展指数排行榜上,高居榜首的是加拿大,其后依次是美国、日本、荷兰与挪威。中国处在第 108 位,印度位居 135 位,名列榜尾的是撒哈拉沙漠以南的非洲国家。如计入妇女待遇指数指标进行更全面的评估,瑞典异军突起而进入榜首,加拿大落至次席,美国跌至第四,而中国则连跳 29 级,升至第 79 位。

1996 年人力发展报告还首先引进了一个衡量社会进步的新指标:隐性贫困,即通过评估 5 岁以下儿童发育不良比例、在校儿童比例、妇女文盲比例等多项指数来预测未来社会可能产生的贫困人口。根据这项指标,尽管南亚的印度及其它国家(斯里兰卡)目前的贫困人口比例为 29%,但如以"隐性贫困"指标衡量,贫困人口比例则陡增至 62%,南亚次大陆各国政府在脱贫领域可谓任重道远。

总部设在华盛顿的海外发展委员会主席约翰·塞威尔在接受《纽约时报》记者采访时指出,单以国民生产总值规模衡量一国经济水平的时代已经终结,唯有综合考虑社会以及经济因素才能反映真实状况。塞威尔告诫所有发展中国家的决策者:"发展经济的同时,要增加投资以提高民众素质,改善妇女受教育状况,并创立一套行之有效的卫生保健制度,唯此才能走上持久稳定发展的光明之途。"

中国作为最大的发展中国家,自实行改革开放以来,消除贫困工作历经了 3 个阶段:

1978 年至 1985 年为贫困人口大幅度减少阶段。由于中国农村实行重大经济体制改革,短短 7 年内,贫困人口减少了一半,由 1978 年的 2.5 亿人减少到 1985 年的 1.25 亿人,平均每年减少 1786 万人,农村贫困发生率,即绝对贫困人口占农村总人口的比例,由 1978 年的 30.7% 下降到 1985 年的 14.8%。

1986 年至 1993 年为贫困人口稳定减少阶段。中国农村的贫困人口进一步减少到 8000 万人,平均每年减少 640 万人,农村贫困发生率降至 8.8%。

自 1993 年起,中国进入消除贫困最艰难的攻坚阶段。国务院于 1994 年 3 月公布并实施"八五扶贫攻坚计划",即用 7 年左右时间,解决 8000 万贫困人口的温饱问题。

在全球绝对贫困人口总数增加的大背景下,中国用了 15 年时间使本国农村绝对贫困人口从 25000 万人减少到 8000 万,这的确是一个具有全球意义的历史性成就。现在面对新生的城市贫困问题,中国也需要考察贫富差距过大的主要成因,采取相应的措施,以减少贫困问题带来的负面影响。我国第一部《社会救济法》(草案)已列入八届人大必须完成的立法项目之一。作为政府,关怀弱者,为本国公民提供最低生活保障是义不容辞的责任,也是社会能够良性运作的基本保证。

有些研究者认为,社会分配不公导致财产型犯罪加速增长,是犯罪者反社会态度的一种表现。这种看法是对犯罪者素质的"高看"。

所谓"严打"对于中国日益严峻的治安形势来说,根本不是治本之策,因为不断有新增的流民阶层加入这支队伍。

有部分人居然还在设想通过"红卫兵运动"来达到"均贫富"的目的,我不敢设想有那样的事情出现,但我肯定那样做的结果,只是使中国陷入无边的苦难之中。

第八章
人口、就业与犯罪

在制约中国未来发展的诸种因素中,有许多因素在短期内人们也许看不到它们潜在的危险,但它们却对中国社会经济发展起着长期的制约作用,如人口问题。本章专门分析人口、就业

245

与犯罪的关系。

二元经济结构中的农村城市化

　　中国除了城乡经济差距过大的"二元经济结构"之外，还因现有城市扩张能力和基础设施承载能力有限等客观因素，被迫维持着城乡分割的"二元"户籍管理制度。中国的农村城市化道路，因受制于"二元社会结构"，因而产生了种种不同于一般发展中国家城市化道路的特点。

庞大的人口再生产能力与狭窄的就业渠道

　　我国和所有不发达国家一样，存在着较高的人口增长率。在劳动力市场上，又缺乏熟练劳动力。劳动力供给大大超过需求，结果是大量的失业——公开的、隐蔽的失业和不充分就业。

　　中国人口在 1995 年 2 月 15 日就已达到 12 亿(不包括台湾和港澳地区，也不包括那些在户籍上没登记的人口)之多，占全世界人口总数的 22％，而我国的耕地却只占世界总耕地面积的 7％，人均耕地已降到预计下世纪中叶才达到的 1.2 亩，已达到严重超负荷承载的极限。而更危急的是这个庞大的人口基数增长惯性，将一直延续到下一世纪中叶。据人口专家们测算，假如总和生育率保持在更替水平上，总人口高峰可以控制在 15 亿。而如果按目前这种趋势发展，到下个世纪中叶，中国的人口将达到 17~18 亿，这个数字，无论如何都使人感到不安。因为据中国科学院国情研究中心公布的资料，中国的整个自然环境最多能容纳 15~16 亿人口，许多短缺性资源能容纳的人口低于 10 亿。也就是说，中国的人口规模在下一世纪的中叶将达到环境的最大容量值。据粗略统计，中国每年财政收入的 1/3 要用于新增人口和安排就业及退休人员。中国现时的经济问题、就业、新生贫困人口、社会治安等一些社会难题,无一不和人口过多有关。

人口问题的实质,是人作为生产者和消费者之间的矛盾,是人口无限增长的趋势与人类赖以生存的地球空间、自然资源的有限性之间的矛盾。人口的膨胀,给整个环境带来压力,影响到人们社会生活的各个方面。中国作为发展中国家,所面临的人口压力已成为现代化进程中最主要、也是最根本的制约因素。

据测算,“九五”期间,中国劳动力资源将持续增加,国民经济所能提供的就业机会将难以满足需要。如不采取措施,到2000年,城乡失业和不充分就业人口将达到1.53亿人,超过80年代以来历次就业高峰水平。[1] 50年代中国通过“低工资,高就业”那种“一个人的饭三个人吃”的方式在现在的中国已丧失了存在基础,因为市场经济体制和非国有化企业拒绝这种非效益的用人机制。

剩余劳动力的出路,必将成为中国最为严峻的社会和经济发展问题。

“二元”户籍管理制度下的农村城市化

在分析我国城乡关系、劳动力市场、劳动力转移等问题的时候,必须要借用著名发展经济学家威廉·阿瑟·刘易斯的“二元经济模型”理论。这一理论认为,所谓“二元经济模型”有三个特征:一、它包括“现代的”与“传统的”两个部门,现代部门通过从传统部门吸收劳动力而获得发展;二、在提供同等数量与同等质量的劳动条件下,非熟练劳动者在现代部门比在传统部门得到

---

[1] 新华社1995年4月6日电。

更多的工资;三、在现行工资水平下,对现代部门的劳动力供给超过这个部门的劳动力需求。有趣的是,据这位经济学家声明,为了避免感情上的痛苦,他不用"劳动力过剩"这一个词来表述发展中国家的劳动力无限供给这一事实,而用"在现行工资下,对现代部门的劳动力供给弹性是无限的"这一颇学术化的语言来表述同样的事实。

凡致力于发展经济学的研究者,都必须借用刘易斯的"二元经济模型"来说明发展中国家的劳动力状况。在近年来中国所有关于改革的论著中,都可以感受到这位经济学家对中国理论界的深刻影响。

与一般发展中国家不同的是,中国不但存在着"二元经济结构",还存在着"二元社会结构"。户籍制度把 10 多亿中国人分为"农业"和"非农业"两大类别,维持这种结构的是有关社会福利的 13 种制度(近两年来有些制度如粮油供应制度等已废除)。考察中国农村城市化道路,就会发现其受制于"二元社会结构"而产生的种种特点。

中国农村城市化道路开始于 80 年代初期。可以说这条道路上有三个里程碑:在 1979 年《中共中央关于农业发展若干问题的决定》中,我国政府第一次用中央文件的形式提出了农村城市化的思想;1984 年,中共中央发出了一号文件,允许农民进集镇经营二、三产业,但是国务院发的《关于农民进集镇问题的通知》中则规定不许进县城,有些大胆一点的省自行开了口子允许进县城;1993 年《中共中央关于建立社会主义市场经济体制的若干决定》中提出,改革小城镇的户籍管理制度,允许农民进入小城镇务工经商。这三个中共中央文件,是推动中国城市化的三个里程碑。经历过 15 年的曲折发展,一大批繁华的小城镇崛起,尤其是在珠江三角洲和长江三角洲,小城镇的发展特别迅速。

必须指出的是,这三个文件中用的"允许"一词,多少表明了中国农村城市化的被动特点。中共中央制定这三个文件时,不得不考虑中国城乡经济差距大,现有城市就业扩张能力和基础设施承载能力有限等客观因素。也正因为如此,中国至今还保持着典型的城乡分立的二元社会结构。

城市化滞后引起的问题

目前世界上发达国家的城镇化水平为78%,最高的达92%,中等收入国家为60%。而中国的城镇化水平,有人做了一个估计,认为已达30%。尽管这一估计过高,但仍然低于低收入国家的平均水平,仅与印度、印尼等国相近。由此可见,中国的城市化水平,与中国的经济发展水平不相适应。

即使就目前中国的城市化水平来说,也存在着严重的问题,集中表现在城市结构极不协调:

一是城市规模过大,大城市过多,中小城市发展不够。百万以上人口的城市在10万以上人口城市中的比重为43%。而日本、美国等国在城市化处于30%的水平时,百万人口以上特大城市占10万以上人口的城市比重仅为33%;中国10万～30万人口的小城市在10万以上总人口中的城市比重为27%,而英国、法国都在60%以上。这一特点说明,中国的城市化趋势与世界上的一般趋势正好相反。

二是地域分布很不均衡。主要集中在东部沿海地区,西部地区城市发展严重滞后。

三是城市产业结构失衡。主要集中在工业,第三产业发展严重滞后,特别是交通运输业和市政基础设施发展不够。

城市化滞后是中国非典型化的工业化发展的一个严重缺

陷,它使中国经济发展面临许多矛盾和问题:

首先,城市化滞后使二元经济矛盾不断拉大。改革以前,中国重工业超前发展和城乡隔绝制度下的城市化进程,造就了十分悬殊的二元经济结构。

1985 年以来,由于农业劳动力向非农产业转移缓慢,使二元经济矛盾又进一步拉大。特别是近几年,由于大量劳动力滞留在比重不断下降的农业上,导致农民收入不断下降,农民与非农民的收入差距迅速扩大。据国家统计局对 29 个省、市、自治区 6.7 万户农户的抽样调查,1994 年前三个季度,农村居民人均现金收入为 838.4 元,增长 33.6%;而城市职工人均工资性收入增长 38%(据说有瞒报的可能),高出 5 个百分点。① 另外,1994 年北京城市居民人均生活费收入 4731.24 元,农村居民人均纯收入为 2422.1 元,收入之比为 1.95∶1,比上年的 1.78∶1 有所扩大,两者的差距由上年的 1441 元增至 2309 元。② 这表明,城乡二元经济矛盾不断拉大。

城市化滞后带来的第二个问题是农业劳动力就地分散转移,既不稳定也不经济。我国农民一直存在从农业部门向比较利益较高的非农业部门转移的强烈冲动,然而由于城乡隔绝体制的限制,基本上是离土不离乡,实行就地转移,半径不大。农民既不将非农产业看作自己的长期生存保障,脆弱的非农业也不给农民提供稳定的工作机会。另一方面,由于城市化发展滞后,农村工业被迫就地发展,形成了十分分散的格局,致使"聚集效应"十分低下。正是由于存在这些问题,中国的乡镇工业长期徘徊在小型化、分散化的低层次上,难以进入现代化工业层

---

① 《粤港信息日报》(1994 年 12 月 29 日)。
② 北京市城市社会经济调查队公布的调查材料。

次。到后来,这一问题是造成乡镇企业发展势头减缓,转移农业剩余劳动力的能力下降的主要原因。

城市化滞后带来的第三个问题是导致产业结构不合理,第三产业发展缓慢。第三产业要依托于人口、工业相对密集的区域,这样才能发挥其服务功能的规模效益。由于城市化滞后使人口和工业分布过度分散,严重抑制了第三产业的发展,反过来又大大延缓了中国农村剩余劳动力向非农产业转移的过程,从而使中国的产业结构与就业结构变动,都大大偏离反映世界工业化发展一般规律的标准结构,由此把中国的大多数人口排斥在现代工业文明之外。

农村劳动力大转移——民工潮

本节对延续 10 多年的民工潮进行了历史回顾,特别指出在劳动力无限供给状态下,中国社会的根本性难题:如何消化天文数字般的农村剩余劳动力。

目前中国 4.2 亿农村劳动力中,至少有 1.6 亿剩余劳动力,预计 90 年代中后期乡村劳动力年平均增长 2.07%,而乡镇企业自改革以来,平均每年吸纳 570 万人,即便是在最高的 1994 年,乡镇企业也还只能吸纳农村全部剩余劳动力的 26.6%。在此情况下,这些剩余劳动力必然要到城市中寻求出路,这就是农村劳动力跨区域流动的原动力。各种传媒将此现象称之为"民工潮"。①

---

① 《中国市场经济报》(1995 年 4 月 22 日)。

"民工潮"的涌现是二元经济结构下的必然产物。简言之，中国工业化进程和劳动力转移不同步，大量剩余劳动力滞留在农村，使农村出现了劳动生产率低、农产品商品率低、农民收入低的"三低"现象，累积了十分突出的社会矛盾。在改革开放大潮中，农民进城寻求生存和发展的机会，成为理所当然的事。

"民工潮"的社会效应

大量农民工进城，给中国的城市管理带来了空前的困难。关于其社会效应，社会各界讨论得很多，基本上都承认有正负两方面效应。

得到社会一致公认的正面效应是：

农村劳动力的流动，有利于经济的发展和社会的进步。对输出地区来说，增加了农民收入，提高了农民的消费水平，增加了农村社会购买力。农民将部分收入用于发展第二、三产业，为农村劳动力创造了更多的就业机会。所谓"出去一个，脱贫一窝"的说法就是据此而来。一部分农村劳动力转移到非农领域后，使另一部分农业劳动力得到更多的农业资源，为发展规模经营创造了较好的条件。如人口数量为全国之冠的四川省，每年多达 600 万的出省打工人员为四川赚回了 140 多亿元的劳务收入，成为该省振兴本地经济的一大资本来源。对输入地区来说，从外地引来源源不断的廉价劳动力，促进了本地第二、三产业的发展，弥补了本地经济发展中劳动力的不足。

农村劳动力跨区域流动，不仅活化了生产要素，沟通了城乡关系，促进了城乡二元结构向城乡一体化转变，还有力地促进了全国统一的劳动力市场的建立，并带动了户籍、就业方面的制度改革。此外，农村劳动力跨区域流动，使农民开阔了视野，接受了许多新事物，这对提高农民素质，推动社会进步起到了一定的积极作用。不少外出务工经商的农民，直接受到现代工业文明和城市文明的熏陶，开阔了视野，学到了本领，他们当中很多人回到乡下后，成为当地乡镇企业的技术骨干，有的还成为农民企业家。

劳动力大规模跨区域流动，是对中国传统体制的第三次大冲击。改革以来，中国农民对传统体制进行了三次大冲击，第一次冲击是农民用家庭联产承包责任制冲击人民公社体制，第二次是农民用乡镇企业冲击旧的把农民排除在外的工业化方式，第三次冲击是农民通过以寻找就业机会为直接目标的自发性大规模跨区域流动，冲击旧的城乡分割、区域封闭的社会经济管理体制。

对农民大量外流在农村产生的负效应，社会各界的看法如下：

农村劳动力的大量外流，对农业生产带来了一系列影响。首先，由于走出农村的绝大多数人是有一定文化基础、体魄健壮、智力较高的青年农民，留下的多为老弱病残和妇女儿童，农村劳动力的素质明显下降，严重影响了科学知识的普及和新技术的推广；其次，"离土不离乡"的农村劳动力流动，使多数人在向外流动的过程中，不肯轻易放弃耕地，即使有了稳定的非农产业工作时还是如此。这样既使新增的农村劳动力无法获得土地，造成耕地资源的分配和占有关系日益紧张；另一方面，外出人员无法经营土地，对土地实行粗放式经营，耕地撂荒或变相撂荒现象大量出现，许多地区的农田和其它基础设施严重老化。

无奈的城市咏叹调——生活安全感下降

大多数民工并不知道城里的实际需要，自己也不知道能否找到工作，就盲目奔向沿海地区及大中城市，许多人找不到工作，流落街头，于是在各大中城市，常常游荡着一些身无分文，又无长技且无事可做的农民工，给城市的治安、卫生、教育等管理工作带来了严重的困难。近年来城市和交通线上的偷盗、抢劫、卖淫、嫖娼、赌博、贩毒等各种犯罪活动，绝大多数都是流动人员作案。国家的许多政策，如计划生育、卫生防疫、工商税收、义务教育等政策，在这一批人中根本就无法落实。

由于这些负面作用的存在，城市人对农民工的看法非常不好，认为他们的到来，劣化了城市的生存环境，破坏了社会治安，使城市人的安全感下降；而农民工则认为城市人非常势利，瞧不起农村人。以深圳经济特区为例，该地存在大量外来劳务工，使该地的社会治安形势近几年越来越严峻，据公安部门公布的材料，在深圳特区发生的抢劫、杀人、强奸、轮奸、卖淫、贩毒等恶性刑事案件，90％以上是这些主要来自各地农村的"三无"人员（无固定工作、无合法证件、无固定住所）所为。北京市同样也存在一支庞大的民工队伍，在对外地民工既感恼火且又需要的情况下，北京市政府于1995年上半年出台了一部《北京市外地来京务工经商人员管理条例》，希望在这部条例的规范和约束下，1000多万北京人能够和300多万外地民工和平共处。

外地民工到北京、广州、上海、深圳这样的地方来打工，无一不是抱着来赚大钱的想法。在他们的想象中，城市就代表钱，城市人都很有钱。在这些城市里，简直可以不费吹灰之力就挣大钱。于是这些民工南下北上，东进西出，到处都涌现"民工潮"。在这些城市中，北京市和外地民工的关系很有代表性，"天子脚下"的新闻部门在这方面做的系统分析因"天子"们住在那里，身有同感，也就大胆一些。这里就以北京为实例，来剖析在"民工潮"冲击下城市不堪其扰的咏叹调。

据1994年11月10日北京市的一次定时普查资料显示，北京的流动人口已达到 329.5 万人,这些人已成为北京人生活中不可或缺的一部分。保姆、清洁工、蹬三轮车的、炸油条开餐馆的,凡是脏活累活,北京人不干的,外地人都干。有关统计表明,北京市环卫、纺织、矿山、煤炭等脏、重、累行业中,总共雇佣 24万民工。80 多万外地建筑工人,是北京建筑工劳动市场的主力军。

由于外地民工干的是拾遗补阙的工作,而且这些工作没人干还真不行,所以北京人最开始还是很感谢这些外地民工,各种舆论为此很叫了一阵好。但好景不长,还在叫好声余音袅袅之时,北京人就感到事情并非那么美妙,他们发现了民工们许多缺点:他们随意遗污,破坏市容卫生;刺激消费,拉动物价上涨;商贩们缺斤少两,粗制滥造,所制作的大饼、油条据说极不卫生,让人不敢吃……等等。最恼火的还是大批外地人进京带来的治安问题,北京警方公布,在违法犯罪案件中,不少是外地民工所为,以 1994 年为例,刑事案件中,有 46% 是外来民工所为。为数众多的盲流,抢劫偷盗、杀人越货,简直无所不为。特别是团伙犯罪相当严重。近 30 个外地人聚居地,如新疆村、浙江村等,成了藏垢纳污之所,吸毒贩毒的基地。北京人用两句话来形容这些外来民工:无所不为(指工作),无恶不作(指犯罪违法)。至于广州,且不谈"民工潮"平时的压力,仅是每年春节前后的疏散工作,就使广州疲累不堪①。

对流民所造成的治安问题,各类新闻传媒已有不同程度的关注,但这些人给当地造成的严重环境污染,却还较少有人关注。以深圳为例,深圳不少河流两岸都聚居着大量"三无人员"。笔者曾乘船从深圳河出发,沿着深圳湾、新洲河、凤塘河、福田

---

① 《中国市场经济报》(1995 年 5 月 24 日)。

河、皇岗河等数条河流行进,观看污染情况。船行之处,浊水横流。水面上到处都是丢弃的垃圾,不时还有死猪等动物漂浮水面,船速稍快时,那臭水就溅人一头一脸,熏人欲呕。上岸看了几个"三无人员"聚居区,这些地方垃圾遍地,粪便等污物随处可见。大量生活污水根本没有相应的排放渠道,只能通过各种功能发生改变的涵管及私自开挖的临时管路排入附近河道,仅新洲河一条河两侧,就有这类不合规格的涵管40多个。每当雨季到来之际,横溢的洪水夹带大量生活污水、垃圾、"三无"人员饲养的禽粪废杂物以及流失的泥沙,从每条河的河道上游开始向中下游倾泻淤积。年复一年,就成了现在这一条条臭水河。这些河水常年处于严重缺氧状态,不仅不能降解有机物质,还会产生更多的还原态毒害物质污染水域。

广州天河一带及火车站一带,由于大量流民聚集其间,其环境之差与刑事犯罪率之高,使这一带的居民饱受其害。

对于老百姓来说,大量民工的进城,直接影响到就业和安居。对于政府来说,这些民工的大量存在,无疑给管理带来了极大的难度。社会各界要求加强对劳务工管理的呼声日高。1995年初,北京市304名人大代表提出议案,要求就此问题立法。国务院总理李鹏也表示外来民工的"问题是太多了一点",并建议北京市对外来人口加强管理。一部既要保护外地人建设北京的热情,又要让北京人满意的《北京市外地来京务工经商人员管理条例》就在这种情况下出台了。其它地方也开始采取各种措施限制民工的大批量进入。至此,延续数年的"民工潮"已没有以往那种惊涛拍岸之势。

波涛渐弱民工潮

商品经济的要素是自由选择、自由迁居、自由就业、自由发展。和改革前相比,中国公民现在已多多少少有了一点这种权利。但是对大多数中国人来说,要想实现这种梦,毕竟还有点艰苦——这倒还不完全是中国人故土难移的禀性使然,而是中国在目前这种二元经济结构的状态下,劳动力呈无限供给趋势,城市人口也面临严重的失业问题。为了保持社会的安定和发展,中国政府必须对民众们"潇洒走一回"的渴望有所限制。

就业形势严峻,其实也不是新鲜话题,早几年这片乌云就已笼罩在部分城市人的头上。不过那时城里人还不怎么担忧,因为思维定势使他们相信:社会主义饿不死人,政府总会安排我们这些人的。部分需要再就业的职工,对重新安排的工作还挑肥拣瘦,嫌好道丑,这不干,那不去。这种现象在北京、上海和深圳这几个城市中特别突出。一直到 1994 年下半年,大家才知道失业这一只"狼"这次是真的来了。通过新闻传媒不断报道,人们终于弄明白,我国现在的就业形势相当严峻:1000 多万的失业人口,1500 多万的企业富余职工,1.6 亿的农村剩余劳动力——这三个庞大的劳动力群体,给中国的就业工作造成了前所未有的压力。有关人士预测,在 1995~2000 年这 6 年间,失业员工总数将达 2130 万人,平均每年 355 万人[①],这么多人员的就业问题,使生存空间本就狭窄的城市负累不堪,只好将敞开的大门关紧一点,毕竟先解决自己的吃饭问题要紧。

从 1995 年开始,一些大城市已做了相应的调整限制措施,如北京、上海就出台了一些对外地流入其管辖范围的劳务工、经商人员进行管理的法规,在某些行业限制使用外来民工。一向对外来工特别宽容的深圳,从 1995 年开始,也采取了一些措施,如对外来劳务工所从事工种采取限制的方法,规定某些行业像

① 《中国妇女报》(1995 年 4 月 5 日)。

金融、邮电、驾驶、餐厨、话务员、打字员、会计员等,一般不再雇佣外地劳务工。这些措施并非出于地方保护主义,它完全符合1994年11月劳动部颁布的《农村劳动力跨省流动就业管理暂行规定》精神。该规定第五条为:当本地劳动力无法满足需求,经劳动就业服务机构核准,确属因本地劳动力短缺,需跨省招收人员;用人单位需招收人员的行业、工种,在本地无法招足,或在用人单位规定的范围和期限内,无法招到或招足所需人员时,方可跨省招用农村劳动力。这个规定的出台,意味着对那些盲目进入城市找工作的民工们,城市的大门将不会再被轻易推开。

除了各大、中城市采取了相应的措施以外,中央政府也从宏观上采取了一些引导劳动力流向的措施,试图解决这一全局性的问题。1996年4月劳动部召开了一个全国就业工作会议,这次会议提出,在国民经济和社会发展“九五”计划期间(1996～2000年),要努力拓展就业渠道,将劳动力需求量从预计的3800万人增加到4150万人,使城市失业规模控制在850万人,失业率控制在4%左右;在农村,则引导大多数剩余劳动力就地消化,将劳动力跨地区流动规模控制在4000万人。但是,据测算,“九五”期间,中国劳动力资源将持续增加,国民经济所能提供的就业机会将难以满足需要。如不采取措施,到2000年,城乡失业和不充分就业人口将达到1.53亿人,超过80年代以来历次就业高峰水平[①] ——这个数字是政府提供的,半官方和民间研究机构预测的数字比这个要高。

1996年我国政府着重指出,今后国有企业不再是安排就业的主要渠道,就业结构将发生四大变化:一是城乡劳动力“双向流动”的模式正在形成,有更多的城镇劳动力流动到农村就业。

---

① 北京新华社 1995 年 4 月 6 日电。

二是私营、个体经济从业人员迅速增加,就业比例不断上升,到1995年年末,全国城乡私营个体从业人员5570万人,占全社会从业人数的6%。[①] 三是城镇职工中其它经济类型单位职工所占比例持续上升,国有、集体职工所占比例下降。与以前不同的是,1996年中国政府首次提出,要建立失业预警系统,将失业率、长期失业者比例、不充分就业率作为重要监测指标,定期分析失业形势。[②] 1996年10月中旬,农业部官员齐景发在"全国农村劳动力开发就业交流会"上表示,解决农村过剩劳动力的问题仍须遵循市场规律,而不是政府包办。他表示,计划体制下由政府提供岗位安排就业的做法,在今天不仅不适用于城市,更不适用于农村。全国范围这么大,劳动力市场情况异常复杂,政府没有能力了解和创造各种就业机会,以往城镇劳动力安排的教训已说明了这一点。将来数以亿计的农民就业问题,政府更是包不起,劳动力的供求衔接只能依靠市场来完成。

劳动力的无限供给状态

在市场经济条件下,统筹城乡就业,建立城乡劳动力统一市场,是一种必然趋势。但由于中国城市人口的就业压力已相当严重,无法再消化天文数字般庞大的农村劳动力,在这种状况下对民工进城加以限制,是不得已而为之之举。从1995年开始,到1996年4月份明确从严控制农村劳动力向城市转移,已说明我国消化天文数字般的农村过剩劳动力,注定要走一条和别的国家不同的道路,不能再依靠农村劳动力向城市转移这条世界上不发达国家走过的老路,而必须依靠大力发展乡镇企业。

---

① 《中华工商时报》(1995年4月29日)。
② 《中国妇女报》(1995年4月5日)。

在不可能依靠城市吸纳剩余劳动力作为解决就业问题的主要途径的情况下，剩下的出路主要就是两条：一是加强农业经济的综合和深层次开发，提高农业效益；二是大力发展乡镇企业，以带动就业的不断增加。改革开放以来，我国乡镇企业以每年570万人的规模吸纳农村剩余劳动力。从1978年的2800万职工增加到1994年的1.2亿职工，16年间共吸纳了近9200万人。乡镇企业职工占农村劳动力总数的比重，也由1978年的9.2%提高到1994年的26.6%，乡镇企业成为转移农村剩余劳动力的主要渠道，在一定程度上减弱了民工潮的汹涌之势。不过由于乡镇企业人工成本持续攀升，每转移一个劳动力需要的固定资产投入和支付的工资都较以往大大提高，这就影响了它们对劳动力的吸收能力。有关专家预测，到本世纪末，我国农村剩余劳动力将达2亿人，这就意味着，农村劳动力转移将会是一个非常艰巨的社会工程。

对城市来说，民工潮的波涛汹涌之势确实已经暂时减弱，但对国家来说，却并不意味着问题已得到实质性的解决，另辟途径转移农村剩余劳动力已成了当务之急。

就业与犯罪

中国现在突出的两大问题就是就业与犯罪，而在人口、就业与犯罪之间存在着千丝万缕的联系。大量农村剩余劳动力流往城市，成为城市的边缘人物，许多社会次生集团由此兴起。而源源不断涌往城市的流民，就成为黑社会的组织基础。犯罪浪潮导致社会紧张程度加深，在外来人口最多的广东省发生"杜润琼事件"并非偶然，这是人口问题为中国敲响的警钟。

　　中国的人口问题给中国带来的压力，早已从各方面显示出来。过去几十年，中国人实际上生活在两个隔绝的世界里，一个是都市中国，一个是乡土中国。同一个中国的这两部分的差距，是每一个中国人都能非常明显地感觉到的。从社会生产能力来讲，80％集中在城市，只有20％分布在农村。人口的分布则正好相反，20％分布在城市，80％则集中在农村。这种生产能力的大小和人口数量多少的不相协调，在世界各国中，以中国为最。其直接的结果，就是农村人口的大量多余，而政府统计失业人口时，这些农村的过剩人口并不在统计之列——当时将"人口过剩"视为"资产阶级谬论"，根本就不存在"人口过剩"这种认识。日趋激烈的人地矛盾一直存在，只是在强有力的政策约束下，人们无法走出"黄土地"。改革开放以后，政策的松动使人们走出"黄土地"有了可能，无法再在生存空间日趋狭窄的农村里生活下去的农民们，只有往城市里挤，给拥挤的城市带来了很多问题：城市居民抱怨失去了生活安全感；计划生育部门抱怨超生游击队使人口增长处于失控状态；劳动部门抱怨他们抢去了城里人本来就不怎么富余的饭碗，使本来就严峻的失业问题更为突出；公安部门抱怨流动人口使城市的治安形势变得相当严峻。总之，社会无法再忽视这一问题：农村剩余劳动力大量涌入城市，由于其数量往往超过就业岗位的实际需要，结果使城市里常常流动着不少身无分文又无事可做的民工，这无论是对城市的治安管理，还是对民工本身的发展都极其不利。

　　近年一个名叫杰里米·里夫金的美国人写了一本书，叫《工作机会的终结：全球劳动大军的萎缩与后市场时代的来临》。作者在这本书中说，当今世界上两大突出问题是就业与犯罪，这两个问题是交织在一起的。人们失去工作机会会导致"出现一个无法无天的阶层"，这个阶层以犯罪为最后的手段。如果将我国的人口、就业和犯罪率这几者联系起来，会发现其中有着千丝万缕的联系。因为安分守己是和安居乐业联系在一起的，既然连安居乐业都没有办法做到，那就只有一途：掠夺别人的财物以维系自己的生存。

大量资料显示，用"犯罪浪潮"这个词来形容中国目前犯罪逐年上升一点也不为过。根据各地被捕罪犯的身份来分析，发现犯罪率高发群体就是上述社会边缘化群体。这些边缘性群体成员的犯罪动机，不能用西方社会犯罪学中常用概念来说明。西方社会总是用犯罪者的反社会态度来说明其反社会行为的根源，而中国这些边缘化群体的犯罪现象却很难用反社会态度来说明他们的犯罪动机。事实上，通过对大量犯罪者素质的综合分析，这些犯罪者多是半文盲或文盲，对整个社会根本就缺乏一种系统的了解。他们的犯罪目的往往非常直接，主要指向是劫财劫色，尤其是财产型犯罪非常普遍。我国现在有些研究者在这种观点的影响下，认为现在社会分配不公导致财产型犯罪加速增长，是犯罪者反社会态度的一种表现。这种看法是对现在犯罪者素质的一种"高看"，如女作家戴厚英之死很显然与这种引伸无关。正由于现代社会中人们犯罪的动机和犯罪的内容已和 18 世纪有了很大的不同，再用这种人道主义观点来分析犯罪行为，尤其是分析以贪污腐败为主要内容的经济犯罪与以贩毒或财产型犯罪为主要内容的刑事犯罪显然已不合适。这些大量流入城市的民工，往往由于他们的家庭过度生育而处于极度贫苦之中，无法像正常家庭的后代一样获得上学、就业及技能训练的机会，这就使他们几乎是"先天性"地处于社会边缘状态，在现代文明日益发达的今天，这些边缘性群体成员由于他们本身的素质，只有少部分人能凭借自己的能力抓住机遇，改变自己的边缘性地位。因之他们比其他社会成员更直接地感到各种社会压力。在巨大的生存压力下，他们感到自己越来越无法发展自己的能力，开拓那不可知的明天，在感到自己有被文明社会摒弃的可能这种焦虑中，一些人用犯罪手段来达到占有财物的目的自然就成了可能的选择。在对很多"三无"人员犯罪实例的分析中，可以很清楚地看出这些犯罪者的素质之低下：不少人在抢劫、强奸以后，其活动半径仍不超出原有活动区域，公安人员只要有点耐心守株待兔，不出几天就能将人犯捕获。可以说这些犯罪者对自己的行为后果都缺乏了解。在犯罪者对自己犯罪动机的阐释中，没有几个"三无"人员能对自己的犯罪行为作出除占有他人财物冲动之外的任何解释。只有几个人认为自己因看到城里人生活好而产生强烈不满，仇视城里人，而萌发要抢劫的念头。

如果再进行深入分析，就会发现，犯罪浪潮迭起以及社会紧张程度与一个社会的经济"痛苦指数"有正相关关系。所谓"痛苦指数"由失业率加上通货膨胀率构成，一个国家的国民往往最容易直接由这两者感知社会治道，并以此判断自己的生活状况在这一社会中居于何种水平。我国近几年的通胀率一直居高不下，虽经控制，但也已达到承受的边界，至于失业率的升高在前文已分析过。可以说，将这两者相加，我国经济的"痛苦指数"绝对不会很低。

上述这种情况，最终导致了中国社会控制组织形式和手段的多元化，各种社会边缘组织即黑社会组织与地方恶势力勃兴。在城市中主要表现为滋生了大量次生社会集团，在农村中则主要为带黑社会性质的地方恶势力。它们的存在对中国社会产生了极大的影响。最值得社会警醒的是，这些黑社会组织与地方恶势力的存在竟与"白色世界"的社会正式控制机构有着千丝万缕的关系，一些恶势力的代表竟在"黑、白"两道中都有一定地位。

流民：黑社会组织的存在基础

城市中出现的黑社会组织，其成员大多是游荡在各地的大量流民。近几年频繁出现在报刊杂志、电台等传媒上的"严打"一词，其目标就是针对社会上那些不劳动而又危害社会的刑事犯罪者。以1996年为例，从5月份在全国开始了百日"严打"活动后，每天见诸于报端的就是破案多少，抓住要犯多少，以及还有多少"顶风作案者"落入法网。但是这种声势浩大的"严打"，却并没有使国人感到从此以后可以高枕无忧，因为只要对中国国情稍有了解的人都明白，所谓"严打"对于中国日益严峻的治安形势来说，根本不是治本之策，因为不断有新增的流民加入这支队伍。电视里面不断曝光的那些刑事犯罪分子，无论是杀人抢劫、偷盗还是妓女（因为落网的妓女主要是俗称"街边鸡"之类的下等妓女，真正的高等妓女以及"妈咪"们很少有落网者），一望而知大多来自农村。各地警方也不断证实，城市里刑事案件大多数是这些"三无人员"所为。一个人只要落到这种"三无"状态，就意味着基本生存都成问题。

由此观之，这些"三无人员"犯罪，并非全由于道德原因，而是因为无业可就。只是由于这些人素质低下，一旦生存成为问题，或感到犯罪有经济上的吸引力时，就很少受道德和伦理考虑的约束。

当今在中国的每一个城市的边缘，即城乡结合部，都是流民聚集之地。其中最有代表性的是北京、广州和深圳。在北京的300多万外来人口，由于亲缘和地缘关系，自发聚集组合，形成了一些不被当今中国社会体系所认可的"村落"，这些村落被传媒称之为"编外村"，既有按"村民"原籍划分的"新疆村"、"河南村",也有按职业划分的"画家村"。^① 广州、深圳等经济发达地区,流民聚合的形式则只有亲缘和地缘为纽带的利益组合,没有职业的组合,但流民数量却一点也不比北京逊色。

这些大中城市到底容纳了多少流民,恐怕没人能拿出精确的统计数据来。以1996年5月广州市在"严打"中进行的一次小范围调查为例,就可见"流民"问题之严重。在广州林立的高楼大厦下面,还有不少被称为"都市里的村庄"的原农民村落。由于这类房子的租金相对便宜,外来人员多栖息于斯。这些小小的村落里,演绎着当代中国过剩人口大迁徙的人间万象。在这些地方,几乎可以看到全中国各省、市、自治区的人,除了农民之外,也有不少来自大大小小城市的俊男靓女出没其间,职业复杂。据说,广州从改革开放以来,已包容了一百多个这样的村落。

这里摘录几段公开见报的文章,相信读者会从这两段文章看出当代流民问题之严重^②。

外来人档案

目前,据(广州)市外来人口综合办公室介绍,广州的外来常住人口总数约在180万左右,天河一个区就约有20来万外来人口。他们大多租住民房,集中在天河区、白云区、黄埔区等靠近旧城区的部位及城乡结合部。

……在今年(1996年)抓获的刑事罪犯中,外来人口占了85%左右。在已发生的案件中以盗窃(入室盗窃、偷摩托车、偷单车等)、抢劫为多,在发案率中各占到65%和22%。

一些负案在逃、带黑社会性质的流氓团伙也藏身其中。

"严打"清"三无" 初步见成效

---

① 《粤港信息日报》(1996年5月18日)。
② 《粤港信息日报》1996年5月18日。

广东、广州的治安形势严峻,外来人口太多,鱼龙混杂。广州市综治委4~5月开始在全市清拆窝棚、收容遣送了两万多名"三无"人员。共清拆窝棚388个,清查出租屋3157间,路边店282间,发廊252间,工地工棚5401间。

"严打"开始的5月7、8两日,还抓获不少在逃案犯。

5月8日下午,广园东警区罗干警接到报案,与同事火速出击,在清水塘一装修工地抓获曹××、陈××(均佛岗人)等五人,经审讯,该团伙原在佛岗即是当地地方流氓恶势力,以敲诈勒索为生,去年被当地公安机关打散,"大哥"曹某又为人仇杀,这五人流窜广州,专寻在广州的佛岗生意人勒索。

难管的"死角"

……

农民出租村人员复杂,治安形势严峻。以石牌为例,管片治安案件石牌村占了2/3以上。(石牌派出所)朱副所长说:"我们管区的重点就是石牌村,石牌村管好了,治安也就上去了。"

据称,这里采取了一种"悬赏"措施:抓一个白粉仔奖励500元,抓一个妓女嫖客也是奖500元,抓赌500元;而出一宗案(不包括大案)罚500元。

随着外来人员的增多,石牌村发案率一度以每年30%上升。……

天河区主要农民村情况

	林和村	冼村	猎德村	杨箕村	银河村	龙洞村
村里居民	1173人	28026人	6176人	4070人	17367人	14052人
农民人数	973人	2035人	4297人	1257人	745人	4842人
办理暂住证的外来人口	1330人	2223人	空缺	4282人	空缺	空缺
外来人口估计	约15000左右	约3万左右	1万以上	3万以上	5万左右	3万左右

随着流动人口的增加,社会治安形势日益严峻。近几年整顿社会治安一直是各地政府的重点工作,从 1994 年开始,一些地方已经将"不能保一方平安的官不是好官"这一类口号提出,由此可见社会治安形势之严峻。所谓"车匪""路霸"到处都是,刑事犯罪案件越来越多,这种形势迫使政府不停地开展针对社会犯罪的"严打"活动,试图整顿日益失控的社会治安。据政府部门介绍,当前影响社会治安的主要问题是:重大抢劫案件明显增多,接连发生犯罪分子以金融单位、运钞车、珠宝金行为目标,持枪抢劫巨额财物的恶性案件;车匪路霸行劫;杀人犯罪案件增多;一些地方犯罪团伙活动猖獗,尤其是一些带有黑社会性质的犯罪团伙和流氓势力为非作歹、横行不法、欺压百姓,成为一些地方治安混乱的主要原因;制贩吸食毒品、拐卖妇女儿童、卖淫嫖娼、制黄贩黄、赌博等社会丑恶现象在不少地方蔓延;相当数量的枪支弹药、爆炸物品和管制刀具流入社会,对社会构成极大威胁。[①] 据任建新在最高人民法院工作报告中透露的数据,1995 年全国判处杀人、抢劫、强奸、流氓、爆炸犯罪、涉枪犯罪、带黑社会性质的集团犯罪、毒品犯罪、拐卖妇女及儿童等犯罪分子共 274914 人。[②] 1996 年这类犯罪案件还呈上升趋势,仅在 1～2 月份重大刑事案件立案就上升了 12.6%。[③]

流动人口增加导致社会治安形势日益严峻,从涉娼凶杀案件的多发就可以看出因果关系。如深圳市 1995 年发生的 36 宗涉娼凶杀案,被害者主要包括情妇、暗娼、鸨公、嫖客等四类人。在这些被害人当中,一是无正当职业者多,占被害人总数的

---

① 《中华工商时报》(1996 年 4 月 29 日)。

② 《中华工商时报》(1996 年 4 月 29 日)。

③ 新华社北京 1996 年 3 月 12 日电。

71.1％,二是外地人多,占总数的 76.3％。作案手段主要是以下几种,一是劫财劫色。这些暗娼大多手无缚鸡之力,90％以上是外地人,且兼钱财来得容易,往往成为犯罪分子侵害的目标,嫖宿－杀人－掳财是作案者犯罪的三步曲。二是作案者以嫖为名,行劫杀之实。犯罪分子通常是将暗娼引至较偏僻的地方,杀人劫财。三是内外勾结,合谋劫杀。即暗娼或情妇将嫖客或情夫引至某预定的地点,与其他案犯合谋将对方杀死。据公安部门分析,由于色情活动是功利性极强的非法交易行为,只要双方谈妥条件,无需多加了解,便能达成“交易”,所以一旦有一方转化为犯罪主体时,便具有很大的随意性和隐蔽性,而这种人的基本情况往往是公安部门平时较难掌握的“边缘”人物,即外来流窜者。[1]

大量的黑社会组织,就诞生于这些群聚的流民当中。以深圳龙岗在 1996 年 6 月抓获的一个特大贩卖人口犯罪集团为例,这个集团就是一个以四川籍流民为主、以亲戚血缘关系为纽带的黑社会组织。由于这一团伙颇具规模,其运转之“高效”颇令人吃惊:从 1996 年 1 月至 4 月这一段时期内,经手贩卖的妇女竟达 300 多名。[2] 这些黑社会组织控制成员的手段主要是暴力和经济手段。

如果正视现实,就会承认,中国的人口过剩,既不是结构性过剩——第一产业、第二产业及第三产业全都人满为患,也不是地区性过剩——无论是富裕的珠江三角洲和长江三角洲,还是

---

[1] 余文东:《致命的欲壑——对我市涉娼凶杀案件的调查分析》,《深圳法制报》(1996 年 1 月 10 日)。

[2] 见 1996 年 6 月《深圳特区报》、《深圳法制报》及电视台等传媒的连续报道。

贫困的大西北地区,到处都充斥着无法就业的人群。在这种情况下,指望这类流民将来在数量上减少是不切实际的幻想,因为不断增生的过剩人口只会使流民像滚雪球一样,规模越来越大。

值得警惕的女性犯罪比率上升现象

一份名为《值得重视的犯罪群体——女性犯罪调查》的文章指出,近年来女性犯罪人数急剧增多,比 80 年代中期平均增长了 30％以上。在贩毒、拐卖人口以及财产型经济犯罪当中,都有不少女性。这点绝非虚言,以广东省为例就可知一二。1996年 11 月 14 日至 15 日,广东省妇联、省公政法工作者在肇庆开会研讨女性犯罪问题时曾指出,当前广东女性犯罪呈现 5 大特点:一是女性犯罪的数量和比重在增加,犯罪类型呈多元化发展。1995 年广东抓获的女性犯罪分子占抓获案犯总数的1.9％,而到了 1996 年 1～9 月,抓获的女性犯罪分子已占抓获案犯总数的 4％。过去,男女违法犯罪多为"男盗女娼",而现在的女性罪犯中,则有杀人、贩毒、拐卖人口等多种类型。1996 年5 月间破获的以四川梁平县犯罪分子为主的特大拐卖妇女团伙,同样有不少女性参与其中。因为在拐卖人口这类犯罪行为中,由女性尤其是表面上看来清纯可信的少女出面,行骗成功率相当大,不少受骗者根本不会想到和自己年龄一般大甚至还小的女孩子竟有如此蛇蝎心肠。[1] 二是犯罪人员呈多元化,案犯的文化程度普遍是初中以下,但高学历、高层次以及中年妇女犯罪也占相当比例。如原省民政厅副厅长苏凤娟巨额贪污、受贿案即其一例。民航系统的刘伊平则贪污人民币 50 多万元,曾利华索贿受贿 700 多万元。三是财产型、暴力型犯罪突出。1996

---

[1] 《深圳商报》(1996 年 6 月 16 日)。

年1~9月,广东省女性参与盗窃、诈骗等侵犯财产罪人数约占女性罪犯人数的近八成。而暴力型犯罪近8年来,每年以较快速度递增。四是犯罪情节严重,手段凶残。如在杀人伤害大案中,杜润琼一连三个多月投毒致163人中毒,18人丧生。1996年7月6日在从广州开往深圳的列车上发现一具被切成7块的女尸,其中头颅还被油煎过,经查死者是一位风尘女子,杀害她的竟是与其关系密切的另外两位"三陪女",目的是劫财。① 五是犯罪形式团伙化。这类犯罪女性多混同男性一起作案,女性以色相引诱被害人,并起望风、接应、销赃等作用。② 深圳市1995年破获的张小建杀人集团,均是外来流窜人员,其中就有5名年纪不大的女青年,专门以色相引人入圈套,帮助其团伙杀人劫车、劫财。这类事情可经常见诸传媒的公开报道。

女性犯罪留给社会的影响较之男性犯罪要深远得多。这"深远"说得一点儿也不夸张,因为绝大多数女性最终都要成为母亲,而母亲则是儿女们的第一位教师,在人格培养上甚至可以说是终身教师,他们的行为和思想方式必将从各方面影响下一代。从母亲对子女的影响力之大这点出发,可以推想,这些犯罪女性结婚生子以后,她们那种被严重扭曲的道德观和行为方式必然会通过言传身教,从各方面影响下一代。这绝非危言耸听,而是有大量调查材料加以证实的事实。国外一项权威调查表明,犯罪者有70%出身于父母有犯罪纪录的家庭,凡是母亲有犯罪纪录的家庭,其子女有86%以上行为不良。那些从事妓女这一"职业"者,其母亲绝大多数从事过这一行业或在性问题上

① 《粤港信息日报》(1996年8月24日)《风尘女子碎尸案》。

② 《深圳特区报》(1996年11月19日)报道:《女性犯罪比例上升案情趋重,粤妇联女法官共商对策》。

持相当开放的态度。

女性犯罪率上升，应引起社会各方面的高度重视。这重视不是猎奇式的报道，而是要想到我们的下一代将会拥有什么样的母亲群体，因为正如拿破仑所说的那样，国家的未来在母亲们身上。

"杜润琼事件"敲响的警钟

在中国，自古以来，珍视自己的生命和生活与珍视别人的生命和生活之间，就没有建立起一种因果关系。从"杜润琼事件"中，我们至少应该懂得一点，那就是对社会来说，"流氓无产者意识"或曰"暴民意识"才是改革真正的大敌。

人口问题带给中国的负面影响已不容忽视，这方面已有发生于1996年初的"杜润琼事件"给中国人敲响了警钟。

1996年1月，广东高要市金利镇要西村村妇杜润琼连续投毒杀人的特大刑事犯罪案件披露以后，大多数人都觉得杜以一个普通村妇的身份，竟想整肃社会十分荒谬可笑，而笔者却从杜润琼杀人所持的理由——社会问题丛生的根源是人口太多——看到了这一事件所蕴含的社会意义：人口问题必将成为社会危机的潜伏点。多年以前在写《人口：中国的悬剑》一书时，笔者已预感到会有这种局面的出现，只是它比笔者预想的来得更快，且万万想不到的是，竟然由一个农妇用投毒杀人这种匪夷所思的非人道方式，来执行这种荒谬的"人口自然抑制"。

《岭南文化时报》登载了一篇题为《杜润琼临刑前的妄语》的采访录，详细记载了这位普通农妇那逻辑清晰、"理论"充分，显得很有"道义感"的临终自白。由于这实在是一份不可多得的社

会学研究资料,笔者将其中主要部分录之于下:

记者:你为什么对社会现状不满?

杜:生活不由自己去想。现在社会上许多不正当的东西,都是因为人太多造成。社会治安不好,偷抢杀,民工没活干。毛泽东时代到哪个城市铺头都是食店,现在到处都是"鸡店"。毛泽东时代城市很少偷抢杀,现在经常看到。把毛泽东时代与社会现状对比,觉得现在时代不正确。……社会不正当的,我们需要搞一搞,对吧。

记者:一个人可以通过许多正当的途径去关心社会,不需要投毒杀人啊!

杜:嗨,将别人放毒杀害是不对的,这样做不对的,但用放毒方法一路去杀,人口就平衡了,自己认为怎样公道就怎样为自己做。

记者:你是否认为现在社会不公平而造成你的生活比别人差?

杜:为国家着想。样样自己有份才去想,那怎么行?……我自己属于穷的生活,我为大家着想。……我看大局顾大局。

……

记者:你认为文革时期农民比今天富裕吗?

杜:富就不富裕,但能长久平衡。

……

记者:你平时总笑着摸小孩的头,到时又让他们吃毒药,这样很残忍呀。

杜:为搞国事,唯有用这样的治疗方法,这不叫残忍。

……

记者:你懂宗教吗?道教、佛教是怎么回事你懂吗?

杜:这些我都不懂,我想又不用刀又不用枪,杀人应是这种方式。为办好国家,要用这方法。

记者:你在村里被人称"律师"?

杜:平时在村里我和个个人都谈得来,所以人人都说我好,为国家做事一定要和群众搞好关系,"启民"很重要的。我一向做人善,做善后要变成恶,才搞得成事,样样都随人,怎么搞得成?

记者:你的这些思想是不是别人灌输给你的?

杜:我读过三年级,是自己想的,不为名不为利去投毒,为国办事自己应该的。

记者:你怎么评价自己的行为?

杜:社会人多乱,我用投毒治疗方法做,为国家大部分,不是为别人说自己"叻"(厉害之意)。

——杜润琼并非没有自己思想的普通农妇,她对社会有自己的看法。这段话表明她有几个"情结":

一是毛泽东时代情结;二是她意识到现在的社会有诸多问题;三是她感到人口压力太大。她是广东人,这个地方每年的"民工潮"带来的诸多问题使她有这种看法是自然而然的事,她自己的儿子高中毕业没能就业,更使她对人口压力感到可怕。她有思想但又不深刻,且兼认识有误,于是便陷入了一种危险的信念之中。在她做着这些灭绝人性的事情所持的那种自以为正当的信念当中,可以看到社会公共价值观念已被扭曲到了何种可怕的程度。

杜润琼事件所发出的危险信号应引起全社会的高度警惕。

笔者认为,通过这一事件,社会应该充分注意到这一问题,即对改革究竟应该怎样看?这方面绝大多数知识分子是有清醒认识的,没有人会怀念反右、文革那种被剥夺精神生活、10亿人民一个大脑、赤裸裸地鼓励虚伪和无耻的时代。更何况所谓"腐败问题""人口问题"等许多弊端并非改革所带来的,它有着深刻的体制根源和历史根源。这一点当然不是杜润琼这类农妇所能认识到的。她是一个40来岁的中国农妇,所经历的无非是"文革"和"改革"两个时代,在其成长阶段所吸取的精神营养都来自于"文革",这从她在法庭上说的"杀得尸骨成堆,继续前进"那种文革式政治语言,以及她认为为了自己认可的"崇高"目的,可以不择手段去"办好国家"的信念中得到证实——因为这正是文革那种血腥的政治理想所培养出来的信念。杜的生存能力在平均主义盛行的年代里没有受到挑战,而在社会转轨期却因其生活状态受到怀疑。她个人自视甚高,却没能"发"起来,她对改革后的局势判断与其生存状态有关。个人愿望受挫后的失落,一旦与对时代的错误判断结合起来,就演化成对社会的惨厉报复。这种心态在中国有深厚的历史土壤,从水浒英雄自以为"替天行道"就可以任意剥夺他人的生命,到杜润琼自以为"为办好国家"就可以用毒死别人的方法来控制人口,这两种思想有一脉相承的关系,似乎自古以来,中国文化在珍视自己的生命和生活与珍视别人的生命和生活这两者之间,始终没有建立一种因果链。

经过这样一件事情,至少可以使大家更明白一点:社会改革选择从上到下有序进行的方式,是中国社会唯一可以避免大的社会震荡进行社会转型的机会。对于社会来说,"流氓无产者意识"或曰"暴民意识"才是改革真正的大敌。这几年思想界对法国大革命的历史经验总结得已经很有水平,可惜这只是思想界一部分人的认识。据笔者所知,有部分人居然还在设想通过"红卫兵运动"来达到"均贫富"的目的,我不敢设想有那样的事情出现,但我肯定,那样做的结果,只会使中国陷入无边的苦难之中。

古老的祭坛

大多数农民如不改变多生多育的落后生育习惯,我国社会的发展与安定,以及文明与进步的积累,总是作为祭品摆在人口问题这个古老的祭坛上。因为与任何其它的危机相比,人口问题才是人类社会一种内生的危机。在人口和环境这个方程式中,不能期望单靠技术上的进步就能摆脱这种危机。对中国来说,当前和今后的全部问题,不仅仅只是民族的生存,而是要避免在毫无价值的状态中生存。

将眼光放长远一点,就会认识到人口问题确实是中国社会带有根本性质的问题。在杜润琼的法庭辩护词中,她一再声称自己杀人是"为国家,为人民",是因为这个国家"不正当",到处充斥着腐败与犯罪,而罪恶的总根源则是人口太多,常规方式无法控制,她需以杀人方式控制人口,以便活着的人能够过好生活。这种辩护的危险性在于其似是而非,很容易诱使素质低下的人相信并跟随。说这种信念错误,是因为在人类社会,任何人都不拥有剥夺他人生命的权力;说它"似是",是因为中国人口确实太多,很多问题都是由此而产生。

在《人口:中国的悬剑》一书中,笔者谈的主要是历史,但其针对的却是现实,是成书时的中国现实和历史的对话。思想界的朋友也知道,自写完那部书以后,我很少再谈中国人口问题。这倒也不完全是因为我个人兴趣转换到"国情研究"所致,而是因为我觉得人口问题对中国社会现在及未来的恶劣影响已无须讨论,除了那些浑浑噩噩、毫无社会责任感的人们之外,控制人口增长的紧迫性应已达成朝野共识。

　　但是,不谈论并不等于不再关注这个问题。事实上我一直在观察中国通过什么样的途径来消化天文数字般的过剩劳动力,以及作为生育主体的农村人口的总体生育行为。因为我总有种预感:只要我们这个民族的大多数人不改变落后陈腐的生育习惯,我们最后必将受到大自然非常惨厉的报复。在人口问题这个古老的祭坛上面,中国社会的发展和安定,以及文明和进步的积累,总是作为祭品摆在那里。

　　人口压力造成的环境污染已不容忽视。从 1996 年 6 月 5 日国家环境保护局发布的全国环境公报可以看出,由于我国人口对环境的压力过大,经济增长较快,加之技术与管理水平较低,环境污染和生态破坏的现象特别严重。与 1994 年相比,城市的环境污染呈加重趋势,绝大多数河流均受到不同程度的污染,相当多的城市地下水超采严重。随着乡镇工业的迅猛发展,农村的环境污染呈急剧蔓延之势,据初步调查,全国 2/3 的河流和 1000 多万公顷农田被污染。仅 1995 年一年,全国发生工业污染事故 1963 起,其中废水污染事故 1022 起,废气污染事故 732 起,固体废物污染事故 70 起,噪声污染事故 40 起。在上述污染事故中,特大事故 56 起,重大事故 84 起。[①] 在保护环境的长远利益和快速脱贫二者之间,不少农村选择了后者,对环境开始了掠夺性的使用。以淮河流域为例,该河流全长 1000 公里,流域面积 270000 平方公里,流经河南、安徽、山东、江苏四省。两岸农村为了发展经济,开办了不少用石灰法、碱法和亚铵法制浆等对环境造成严重污染的小型造纸厂。就是这条河流,每年要接纳工业废水和生活污水 23 亿吨,按国家地面水环境标准,

———————————

① 《中华工商时报》1996 年 6 月 5 日:《1995 环境公告发布:污染从城市流向农村》。

干支流总长约 3000 公里的河段,已丧失使用功能。环保专家警告,如再不采取果断措施,5 年以后,这条河将不再有任何用处。淮河儿女们终于受到了自己短视所造成的惩罚:从 1995 年 9 月份以来,由于降水稀少,大量工业废水滞留于淮河,饱受污染的淮河水质迅速恶化,居住在淮河流域两岸的人饮用水发生严重困难。在一些乡镇造纸厂的周围,农田颗粒无收。数百公里的颍河,早已变成黑水河,两岸的农村耕牛大量死亡,不少人被硫化氢臭气熏瞎了眼睛,还有不少人患胃溃疡致死。[①] 贵州西部地区为了脱贫,用最原始的土法炼矿,从赫章到威宁的 76 公里的路上,就有 6000 多个炼铅锌的炉子,直接威胁到不远的草海国家级自然保护区。土法炼焦、炼硫的结果是严重破坏了生态平衡,炼炉四周一片赤黄,基岩裸露,土都随着雨水流走,只剩下惨白的石头和腐烂的树根,像原子弹爆炸后的遗迹。另一个结果是产生了大量的有毒气体,周围的农民大都患上了呼吸道疾病。[②] 这种以污染环境、毁弃自己赖以生存的家园为代价"脱贫"的事,不独在贵州发生,全国各地都有。据统计,由于大气污染,农村地区居民死亡的首位原因是呼吸道疾病,1995 年的死亡率为 169.38/10 万人,占死亡总数的 26.38%;农村恶性肿瘤的死亡率逐年上升,由 1991 年的 101.00/10 万人上升到 1995 年的 111.43/10 万人,占死亡总数的比例上升到 17.25%,成为农村居民第二位的死因。[③] 农民生育过多使自己陷入了这样一个经济"怪圈":越生越穷,越穷越生,为了快速"脱贫"又对环境

---

① 《法制日报》(1996 年 4 月 22 日),《南方周末》(1996 年 4 月 12 日)。

② 《南方周末》(1996 年 8 月 23 日):《脱贫的代价》。

③ 《中华工商时报》1996 年 6 月 5 日:《1995 环境公告发布:污染从城市流向农村》。

掠夺性使用,最后使自己丧失基本生存条件。可以预知,照这样发展下去,到 21 世纪,中国面临的首要问题将是巨大的环境压力,而不是别的任何问题。

在消弥人口压力方面,现任政府以及一些能对政府决策产生影响的专家不可谓不努力。在很长一段时期内,针对中国庞大的剩余劳动力的主体:农村人口,政府和理论界方面提出的对策——也是中国在当前这种二元经济结构中唯一可以采取的积极决策——主要是依靠城市的现代经济部门和乡镇企业来消化农村的剩余劳动力。这就是绵延了将近 10 年、席卷全国、有惊涛拍岸之势的"民工潮"。

但是在中国目前这种二元经济结构下,城市现代经济部门对剩余劳动力的吸纳非常有限,乡镇企业在这方面已尽了最大努力。从下列数字可以窥测到这方面工作的艰巨性:我国现有农村劳动力 4.2 亿,预计 90 年代中后期农村劳动力年平均增长 2.07%,每年新增劳动力达 920 万;如果按 1993 年的基数计算,到本世纪末,农村劳动力将达到 51081.6 万,到 2010 年预计会达到 62696.7 万——这还不包括那些漏统部分,即生活在城市边缘、数量庞大的"超生游击队"每年生育出来的人口。大量剩余劳动力的存在已是不争的事实,而且其人数并不因经济的扩张而有所减少。有数字为证:从 80 年代改革之初到现在,农村的剩余劳动力从 1.3 亿增至现在的 1.6 亿,生产能力的扩张远远赶不上人口规模的扩张。据预测,本世纪末农村剩余劳动力将达到 2 亿,几乎呈无限供给趋势。天文数字般的庞大人口不管怎样,都必将成为社会危机的潜伏点。

目前我国人口问题的障碍点是在农村,而不是在城市。因为政府的计划生育政策对绝大多数城市人口有相当大的约束力,而且已有不少城市人已意识到生育问题和生活质量的密切关系。但在广大农村，多生多育的古老生育文化还支配着人们的生育行为。尤其是近年来各地农村宗法组织的复兴，更是使中国那种"多生多育"的传统生育文化得了到了"实践"意义上的支持：家庭在家族中的地位依赖于家中男人多，家族在农村中的社会地位更是首先由人口数量（主要是男人数量）来决定。在这种社会背景涵盖下，即便是家中一贫如洗的农民，其生育积极性也决不比富裕家庭逊色。中国人口的总规模就在这种毫无理智的生育惯性下继续扩大。那些体现人类关怀弱者精神的"希望工程"，其救助对象绝大多数都生长于贫穷而多育的农村家庭。这些家庭陷在"越穷越生，越生越穷"那种自封闭生育怪圈里，压根儿不用考虑生育行为的社会后果和后代的教育费用——他们计算的"生育成本"非常简单：有口饭吃就行。但社会出于人道主义，又必须救助这些家庭，使他们的后代享有人的基本权利，接受起码限度的教育。从马尔萨斯的《人口论》直到罗马俱乐部的报告《增长的极限》，人类一切有关人口和资源的忧虑，以及有关人口危机的种种讨论，离他们都显得非常遥远。控制人口在他们看来，只不过是政府的口号和知识分子的大惊小怪罢了。这个群体中不少人对政府的评价更是令人啼笑皆非：政府什么都好，给我们补助，救济困难都挺好，就是不让我们生孩子不好。

应对过剩人口的所有对策都不是根本性的治本之策，只能说是聊胜于无的补救措施。如全面发展农业经济的综合开发和深层次开发；把农村城镇化和工业化作为安置农村剩余劳动力的主要渠道；注重农村第三产业的发展；开拓国际劳务输出的渠道，等等。说这些措施聊胜于无，是因为这些措施展拓余地都已不大。我国的农业本来就是高度集约化耕作，再作深层次开发，其"深度"也是有限；第三产业的发展必须依赖于消费力的增长；

国际劳务输出更有待我国农村劳动力的素质大大提高。至于城镇化和工业化,在高潮时期都还赶不上新增人口的需要,更遑论今后平缓发展时期。

枯燥的数字所显示出来的问题,远远不如实际情况那般触目惊心。谁都知道,目前我国劳动者地位低下,其根源就在于劳动力市场的极度倾斜。在劳动者绝对供过于求的今天,即便是《劳动法》的颁布,也无法从根本上改善劳动者的处境。在非国有企业供职的劳动者人身权益受到侵犯的事例经常见诸报端。更可怕的是如前文所述,不少盲目流入大城市而又无法在这些城市里找到栖身之地的盲流,常常铤而走险,结成一个个以偷盗、抢劫、卖淫、拐卖人口、逼良为娼、贩运毒品的次生社会集团。这些集团无所不为,无恶不作,成为威胁城市安全的毒瘤。1995年深圳市判决的张小建犯罪集团特大系列杀人案,就是一伙找不到职业的外地盲流所作的恶性大案。各大中城市的外来人口聚集地,往往是各种犯罪行为的集中发生地。这些人群和他们的后代附生在城市边缘,他们和现代文明虽然只有一步之隔,但可能永远也无法跨越这一步,进入现代文明。他们不能为现代文明创造多少有积极意义的东西,但他们的堕落,却还要社会为他们付出沉重的代价。

必须再强调这样一个事实:和其它任何危机相比,人口危机才是人类社会一种深刻的内生危机,即令我们没有通胀、腐败、收入分配不均等所有令人头痛的问题,仅仅是解决天文数字般人口的生存,社会也得殚精竭虑,穷于应付。我甚至不敢想象,这样一个充满流民的社会,一旦失去强有力的社会管理,会陷入一种怎样可怕的暴戾之中?那个充满了流氓无产者意识的杜润琼,由于能量还不够大,其"理论体系"构筑也不完备,故此死在她毒药下的冤魂还只有 18 个,倘若她能提高自己的"档次",再利用"巫术"之类去"启民",向一班流氓无产者灌输"为办好国家"的人拥有剥夺他人生命的权力的"文革式"信念,这个社会将会怎样? 其情景之可怖,已有被杜润琼毒杀的 18 条生命和中毒的 160 多人,及数千被毒死的牲畜摆在面前。

借用当年马尔萨斯在《人口原理》中所说的那句著名的话:"虽然人类制度似乎是人类许多不幸的明显的突出的原因,其实,这些制度与自然法则(即人口增殖)所引起的根深蒂固的罪恶原因相比,只是轻微而且浮飘的东西。"如今中国虽已到了人满为患的地步,却也不能因此就贱视人的生命。在人口和环境这个方程中,我们更不能期望单靠技术上的解决方法使我们摆脱这种恶性循环,我们还必须依赖教育来提高人的素质。杜润琼事件告诉我们,所谓道德教育再也不能依靠单纯高唱"利他主义"高调或者简单的遵纪守法,应当唤醒每一个人的良知。社会良知已经是我国社会道德的最后一道防线,除此之外,我们已没有别的防线可守。

不过必须强调的是,这道防线还必须与强有力的正义制度相结合。

对中国来说,当前和今后全部问题的关键不仅仅只是民族的生存,而是要避免在毫无价值的状态中生存。

前现代化中国最大的特点就是裙带风盛行,人情化力量起很大的作用,这份历史遗产几乎被当代完全承袭下来,使中国的法律有时徒具虚名,政府有时也无可奈何地承认自己必须不懈地和这种人情化力量作斗争。

最应引起社会警惕的是"黑社会"帮派和"白道"势力(即政府中某方面掌权人物)合流,形成一种对人民的奴役性社会控制力量,使当地人民的生存受到严重威胁,连起码的安全保证都没有。

第九章
社会控制类型的
多元化及地方恶势力的兴起

随着计划经济体制的遗产逐渐被消化,中国多种经济成分组成的综合经济结构已初具雏型。中国的社会转型现在已到了一个非常关键的时刻,面临着两种极富现实意义的选择:一是尽快建立进行法权体系上层建筑改革的配套条件,这样中国才有可能向现代意义的"公民社会"转化;二是拒绝进行上层建筑改革,无法建立行之有效的法权体系。在这种情况下,中国现在的民间经济力量不但不能由"市民社会"转向"公民社会",其前景更有西班牙和意大利为鉴。前一种前景是将中国引领出困境的光明之路,有远见的政治家和知识分子都会选择这条路;而后一种前景,相信任何有良知的人都不愿意看到它在中国出现。

但中国现在面临的问题恰好是后一种前景已具备了潜在可能性。本章拟就社会各种内部各种控制关系的变化,探讨中国社会转型的多种可能性。

农村社会基层组织的"非组织化"进程

改革以来,中国农村原来的基层组织处于解体状态,开始了"非组织化进程"。由于各地农村的历史文化积淀不一样,"非组织化"的后果也很不一样。在中部地区及安徽、广西等"低工业化、低集体化"地区,宗法组织特别发达;在东南沿海这类"高工业化、低集体化"地区,形成了工业化的市场模式,社团组织和宗法组织都有发展,但宗法组织的社会作用不像在中部地区那样大;苏南地区和京津地区则属于高工业化、高集体化类型,形成了工业化的组织模式,经济组织和行政组织合二为一。

经过10多年的改革开放,中国农村已发生了翻天覆地的变化,原来的社会组织已基本上解体,代替人民公社和生产大队这种基层组织形式的基层组织村委会,无论从其内涵还是从其与当地人民的关系上,都发生了巨大的变化。但由于各地的历史文化积淀很不一样,决定了这种变化呈多种形态。这样一种变化,可称之为农村的"非组织化过程"。

低工业化、低集体化地区　中部地区及安徽、广西均属于这种类型。这类社区农业比重大,非农产业只占很小的比例,农业人口占绝对优势。虽然也出了一些先于他人致富的经济能人,但数量少,实力也不够强,在社区内无法形成有影响力的集团对当地事务发挥作用。这类地区在实行承包责任制以后,生产资料和集体财产都已分散到农民手中,原来的乡村基层组织失去了对资源的垄断及分配权,行政控制能力严重弱化,陷入瘫痪、半瘫痪状态。在此情况下,由于农民需要有代表自己利益的组织出面和社会打交道,已销声匿迹几十年的家族宗法组织又应运而生,湖南、湖北、江西、安徽等地的一些宗法组织特别发达,已成为实际掌握当地行政决策权的农村社区组织。

高工业化、低集体化类型　东南沿海地区属于这种类型。理论界将这类地区称之为"工业化的市场模式"。这些地区由于经济发展较早,经济类型的多样化以及相对独立的自主性社会力量的发育,为经济精英和社会精英的成长提供了良好的条件,在原有的党政干部之外,又产生了大量的经济能人。这些地区的宗法组织也存在并起作用,但与广大中部地区相比,宗族组织的作用显然要小得多。此外,由于这些地区开放较早,已越过了在亲缘范围内寻求资金和劳力的合作阶段,人们已经开始以社团的形式寻求社会合作。因此在这类地区,一方面,原来的乡镇政府基层组织仍然存在并起作用,其控制力当然是有所削弱。另一方面,各种有经济功能的社团组织,如园林协会、建筑协会、家禽协会、水果业者协会等行业协会也日渐发育成熟。这种社团关系纯粹是一种市场关系或社交关系,它的发展有助于乡村的商品化和市场化,比较起广大中部地区以亲缘关系为纽带结成宗法组织,这自然是一种进步。

高工业化、高集体化类型　苏南和京津有不少地方属于这种类型,如有名的华西村、大邱庄、窦店等就是这类典型,理论界将这些地区称为"工业化的组织模式"。在这类地区,原来的乡镇政府在新的形势下,及时转向,发挥了自己固有的组织功能,用行政化组织手段,大办乡镇企业。在这些地方,经济组织和行政组织往往合二为一,经济组织的领导人和行政组织的领导人也是同一的。经济类型主要是集体所有制,不像东南沿海地区那样丰富,个体、私营、联户等各种形式的民办企业都有。这些地方最大的特点就是:原有的乡镇干部一直是当地农民信服的社区领袖。像苏南华西村的吴仁宝,河北窦店的仇振亮,河南刘庄的史来贺,这些人在改革开放以前就一直是当地的基层领导,在父老乡亲中享有很高的威信,有相当强的组织能力和社会经验。对当地农民来说,最幸运的是这些社区领袖有相当强的魄力和把握时机的眼光。这一切使他们成了改革时代的明星人物,在他们的带领下,他们把自己的乡土变成了富甲一方甚至富甲全国。据许多实地考察的人说,这些人的统治手法是"胡萝卜加大棒",用他们那种富有人格魅力的管理方式塑造着他们那方乡土和他们的乡亲。值得探讨的是,这样一种完全依赖于个人能力、魅力发展起来的工业化,究竟能对当地社会组织和社会观念的现代化起到多大的推动作用?

农村改革导致农村社会的非组织化过程,使广大乡村处于空前的涣散状态。但是农民需要组织,在这种情况下,各地农民都根据自己本乡本土的条件,创造了自己的组织。"工业化的市场模式"和"工业化的组织模式"是农民在市场化的过程中的一种因地制宜的创造,现在也很难说哪一种更具优越性。因为这两种组织方式都有自己产生的特殊土壤,互相不能取代。值得深思的倒是在广大农村日益兴盛的宗法组织,这种组织的复兴,明显地和中国现代化目标背道而驰。

在上述三类地区,"非组织化"过程以不同的方式孕育了社会控制力量的变化。由于低工业化、低集体化地区的社会控制力量将在后面专章论及,这里将高工业化、高集体化类型地区的头面人物与政府的关系略作交待。

高工业化、高集体化地区的头面人物得到政府承认是顺理成章的事,因为这些领导人不少原来就在政治体制内占有一定地位,是原来农村基层组织的负责人。换言之,他们本就是社会控制系统内部的基层组织力量的代表人物。如华西村的"大老板"吴仁宝是原来的村支书,窦店的仇振亮资格更老,从50年代起就一直担任当地的村支书。刘庄的史来贺更不简单,是全国劳模、全国人大常委委员,曾在省、地、县机关里兼过领导职务。更兼他们是当地致富的带头人,无论是政治上还是经济上,他们既受到当地人的拥戴,也能获得政府的大力支持。对这些地方来说,不存在基层权力组织更替和头面人物换代的问题,只不过随着时代潮流,他们统治的内容和形式发生了变化而已。一般来说,这些人只要不步禹作敏的后尘,威胁到政府利益,他们在政府内获得各类荣衔及主宰一方政务和经济事务,无论在民间还是在政府看来,都是天经地义之事。

这些村,这些农村领导人,只是中国现代化过程中的几个样板,他们的存在说明了中国农村在适当的领导和适当的条件下,可以走出这么一条现代化之路,但是他们绝对不是中国社会转型期农村社会的主流形态。在另外两类地区,非组织化过程产生的后果要复杂得多。

农村宗法组织的复燃

由于以往过分依赖个人魅力和运动这种手段从表面改造和控制社会,对农村社会的宗法组织只限于从实体上加以消灭,对宗法组织滋生的社会土壤并没有触动,广大农民的文化价值观并没有改变。在农村社会中间组织处于空白的状态下,血缘关系的义务和便利,很容易使农民把一向寄于行政领导的信任转移到同宗、同姓的强人身上,这是宗法组织近 10 多年以来在农村勃兴并成为基层社会控制力量的根源。宗法组织的复兴,在某种意义上再造了传统社会家族对个人予以控制的环境,意味着将个人直接向社会负责的"个人 - 国家"现代模式退化为"个人 - 家族 - 社会"的传统模式,使社会成员将家族利益而不是正义和公理作为决定个人态度与行为的首要因素,对国家具有潜在的危险:国家再要动员社会来实现那些与家族利益不一致的社会目标,将会困难重重。

作为一个农业文明古国,中国农村的文化一直制约着整个中国文化的面貌,影响中国社会的发展进程。近年来在中国农村复兴的宗法组织,几乎淤积了中国农业文化的所有历史特征,也从主要方面揭示了中国在现代化进程中还面临着许多很难解决的非现代化问题。

在一些低工业化、低集体化地区,取代原来农村基层组织的不是上述那些农村社区精英组成的控制集团,而是宗法组织。

中国农村宗法组织复燃的社会原因

1949 年以前,宗法组织一直是中国社会的基本组织,宗族权力也一直是国家权力的延伸和补充,二者处于一种同构状态。1949 年以后,中国政府强制性地大规模开展国有化、集体化运动,力图打破一切带有旧社会痕迹的社会组织,铲除以财产和地方联盟势力为基础的权威。在广大农村地区,中国政府则依靠原来处于社会边缘的阶层如贫雇农所蕴含的破坏力打破了原来的权威平衡,并利用人民公社这种新型社会组织形式,重新组织了广大农民。至此,在广大农村延续了若干世纪的宗法组织才被摧毁,宗族活动基本停止。

但是要真正消灭宗法组织这种前现代化的社会基层组织系统,唯有依靠现代化的推进来消灭其旧有土壤才可实现,而当时的领导人似乎忽视了这一点,他们过分依赖个人魅力和"运动"这种手段从表面改造和控制社会。所以,从中国农村的实际情况来看,仅限于消灭了实体性的宗法组织,对宗法组织滋生的社会土壤却没有从根本上触动,这就使得我国农村在 1983 年实行联产承包责任制以后,宗法组织迅速在中部和东南部的广大农村滋生蔓延。

所谓宗法组织滋生的社会土壤可以从两方面加以考察,一方面是宗法组织赖以植根的人文地理条件依然如故。在现代化过程中,人力资源的组织方式和人们定居类型的改变是至关重要的因素。但是在这方面,1949 年以后,政府采取的措施甚至比前现代化时期的政策更具保守性和闭塞性。前现代化时期的中国,一个明显的特征是对个人流动、迁徙和市场买卖的权利不加限制。而 1949 年以后的中国,却采取了严格限制人口流动、迁徙和市场买卖的政策。这种硬性约束政策加强了各地区之间的封闭性和凝固性,不但使得由经济发展状况、婚姻传统及居住习惯所决定的农村人口分布特征和 1949 年前一样,还从根本上阻断了我国通过市场网络达到城乡一体化的现代化道路。令人难以理解的是与此同时,中国却提出了与上述手段相反的目标:消灭城乡差别。由于上述政策,政府在农村推行的一系列旨在改造农村社会的运动,只是使农村社会产生了剧烈的社会震荡,并没有将农村社会纳入循序渐进的现代化发展进程。现实表明,亲族聚居这种人口分布特征,必然在同姓人之间自发地产生基于共同利益的相互保护、支援及联合的要求,促使人们加强宗族性联系。所以,即使在人民公社时期,宗法关系还是以隐蔽的形式发生作用。不少农村的集体所有制实际上是同姓宗族所有制,基层权力组织的成员也多由宗族成员担任,往往是一人担任党支部书记,必提携其血缘近者担任大队会计、民兵营长、妇女主任、生产队长、团支部书记和保管员之类职务。因此,所谓大队党支部会议、生产队干部会议,在不少地方实际上就是家庭或家族会议。

另一方面是从前现代化时期延续下来、并已深深溶入民族灵魂中的文化价值观没有得到改变。两千多年来,起源于血统、身份的仪式、宗教、伦理以及法律等自成体系的社会价值观早已成为民族精神,广大农民的宗法思想更是根深蒂固,要改变这种源远流长的文化价值观,并不是几场"运动"就能奏效的。长期以来,中国民众早已形成了依靠群体生活的习惯,人民公社代替宗法组织后,只是改变了民众对群体(亦即对权势)的依附形式,并未消灭群众对权势的依附心理。1983年中国取消"队为基础,三级所有"的人民公社制度后,一直在依附状态中生活的农民骤然失去对行政领导的人身依附后,顿时感到痛苦和恐惧,这种痛苦和恐惧并不能用家庭联产承包所获得的物质收入来补偿,因为大多数人不习惯在没有"领导"管理自己日常生活的状况下生存。在农村社会中间组织处于空白的状态下,血缘关系的义务和便利,很容易使农民把一向寄于行政领导的信任转移到同宗、同姓的强人身上，指望这些强人能保护自己，为自己及全家带来安全感和某些经济利益。这种心理非常普遍，笔者在调查中发现，被调查者几乎无一例外地认为，加入了宗族，过日子就有了依靠。

宗法组织在中国农村的勃兴

从 80 年代起，中部地区和东南沿海等地农村中一些有号召力的头面人物(多半是原来农村中的干部和家族中的能人)，就以祭祀祖先、排辈立传、振奋族威、维护本族利益的名义，四出频繁活动，拉赞助，花费巨资续族谱、建祠堂、修葺祖坟，成立宗法组织，其中尤以湖北、湖南、江西、安徽、浙江、福建等地的宗族活动最为典型。

恢复宗族活动大致有两方面内容，一方面是挖掘、恢复各种复活宗法组织所需的资源，如重续族谱，维修、扩建旧的宗祠等等；另一方面则是颁布族规，成立宗族的领导机构。地处江汉平原的红城、周沟、桥市、观音、毛市等乡镇，从 1985 年以来就陆续开始以自然村为组织的宗族续谱活动。这些续谱活动大多规模浩大，耗资甚巨，历时往往两至三年。一般都是先成立"续谱理事会"(名称不一，有的地方称"谱局")，其职责为考核、任命族长、房长、户长等宗族大小头目，并制定详细的续谱计划。理事会下设财经、联络、印刷等若干小组，分管各项事宜。族谱的内容规定从祖宗开始，所有山塘、水面、林地等财产均要入谱。收续谱费时，逢男性则收款若干，欲上"功名簿"者翻番。遇无子之户，设所谓"望丁"(虚设一男丁姓名，以示有后)，收费较一般男子为高。有的宗族还想方设法联合别处一些同姓氏族，谓之"收族"，被收录入族的家族须交纳"入族费"。录丁工作完毕后，就开始印刷族谱。经济实力稍厚的，高额出资请乡村小厂印刷，实力稍差的就自购设备打印,如湖北黄穴镇的吴姓家族为续谱购置了复印机,李姓则购置了打字机和印刷设备,均耗资万余元。一套族谱少则几十本,多则数百本。续谱完毕后,请来各地族人,宣布族规和宗族成员名单,公开大摆筵席,进行庆典活动。这些有了族谱,选举了族中大中头目,构成了一定组织网络,订有严密族规,规定了宗族成员的权力和义务,并定期举行各类活动的宗法组织,已经具有实体性内容。大量调查材料显示,这些宗法性组织已日渐在农村社会生活中发挥很大的作用,成为和政府基层组织相抗衡的社会组织。从实践来看,这些组织在管理监督农民大众的能力上较现在的政府基层组织村委会要出色得多。如震动南粤的"黎村事件",就是宗法势力与地方政府抗衡的实例。

"黎村事件"起于1991年8月。当时,经广东省博罗县国土局批准,博罗县糖烟酒公司向本县罗阳镇政府征用了一片叫"獭湖"的土地办印染厂。这片土地所有权属罗阳镇集体,使用权属罗阳镇工业中学。但镇属黎村管理区黎玉祥、黎来添、黎李坤等6人无理取闹,以獭湖地权归黎村为借口向罗阳镇政府索要100多万元征地款,并于1991年10月6日至1992年7月1日间,前后8次组织村民对獭湖印染厂和工业中学进行打、砸、抢,造成直接和间接损失600多万元。其间,县镇派驻黎村的社教工作组在对村民宣读县政府对土地归属问题的裁决书后,黎玉祥等发动村民将工作组打伤。县公安局于1992年7月3日组织300多名干警凌晨到黎村对黎玉祥等6人执行刑事拘留和收容审查,受到数百名村民手持长柄大刀、锄头、铁棍等阻挠、围攻。虽拘捕为首者3人和闹事者8人,但同时有30名干警受伤,11人被殴打、劫持做人质,还被抢去7支手枪、149发子弹和一批警具。次日早晨8时,黎村数百村民又到县公安局门口闹事要求放人。

从事件一开始，黎村党支部书记黎泽南采取了退让、回避的态度，后来又自动向宗族势力交出领导权，其妻也多次参与闹事。黎村 18 名党员，在事件中有 6 名参加闹事，过半袖手旁观。而在以往宗族势力兴起之时，黎泽南等人还带头集资 20 多万元，兴建全省的黎姓坟山和风水塔。

自此以后，黎村的领导权由黎玉祥等人执掌，时间长达两年多。这一段时间内，政府的各项政策在此被视同如无。公粮没人交，国税无人上，斗殴盗抢无人追究，计划生育更无从落实。黎氏宗族由此得出结论："共产党就是怕人多，只要心齐，政府就奈何不了我们！"县里发展电力有 5 条高压线要经过黎村，村里开价一条线要补偿 100 万元，否则不予合作。这种无政府状态使周边农村非常羡慕，一些基层管理区也效法黎村，遇到县里修公路、上开发区等项目需用地时，均漫天要价，不满意就闹，致使一些建设工程资金到位后无法使用，项目定了不能如期开工。这种状态直到 1994 年 6 月底才在政府派驻工作组并动用司法力量时才结束。

宗法组织对农村社会的控制与管理

大量的法庭审理案件与调查材料均显示，近 10 多年宗法活动已渗透到中国农村生活的各方面，农民的行为已逐渐纳入宗法组织的控制之下。

首先是宗法组织对祖先祭祀的管理和对农民丧葬活动的监管。笔者近年曾到福建、广东、湖南的一些地区，观察到这些地方用于祖先祭祀的旧宗庙、祠堂正在得到不同程度的修复或兴建。[①] 至于宗庙和祠堂的建制、祖先神位的排列、祭祀活动的时间、祭祀人员的组成和序列、祭祀经费的筹措等等,不少地方已形成了系统的制度。与此同时,宗族对族人的丧葬事宜也有了成规,死者家属必须如仪,葬礼举行过程必须恭请族长和族内长老监看,不得自行变更规矩,否则会招致无穷的麻烦。至于因族内妇女和婆家不和自杀身亡引起的大规模闹丧事件更是比比皆是,据各地法院公布的材料,浙江某市 1988 年发生 216 起,四川省某县 1989 年发生 41 起。[②]

其次是宗族对生产经营活动的干预。人民公社制度取消并实行家庭联产承包责任制以后,不管中国政府在理论上是如何阐释土地所有权和使用权的差别,但在事实上广大农村地区已回到了 1949 年以前那种以家庭为中心拥有土地资源的状态。绝大多数农民已经习惯了依赖组织和外部世界发生联系,

在农村现在这种非组织化过程中,填补组织空白的只能是同姓同宗的经济联合体。这些经济联合体的头面人物多是人民公社时期的队长、支书等,因为一方面这些人掌握着非组织化过程之初仍有效力的各种行政权力,另一方面,这些人具有较丰富的组织能力和较广泛的社会联系。随着宗族活动在各地的兴

---

① 《羊城晚报》(1992 年 1 月 29 日)曾登载一篇题为《联宗祭祖死灰复燃不容忽视》的文章,专门报道了汕尾市农村地区因建祖祠、搞联宗祭祖活动而引发的种种纠纷,该报道说,在汕尾市某镇原有祖祠一间近30 平方米,土改时无明确产权,1991 年 10 月份,吕姓家族将村中央的4 间瓦房和原有祖祠拆平,要扩建一座约 100 平方米的大型祖祠,由此和同村的刘、林、曹、周四姓村民发生纠纷。经多方调解未果,遂酝酿大械斗。据说,仅在该地,同类事件就有 6 起。

② 《深圳法制报》(1991 年 12 月 15 日):《愚昧与文明的撞击》。

起,这些人也开始权力移位,参与宗法活动的策划和组织工作,并成为宗族经济联合体的领导者,对内负责资源的分配和宗族成员工作的安排,对外则负责处理一切经济纠纷。这种狭隘的宗族经济联合体的出现,与中国政府建立市场经济的目标难以相容。因为市场经济所赖以建立的经济结构较宗族经济要复杂得多,内涵也要广泛得多。

第三,大多数宗法组织在事实上已对其宗族成员行使司法权力。从很多族规来看,不少宗法组织已经具备对族人进行控制、管理和支配的相当完整的规则体系。几乎在每本族规中都可看到,当族人违犯族规时,将受到从规劝、罚款直到肉体惩罚的内容。据不少报纸披露,许多地区的农村宗法组织依据族规对族人进行惩罚时,往往直接与国家的政策法令及社会公德的要求相抵触。如在南方,"罩扮桶"的惨剧时有发生;在北方,"井底沉尸"并不罕见;中原地区则流行"裹尸沉塘"。据 1990 年对福建、浙江、湖北、四川、贵州、湖南、广西等省区见诸文字的不完全统计,发生所谓大整家规的事件 61 起,死 14 人。这些事实明显地反映了在某些地区,宗族权力实际上已成为与国家行政、司法权力平行的一种显性权力。① 近几年来这方面的情况更为严重,宗族对地方事务的把持已"规范化"和"程序化"。湖南省怀化地委办公室 1995 年对湘、黔、桂边界地区 4000 多个村的基层

---

① 这种事例几乎在农村地区的每个乡都能找到。如湖南省 S 县某乡一著名的百万元大户,曾任其居住地的大队支书 10 余年,人民公社改为乡以后,此人又任村长兼党支部书记,自办一企业,因其积累有多年的人事关系及社会经验,数年内积累资本百万。该地恢复宗族组织后,又被众人推举为族长。这种权力的延续,倒也不是出于行政命令,而是出于当地村民对其能力的信赖。

组织建设情况作了调查后,毫不含糊地作出结论:宗族势力已凌驾于共产党的村级组织之上,族权已代替了基层政权。在湘、桂、黔接壤的 5 个苗寨村,基本上都是族长把持着村内事务,村党支部领导说话几乎无人听。有的是原有基层组织与现在的宗族组织同一化,如某市桂花村成立的"宗族委员会"统领着村党支部和村委会的工作。有的则与原来的基层组织分庭抗礼,有效地阻止现政府的政令在该地的执行。如某县的"严氏宗族委员会"公开宣布:"政府的法律法规要经(宗族)委员会认可,方能执行。"一些地方出现的违法犯罪问题及婚姻、家庭纠纷等,直接由族长、户老按"族规"行事,以"执规"阻拦执法的事情时有发生。一些地方的宗族头人违法占用乡村土地修建宗族祠堂,政府基层组织根本无力制止。1995 年元月,某县老黄脚村的族长带领族人抗粮抗税,不准县、乡干部进村办公务。这些地方之所以发生这种情况,主要是当地的农村基层干部对经济改革以后的形势难以适应,这些人素质极其低下,闭塞保守,当地村民对他们的"考语"是:"讲学习,脑子用不上;办企业,没胆量;讲致富,自个没名堂。"[①] 正因为他们在当地村民中无法像前述的吴仁宝、仉振亮一样,为乡亲们找出一条致富之路,因而丧失了行政权力赋予他们的声望与威信,最终导致基层权力移位。

第四,农村宗法组织已成为调整农村社会秩序的重要势力。近年来,由于农村地区又回复到集体化以前以自然村落(亦即家族)为中心拥有山水林木资源的状态,因相邻关系而产生的财产权益争执如争山、争水、争地、争矿产等事件时有发生,并往往由此而产生大规模的械斗。据调查,目前中国农村的宗族械斗具

---

① 中共湖南怀化地委办公室:《省际边界村级组织日渐弱化应引起重视——对湘、桂、黔边界地区的调查》。

有组织严密、规模大、争斗激烈等特点，往往由宗族头目担任械斗总指挥，不少具有基层干部身份的人参与策划、组织。一般都制定了严密的行动计划，如械斗的人力、物力的征集按家庭人口和土地的数量确定；选派青壮年，尤其是受过军事训练的退伍军人和基干民兵充当"敢死队员"、"义勇军战士"；妇女、小孩提供后勤服务等等。对械斗的伤亡者，规定了治疗、丧葬、抚恤的标准，一些宗族还给死者发"烈士证书"。所需经费按户分摊；对"立功者"和抗拒族长命令者，分别规定了奖惩措施。在宗族势力的组织下，农村宗族械斗日益增多。每年元宵观灯、清明祭祖、端午赛龙舟，以及夏秋干旱少雨、冬季炼山造林时节，都是宗族械斗发案的高峰期。而与 50 年代不同的是，不少地方政府的有关部门并没有显示出对农村社会健全发展的积极关心，只有在出现大规模械斗的情况下，才过问农村的治安状况，而实际上这种过问也欠缺力度。因为这种宗族械斗具有参与者众、组织严密等特点，在宗族势力的掩护、支持下，关键性证据往往被人为毁灭，知情人拒绝作证或作伪证的情况突出，使真相往往难以弄清。即使对部分参加者进行惩罚，往往也只惩罚到械斗的凶手，对幕后的组织策划者很难进行惩罚。在一些地区，政府对暴力行为已无法控制。在执行法庭判决时往往受到宗族势力的暴力抵制，少数地区甚至拒交公粮。某省公安机关统计，该省一年内发生的 2568 起妨碍公务案中，有 279 起是宗族势力所为。这279 起案件共打伤公安人员 308 人，毁坏警车 6 辆，摩托车 21部，枪支 27 件。[①] 这类事件的发生，充分说明了地方政府对农村管理乏力。而地方政府在社会管理方面的无能则使广大农民更坚定了一种看法，认为"家法大于国法"，"大姓为王，强者为

① 《深圳法制报》(1991 年 12 月 15 日)：《愚昧与文明的撞击》。

霸",有问题找政府解决没用,只有依靠宗族的支持才能保护自己的利益,这就更加强了宗法组织的凝聚力,使宗法组织的复兴不可遏止。

宗族组织复燃对中国现代化进程的影响

进行现代化的关键是社会必须重新组织。从宗法组织的形式及其所具有的功能来看,它只是旧文化的复归,绝不是社会中间组织在现代意义上的创新。

宗法组织的复归,不能仅仅归结为文化的历史关联性。究其原因,它是有关社会组织政策的必然结果。1949年以后,我国政府依照苏联模式,部分地解决了现代化所必需的组织要求,但不少政策却是限制真正利益团体的发展。在很长一段时间内,一切社团组织都被视为异端加以打击。那些在政府领导下的群众团体,事实上缺乏连接个人、家庭和政府的能力,所以在个人、家庭和国家之间始终缺乏一种各方面共同认同的、能统一双方利益的组织上的联系。这种将一切都纳入组织控制下、并以严厉的法律手段禁止人们有任何形式的志愿组合的手段,确实非常有效地根除了中间组织崛起的可能性。但从其后果来看,虽然满足了政治集权的需要,但却丧失了一次现代化进程所必需的社会中间组织改组的良机。对农村社会生活中这种组织上的空白,宗法组织多少是个填补,因为宗族把家族及家庭利益置于优先地位的宗旨,在一定程度上满足了广大农民的实际生活需要,在这种情况下,政府仅仅依靠法律和行政手段来取消宗法组织已经没有多大可能。上述事实证明,从80年代开始,政府的村镇基层组织是一个缺乏行政能力,有严重缺陷的网络系统。在日益强大的宗族势力面前,基本上堕入畏畏缩缩、无能为力的境地。

但是,由于宗族文化根植于旧时代整个社会关系的基础之上,宗族组织的特点对于现代化进程所起的作用是消极的。除了现在已经明显存在的政府对人口和部分资源失控的情况以外,其消极影响至少将在以下几方面显现出来:

1、宗法组织的重新出现在某种意义上是再造了传统社会家族对个人予以控制的环境。族规的出现,无异于在国家权力之外,还存在对个人进行更直接的控制的非国家权力。放任这种和国家行政、司法权力不相容的宗族权力发展,势必导致权力移位,社会组织结构退化。因为社会中间组织如以家族为本位,就意味着个人直接向社会负责的"个人-国家"模式,退化为由家族向社会负责的"个人-家族-社会"模式。而推进现代化进程的社会动力必须以个人为本位。作为现代文明主要推动力的近代个人主义,既植根于坚实而复杂的市场经济体制之上,也植根于现代化的社会中间组织之上,它的精神本质和宗法组织对人的要求无疑是不相容的,这是"五四"时期的思想先驱们已作过的老文章,此处无须多述。

2、宗族组织的复兴又一次暴露了一个老问题:中国现代化进程中所发生的问题源于中国人的世界观。前现代化中国最大的特点就是裙带风盛行,人情化力量起很大的作用,这份历史遗产几乎被当代完全承袭下来,使中国的法律有时徒具虚名,政府有时也无可奈何地承认自己必须不懈地和这种人情化力量作斗争。宗法关系如再度盛行,只会使政府的这种斗争进行得更为困难,现代化法制建设举步维艰。

3、强有力的宗族组织对国家具有潜在的危险。如果血统的凝聚力比国家的凝聚力更强大,社会成员都将家族利益而不是正义和公理作为决定个人态度与行为的首要因素,那么国家再要动员社会来实现那些与家族利益不一致的社会目标,将会困难重重。前面所述的"黎村事件"只不过是中国目前崛起的宗族势力与政府对抗的一个场景而已。

可以说,宗族组织在中国农村中的复兴,无论从哪个角度观察,都是一次文化的退潮,必将导致剧烈的社会冲突。它现在的发展和壮大,意味着中国的现代化还有一段漫漫长路。

社会控制机制的畸变:地方恶势力的形成

本节列举大量事实,论述了从 80 年代以来在中国农村形成的一些地方恶势力,以及一些正式社会控制组织在很大程度上沦为少数人及其利益集团对人民的一种自私的剥削性控制。指出地方恶势力的兴起,以及一些农村基层组织和当地恶势力"黑白合流"而形成的剥削性控制,是阻断中国社会法治化进程的重要因素。如果任由这些恶势力发展下去,将会使中国无法向现代意义的"公民社会"转化。

对中国社会最大的威胁是与宗法组织平行发展的另一种地方恶势力,即黑社会与社会基层政权相结合的地方恶势力。

社会控制机制的畸变

根据近几年各方面披露的情况来看,在中国社会基层起作用的地方恶势力,主要包括宗族势力、暴发户和以黑社会团伙为主的地方恶势力等等,那些"天高皇帝远"的农村和小镇,特别容易形成这类势力。对近些年来一些典型案例进行剖析,就会发现在这些地方恶势力活动猖獗的地方,总能看到一些基层政权掌权人物的身影。这里列举几个实例:

粤北山区连平县忠信镇,治安混乱,被过往司机称为"鬼门关"。从 90 年代开始, 忠信地区暴力抢劫过境汽车的恶性刑事案件层出不穷, 但查处起来困难重重, 案犯几乎无一落入法网, 或是时抓时放, 形同儿戏。一位记者到该地, 发现公安干警竟公然参赌; 几十位在外地工作的原籍为连平县的干部联名给广东省委、河源市委和连平县委写信, 反映忠信地区流氓恶势力和"黄、赌"活动十分猖獗, 社会治安非常混乱, 忠信公安分局朱局长被一伙多达 100 人的流氓烂仔押在车上游街示众, 案发 3 个月后, 案犯竟无一人落网。后经查实, 造成这种情况的主要原因是公安内部基层单位个别领导和警察与这些黑社会团伙勾结在一起, 不但为盗车团伙销赃, 还经常为刑事犯罪分子通风报信, 使他们能及时逃脱搜捕。①

一些农村基层干部利用多年来在当地形成的力量, 对当地农民竟是生死予夺。近几年来比较有名的有这么几件事情:

1995 年 5 月 13 日晚, 河北省永年县朱庄乡政府召开计划生育调度会, 龙泉南街村委会负责人李红山谎报张彦桥之妻是计划外怀孕。后经医生检查, 发现张妻没有怀孕。张对此不满, 便将李红山家厂房的石棉瓦掀下两块, 李将此事两次汇报给乡党委书记孙宝存, 孙于 5 月 15 日指派手下干部职工数人将张押到乡政府, 残酷殴打长达 30 分钟, 并欲将遍体鳞伤的张押去游街, 因张伤势太重没有游成。在此期间, 张父两次请求放人均遭拒绝, 直到发现张生命垂危才送去医院, 结果死在半途。(新华社石家庄 1995 年 11 月 23 日电)

1992 年 8 月至 1994 年 3 月, 河南省邓州市陶营乡徐楼村58 岁的农民陈中身因对本村村委会的侵权行为、土地商品化、乡里烟叶罚款不满, 多次到有关部门上访, 引起了乡长段英占和

---

① 《南方周末》1996 年 4 月 21 日。

村干部张德恩、刘长志的不满。1994年3月和5月，段两次授意张、刘找几个人"收拾收拾"陈中身。此后，张、刘多次和另一名村干部倪志春一起研究如何收拾陈中身，这一违法"决议"竟获得一致通过。1994年7月1日，张德恩指示张德庆与王玉宽埋伏于陈回家的路上，一起将陈中身勒死，然后将尸体连同30多公斤的石块装入麻袋，沉入一条渠内。（新华社1995年3月28日电）

贵州省施秉县双井镇龙塘村第六村村支书郜国民及郜昌明等村干部，从1989年起就多次捆绑毒打村民。到1992年10月20日，郜国民为了惩治村民郜昌荣，竟发动村民上山砍伐集体山林，以4根直径15～17厘米的圆木为4角柱子，赶制了一个木笼，木笼长1.70米，宽0.72米，高1.38米。在制成木笼的当晚，村干部组织了全村18岁以上的男性村民会餐，以庆贺木笼制作成功。次日，郜昌明、龙某将郜昌荣捆绑并关入木笼，关押期竟达90余天，最后被冻得奄奄一息，生命垂危，才被另一村民悄悄放出。（《南方周末》1996年4月26日）

《辽宁日报》曾登载过这样一条消息：阜新市清河门区乌龙坝乡靠边屯村村主任、区人大代表李长富，仅仅因为他家私自拉在大街上的电线被过路车辆无意碰断，竟然纵容子女亲朋20余人，在自家门前公然将一过路的无辜青年活活打死。（转载于《南方周末》1995年8月4日）

如果说上述事件都发生在比较偏僻的地方，那么经济发达、民众素质较高的地方是不是就没有这类事情呢？答案并不令人乐观。在浙江东阳市，就发生了一起村长非法侵占村民自留地建坟，公然抬尸闯入村民家的事件。只是这些地方的法官法制观念要比那些落后地区的强点，还不至于颠倒黑白，指鹿为马，能够及时处理。（《粤港信息日报》1995年7月15日）

山东潍坊市潍城区皂户村原村支部书记兼村委主任潘效成流氓成性,他依仗权势,随意奸污本村妇女,还伙同他人私分公款。1987年被判6个月拘役刑满释放后,依仗门户大、兄弟多(号称35只虎),在村里称王称霸,寻衅滋事,强占良田,刁难现任领导班子。菏泽市卞庄村民卞功云纠集50余人成立"帝王敢死队",立帮规,排座次,划地盘,立誓言,声称要在当地打出一片新天地,先后在菏泽城乡盗窃、抢劫、强奸妇女、聚众斗殴,冒充公安人员进行流氓滋事。1994年,山东省在近两个月的专项打击中,摧毁这类流氓恶势力团伙330多个,收审团伙成员1300多人①。

一些农村干部更演化到自以为可以凌驾法律之上,公开组织人马与政府及司法人员对抗。

湖南耒阳市芭蕉乡乡政府开办了一个"芭蕉煤矿",拖欠乡信用社贷款31.05万元不还,乡信用社至法院起诉,芭蕉煤矿承认借贷属实,但提出部分贷款和全部生产收入均被乡政府提取,而乡政府对该矿并未实际注入任何资金,因此本矿无力偿还,申请法院追加主办单位乡政府为诉讼第三人承担还贷责任。法院在调查后根据实情作出判决,认定第三人芭蕉乡政府负有对芭蕉煤矿注册资金不实,向被告芭蕉煤矿违法提取上交款的责任。判令被告芭蕉煤矿在接到判决后5天内偿还原告芭蕉信用社贷款31.05万元,利息及罚金算至还款之日止;芭蕉乡政府在芭蕉煤矿还贷期间违法收取的48万元上交款应退还芭蕉煤矿;如被告芭蕉煤矿到期不能偿还所欠款额,由第三人芭蕉乡政府用此款代为清偿。该案的原、被告都表示服从这一判决,但芭蕉乡党支部书记、衡阳市人大代表曹清平对法院的此项判决却极为不

① 袁文忠:《山东铲除地方恶势力》。

满,在收到法院判决书的当晚即召开乡党政紧急会议,决定向煤矿派出工作组,第二天上午曹带领乡党委、乡政府主要负责人到芭蕉煤矿,宣布停止该矿负责人陆某某、张某某的职务,理由是两人向法院提供了有关证据材料,造成法院判决乡政府代为清偿信用社 30 多万元的还贷责任。同时撤换了会计、出纳,并查封了该矿的办公室和仓库,同时以乡党委的名义,指使乡公安、司法、保安人员采取刑讯逼供等手段,在全煤矿职工中开展"说清楚"运动。

当这类行为受到市人大和市法院处理后,曹清平竟召集了该乡 149 名村干部到市政府、市法院闹事,围攻法院院长,胁迫其释放被关押人员。后来据查,曹之所以组织如此大规模的集体滋事,原因是本人涉嫌经济犯罪。(《中国青年报·青年周末》1995 年 3 月 24 日)

四川省合江市从 90 年代初以来,就一直注意打击农村地方恶势力。到 1994 年 10 月为止,打击处理具有地方恶势力犯罪特征团伙 23 个,处理地方恶势力骨干 106 名,其中 5 名被判处极刑。合川市公安局对这些地方恶势力的总结很有典型性。据合江市公安局介绍,地方恶势力的犯罪特征,一是连续性作案,恶势力越发展越大;二是区域性作案,危害一方安宁;三是暴力性作案,视人命为儿戏;四是渐进性危害,小恶成大恶。一些团伙有向黑社会发展的倾向。根据被查获的恶势力团伙骨干的情况分析,这些人普遍具有劣根性,多数是有前科劣迹的劳改释放或多次被治安拘留过的人员。这些人有作案经验和反侦察伎俩,有明显的反社会倾向,一旦时机成熟,他们就会从称霸一方的地方恶势力演化为与社会对抗的黑势力。

此类事例甚多,《法制日报》(1996 年 5 月 13 日)以《各地铲除一批地方恶势力》为题,报道了各地一些情形:如河南南阳市一个由 6 名地痞组成的恶势力集团,长期在半坡村胡作非为,先后烧毁乡民房屋两间、麦秸垛 140 个,强奸、拐卖妇女 10 余人,并经常凶殴当地乡民。信阳地区号称"东霸天"的张信照及其 4 个儿子,长期横行乡里,无故殴伤群众,并以办停车场为名在公路上强行拦车收费。该报道还说,各地的"煤霸"、"菜霸"、"市霸"、"票霸"等地方恶势力骨干有一些均在此次严打中被捕。

这些情况说明,中国社会正式控制机制已发生了严重畸变。任何一个国家均有社会控制,但社会控制是为善还是为恶,则全部取决于变化的实质内容。上述情况说明,我国从 80 年代以来在部分农村基层社会中,社会控制已在很大程度上沦为少数人及其利益集团对人民的一种自私的剥削性控制,在这些人控制下,社会控制为恶的时候居多。它对改革和政府产生了极大的危害。

"黑白合流"
——阻断中国社会法治化进程的因素

在社会转型过程中,非正式的社会控制机制比正式的社会控制机制更重要。在当代中国农村,传统道德的限定性控制已经不起作用了,而一些宗法组织和地方恶势力填补了权力和权威的真空。我们更要警惕"黑社会"帮派与少部分掌权人物的合流,决不允许他们成为对人民的奴役性社会控制力量。

上述那些事实没有一件是扑朔迷离、令人难辨是非的案件,每一件是非都很清楚。但就是这些是非很容易判别的事,往往没法在基层获得解决,每一个受害者要抱着杨三姐告状的精神,冒着家破人亡的危险到省里甚至到中央告"御状",才有可能获得解决。如"朱庄事件"和"邓州事件",就是在中央干预下才得到处理。这倒不是这些村干部的身份有多"尊贵",而是他们早已用"利益"这根纽带将当地行政、司法和经济部门的权势者紧紧地捆绑在一起,也正因有这些凭金钱编织的关系网可依仗,他们才可以恣意妄为,草菅人命。最奇怪的是,中央电视台于1996年6月16日晚的"焦点访谈"节目中谈到安徽省某村村长为迫使村民交钱修路,动用武力,而该县的行政长官竟表扬这村长"一巴掌打出了阳关大道"。当被打的村民找当地派出所所长投诉,该派出所所长竟将被打的村民送到村长处,并要求其向村长赔礼道歉。据后来查实,该派出所所长之所以这样做,只是因为派出所借了村里4万元钱没还。上述这些人的所作所为,在任何现代国家都为法律和道德所不容。

最应引起社会警惕的是,"黑社会"帮派和"白道"势力(即政府中某方面掌权人物)合流,形成一种对人民的奴役性社会控制力量,使当地人民的生存受到严重威胁,连起码的安全保证都没有。以河南省虞城县利民镇为例,这个镇从70年代末到80年代初,镇办企业相当发达,十几家大小工厂年上交税利近100万元,是豫鲁苏皖几十个乡镇的商品集散地,直到80年代中期,利民镇还被列为全国100个小城镇试点之一。然而这样一个充满希望的明星小镇,到了90年代初,工厂无法生产,学校无法上课,机关无法办公,经济急剧下滑。到1993年,全镇镇办企业上交利税仅3万余元,财政透支63万余元,拖欠教师工资达10个月之久。造成这一局面的直接原因就是以当地副镇长何长利为首的一股庞大的地方恶势力在作祟。何长利自1987年与其同伙11人结成异姓兄弟之后,不断穿插结拜,到1994年已发展到69人,主要成员有镇党委分管政法的副书记、镇武装部长副部长、镇司法所长、镇派出所治安员、镇电管所长、镇企业办负责人。全镇 7 个基层党支部中,除一个班子瘫痪,一个支部书记为女性外,其余 5 个均参与结拜;10 个镇办企业有 7 个企业的主要负责人是其拜把子成员;47 名镇人大代表有 22 名是其拜把子同伙。这样一伙掌握当地政治、司法、经济、公共事业大权的人结成了团伙,自然可以操纵选举,随意干涉镇办企业的经济事务,撤换不听命于己的企业负责人。这伙人及其亲属横行乡里,任意胡为,甚至屡屡在光天化日之下强奸妇女。整个利民镇笼罩在一片恐怖之中。在这帮地方恶势力的把持下,有的基层干部慑于他们的淫威,参与了拜把子同伙。一些身居要位的领导人对何长利一伙的行为熟视无睹,有意回避,有的甚至成了这伙人的帮凶。何长利的外甥刘军被捕后,县公安局看守所的几个民警竟故意将其放跑。其势力之大,就在何长利一伙被抓起来以后,当地群众还不无担心地说:"最后处理结果是啥,谁也说不准。"值得注意的是,何长利这种情况在虞城竟不是个别"特例",据了解,1993 年虞城县换届选举时,在大侯乡、沙集乡当选的基层干部都有类似情况,在他们任职的地方抢人财物、奸污妇女,拐卖人口,无恶不作。[①]

"黑、白合流"并不只是中国少数不发达地区才有的现象,在中国不少地区都有性质相同的事情发生。如湖南省沅江市四季红镇,镇、村两级政权就曾被道德素质极差的地方头面人物把持。这些人生活腐化,贪污受贿,无恶不作,导致当地民众极为不满,抗粮抗税,使四季红镇在 1990 年至 1995 年之间处于严重失控的无政府状态。[②] 湖南永州市从 1995 年以来先后对 12 个"严重失控"的村子进行整顿,所谓"严重失控",指的其实就是类

[①] 《南方周末》(1995 年 1 月 13 日):《基层恶势力》。
[②] 《南方周末》(1996 年 6 月 14 日):《一个基层政权的失而复得》。

乎于四季红镇的这种情况。①

最值得深思的问题是,这些地方恶势力的行为既不受法律约束,也不受任何"道德"的约束。在当代中国农村,竟看不到传统习惯(即传统道德)的限定性控制。从古至今,维持一方秩序的不外乎两种因素:一是法律,二是道德。道德至少有两方面的作用,首先,它作为人类行为的规范,可以称之为"道德权力",是法律制度的一种必不可少的补充,在法律不起作用或法律与道德相背离的时候,道德甚至可以行使类似法律的功能。这一特点在中国的传统道德中显得特别突出。其次,道德是有关个人良心的问题,也是个人用来自律的行为准则。如果将这类人的行为仅仅解释为"法制观念不强"或"没有法制观念",那么,本应对人的行为起约束作用的道德——无论是以"忠恕之道"为基本精神的传统道德,还是以"为人民服务"为口号的社会主义道德,在这些农村地区,都看不到半点影子。这些地方恶势力的行为,与正常社会中人的行为相去甚远,可以说是人丧失社会良知的具体表现。从这些行为可以看出,在这些远离现代文明的村落里,政治权力已被少数人严重变形地加以滥用,成了他们奴役下层人民的工具。这类毫不珍视他人生命财产权利的行为,是赤裸裸不加丝毫掩饰的流氓无产者行为。只有流氓无产者,才会如此无法无天,如此短视,为了自己的利益如此不择手段。

上述事实已确切无误地证明了,中国自 80 年代以来,社会控制形式和手段均产生了巨大的变化,从根本上改变了政府的任务和工作方式,并使地方政府和基层社会的关系有了很大的改变。

所谓社会控制,从狭义来说,是指国家政府对社会的控制;

---

① 《报刊文摘》1996 年 11 月 11 日。

从广义上来说,是指社会内部各种控制关系的总和,它不仅包括前者,还包括其它类型的控制。对于中国来说,在改革以前,这种控制主要是国家政府对社会的控制,在城市,国家对社会的控制主要通过企、事业单位这两大科层组织对社会成员进行控制;在农村,则主要通过人民公社－大队－生产队这三级组织进行控制。这种建立在计划经济体制上的社会控制体系在很长一段时间内相当有效,其代价则是全体社会成员失去了个人自由。计划经济体制的逐渐崩溃,使得以往社会控制中的非正式控制机制,即文化、道德习俗、宗教、经济、思想等"软控制"丧失了存在的基础。而在社会转型过程中,恰好是非正式社会控制机制的作用比正式的社会控制机制(法律、政府、军警)更重要。因为"软控制"是利用说服、罚款和利益支配等手段,最容易导致社会成员思想的潜移默化。在旧的非正式控制机制丧失存在基础的同时,是正式控制机制的低效及严重变质,在不少农村中出现了权力和权威真空。在这种情况下,宗法组织和那些地方恶势力在农村起到了组织和控制基层政治的作用。

中国要向法权体系的现代公民社会行进,必须遏止地方恶势力的生长。如果社会控制力量竟然集中在这类人手中,对社会造成的危害性不仅是现实的,更是将来的。意大利及西班牙的黑社会组织带给社会的种种危害,正是中国的前车之鉴。

中国的农村和农民问题

本节分析了在农村为什么是一些充满了社会恶习和流氓无产者意识的人成为当地"社会力量"的象征,以及农村产生地方恶势力的历史及现实原因。指出农村和城市的区别是一个社会最现代部分与最传统部分的区别,落后的本质规定是人的素质。

所谓"城市化",不仅是一系列指标的堆积,而是一次从文化价值观念上消除城乡隔阂的革命。

中国农民在 20 世纪的中国政治格局中,所起的作用是其前辈们所不能起到的。在 20 世纪以前,中国社会阶层的身份变动虽然是开放的,但还是受到一种限制:农家子弟必须成功地通过科举考试才能进入统治阶级行列。而到了 20 世纪,农民进入统治者行列只需被某一势力集团的某一级组织认可就行。吸收农民参加政治体制的方式的改变,对中国后来的社会政治生活产生了非常巨大的影响,使中国农民在政治中的作用大大加强。在一个政治参与和政治意识不断扩大的体系内,农民阶级成了中国社会一个关键性的社会集团。中国的城市文明只是被广大农村包围的一块"绿洲",不管过去、现在以及将来,决定中国社会面貌的因素归根结底是中国的农村、农民和广大农村的乡土文化。在这种现实面前,学术界关于中国建立市民社会和所谓中产阶级的争论,只是 90 年代中国学术界搅起的一堆学术泡沫而已。

在此想讨论这样几个问题:为什么在农村里,往往是那些充满了各种社会恶习的人成为当地"社会力量"的象征? 财富集中在素质低下者手中,能否成为促进社会发展的正面力量?

产生地方恶势力的土壤是什么

在研究地方恶势力的兴起时,最难回答也是最具有根本意义的问题是:为什么在现在的中国农村,一旦农村基层组织面临重新建立的问题时,竟无法回到往昔那种文明程度要高一点的"乡绅统治"格局,却只能让大批充满了各种社会恶习、具有严重流氓无产者意识的人成为基层统治者? 这里必须分析大批结出

309

地方恶势力这种酸涩果子的树木和土壤。

中国科举时代的乡绅，很大一部分都受过儒家思想的教育。这种教育一般都培养两种责任：一是对政府的责任，二是遵循儒家思想的利他主义为地方服务的责任。而这两种责任基本上是靠科举制这种人才录用制度支撑的。科举制衰亡以后，无论是官员队伍还是广大乡绅，这两种责任感都基本上丧失。与科举时代相比，他们的行为在很多方面都堕落了。这一点，只要将明清时代及以前的笔记与其它史料都找来看看，再对比一下 20 世纪以来官员及乡绅们行为的记录，便可知"贪官污吏"、"土豪劣绅"这些词对他们这一群体中的大多数并非诬称。

中国 40 年代末和 50 年代初农村基层干部的产生机制很有特色，他们都是处于社会边缘的人物。这些人一无所有，未受过教育，能当上基层干部的条件很简单，只要能绝对遵循上级指示，并能做当时一般胆小百姓所不敢做的事就行了。可惜的是，这些人的形象除了在赵树理的小说中才维妙维肖地被刻画出来，在与赵同时代的所有理论工作者及其他小说家的笔下都未能得到如此真实的反映。由这一类人构成的基层统治网络，其遴选干部的机制后来就演变成以"任人唯亲"为主流。所以当时的农村基层组织开会，往往就是家族会议。由于当时的计划经济体制下的农村分配机制主要侧重于产出品的分配，在资源的占有上基本上是铁板一块，绝对公有，更兼中央政府的统治非常强有力，所以这种由原来的社会边缘人物建立的家族化基层统治的危害性还未完全显露出来。

但到了农村实行了家庭联产承包责任制以后，情况就完全不同了。农民有了完全的经营自主权，生产优劣、生活好坏、贫富状况在很大的程度上取决于农民自己：善于利用"选举"这一形式的，将其变为农民们表达意见的渠道，不善于利用这一形式的,还照样连形式上的"民主"都享受不到。但由于所在乡村不同,村级干部素质不同,致使处在同一地区的村与村之间,出现了很大的差别。有些地方的农民被剥夺了选举权,如"邓州事件"发生后,新华社记者到当地了解张德恩、刘长志这样的恶霸如何分别当选为市、乡人大代表,才发现这"选举"过程是这样的:由张德恩等人将七、八个村民小组的会计集中到一处,让大家按照其要求填写所有选票,填完后装进了投票箱,广大村民既无选举权,又无提意见资格。在有些地方,村干部的产生多少取决于农民自己时,情况也不理想。在谈到农民选举村干部的问题时,必须考虑到农民阶级的特点,这个阶级对社会进步的理解往往不是针对政治理想和社会体系的整个结构,而是针对非常现实的物质利益。中国历次农民革命都证明了这一点:他们杀死贪官污吏,夺取土地,却缺乏更进一步的目标。目前中国的乡村政权这种形式,可以说在很大的程度上是他们自己选择的结果。因为自改革以来,政府在一定的程度上允许农民自己选举基层干部,而以往成功和不成功的教训都已告诉农民,一个村子或一个乡的富裕与贫穷,和当村长、乡长的有直接关系。

对于农村的发展问题,过去总有一种说法,认为地方民俗文化制约了人们的眼光和行为。但是1995年4月6日《经济日报》刊登了一篇文章,题为《同是一方水土,反差如此之大——呼兰河畔两个农村基层组织的调查报告》,讲的就是相差只有4公里的两个村庄,由于两个村的村干部道德素质和能力均不一样,结果两个村的经济发展也就完全不同。永兴村的村支书李海昌廉洁奉公,有经济头脑,在其任支书的13年内,使该村成了拥有固定资产2400万元的"上千万元村"。而拥有同样的天时、地利的原野村在同一时期内,村支书换了一届又一届,最后却给村民留下了一笔又一笔的糊涂账。历任村支书都利用职权干了不少损公肥私的事情，如将村里急需用的电偷偷转给别人，自己捞好处，却任由村里的绝大部分水浇地变成了旱地。3 个在 1985 年以前一直盈利的村办企业，后来一直亏损。文章这样描述了"亏损"经过："塑料厂领导在企业亏损近 60 万元，其中亏库近 21 万元的情况下，却到北京、杭州等地公款旅游吃喝玩乐；村支书的一名亲属承包的水泥构件厂亏损高达近 70 余万元；砖厂发给双鸭山的砖价值 4 万元，而回款却仅有 2000 余元，其余的钱不知跑哪去了？……有的村干部三天两头跑到太阳岛去疗养，费用自然是从村办企业中摊派。""1993 年，村里将 4 队留作机动地的 90 亩耕地中的 7 亩卖给了呼兰农机局，生产队长和村民一无所知，只是到了 1994 年 5 月买方建墙后才如梦方醒。根据有关政策和法律法规，买方应交的 5.6 万元土地安置费至今一分也未给。……村民们不明白，5.6 万元的土地安置费到哪里去了？现任村长王宝才曾对当时的村支书说：'卖这块地，至少也应该给 4 队打个招呼呀！'可支书却说：'在原野村，我说了算！'另一次征地费已定好为 3 万元，但村支书和人家谈过两次以后，就变成了 1 万元，最后还只交来 5000 元。9 队队长找村支书问这事，得到答复是：'这块地就这样了，上哪告都行！'"

那么农民是怎样进行这种选举的呢？这里举几个例子，先看一些成功地将形式上的民主变成现实的例子：

在慈禧太后的故乡吉林省梨树县，村民们为实现"村民自治"而创立了一种被他们称之为"海选"的选举方式，这种方式的特点是：乡党委和村党支部不提候选人，完全放开，权力交给村民。每个村民发一张选票。在有选举权和被选举权的村民中，参加选举者认为谁能胜任村干部就选谁。然后再经过逐级淘汰的几轮选举，由得票最多者当选（另一种方式是由 10 名以上有选举权的村民提名或任何一位享有被选举权的村民自荐）。这个地方的农民对选举村长有着比较清醒的认识:他们是否能过上好日子,在很大程度上由村长个人的胆识、能力、智慧和人格决定。所以他们积数年选举之经验,能够依照程序不动声色地将那些躲在上级保护伞下的老资格当权者请下台,就是那些被农民自己推上去的新的掌权者,其所作所为如果让农民感到失望,也会被农民在换届选举时撤换。也就是说,农民对当选者的道德、人品、能力都有机会予以评估。据梨树县政府提交的一份资料:全县首届当选的村长,在第二届选举中,连选连任的占76%,其中有41位村长在选举中落马,占全县336个村子的12.27%!①

如果说上述这个例子是农民正确运用"民主选举"这种形式的例证,下面这几个事例令人生出的感慨恐怕就要复杂得多:

1995年11月四川省重庆市沙坪坝区选举区人大代表,该区郭家垭村村民林洪全以每张选票一元钱的代价和许诺当选后帮村民解决吃水问题,获得村民支持。在是次选举中,林洪全共付出55元钱,得到107票,压倒官方提出的两位候选人(一位得69票,一位得66票)而当选。后林洪全以破坏选举罪被判4年徒刑。② 据报道,安徽有个当临时工都不合格的潘汉兵,在其居住的镇子进行的1996年换届选举中,给23位镇人大代表一人一盒阿胶,结果竟以过半数票当选为副镇长。这即是传媒广泛传播的"阿胶换乌纱"事件。③

---

① 《南方周末》(1995年7月21日):《海选:谁来执掌村中大权——一场黑土地上的"村民自治"大潮》。

② 《民主与法制》画报(1996年1月24日);《报刊文摘》(1996年1月29日)。

③ 《同舟共进》(广东省政协主办杂志,1996年第9期)。

这种以少量金钱拉到选票的事近年来在各地农村都有发生,以"破坏选举罪"而受到制裁的就有好几起。只是选票的价格因各地经济发展水平不同而有差异。最贵的是广东省恩平市江洲镇选举镇长时的选票,镇长由镇人大代表进行选举,欲参选的岑潮作付出每票1000元的代价①。

《检察日报》登载了这样一条消息:1996年1月6日上午,江苏省淳安县鸠坑乡金塔村在村大会堂召开选民大会,选举乡人民代表。会前半个多小时,31岁的村民徐发根(非官方提名的正式候选人)来到大会堂门口时,听到村民在议论村集体至今还欠乡信用社4.5万元债务、选谁当村长等事,便对在场的村民许诺:"这么几万元钞票,要是选我当村长,我还2万元,村书记再拿2万元。"当时即有万某、管某等几位村民相继表示,只要徐发根出钱,3元钱1票,他们均愿为其拉票。徐发根当场拿出750元钱,分给5人。当大会发选票时,万某等5人开始活动,以选徐发根1票给3元钱的代价,共给徐发根拉取选票216票,因其中172张选票未按规定在被选举人名下画圈而无效,结果5名由基层政府提名的正式候选人连同徐发根得票均未超过半数,第一轮选举因此未果。下午进行的第二轮选举中,徐发根与上述5人把上午拉取的选票再次选上来,结果得273票,有效票270张,超过半数。后淳安县以"破坏选举罪"对徐发根进行起诉。这类事情在全国各地都有发生,见诸传媒的就有十数起。

讨论这种选举是否违法没有多大意义,因为农民既然认可了这种"竞选"方式,那么不管怎样对"竞选者"进行惩罚,这种形式以后还会在中国农村的广袤土地上不断重复出现。值得讨论的是这样一个问题:这些农民难道真是看中了那一元钱或一盒

---

① 《南方周末》(1996年1月12日)。

阿胶吗？一元钱或一盒阿胶对农民们其实没有什么经济意义，即使岑潮作那1000元，如将其与当地人民的生活水平结合起来看，也没有太大的诱惑力。所以与其说是农民和这些基层人大代表眼光短浅贪小便宜，倒不如说他们是借这种选举表达一种情绪：你们这些当官的，一年365天除开大会选举之外，什么时候拿我们当个人了？选镇长副镇长也只是公差，走走过场画个圈而已。今天这岑潮作、潘某之类还算把我们放在眼里，倒不是那一元钱或一盒阿胶什么的值几文钱，就凭这种把我们当作一回事的"情分"，我们也给他画个圈。

选举人受没受到被选举人的"尊重"，只要看看大贪污受贿犯欧阳德的一次选举经历就可知一二。广东东莞市委在1992年换届选举时，市党代会代表普遍对欧阳德投了不信任票，而欧阳德在此情况下仍能继续当他的市委书记，并在新市委选出来后召开的第一次常委会上，竟说出这样的话来："以后不需要你们选我了，而是我选你们了。"随之将10多个他认为信不过的镇委书记革职调离。欧阳德的"层次"已比村镇高了好几级，还是这样"尊重"选举者，下面的选举者受到的"尊重"就可想而知了，又怎能指望通过这样一种上面定好候选人的"选举"，让农民给自己"创造"一个好的现实生活环境？在上述事例中，那些1元或几元钱一张选票的近乎儿戏的作法，反映了农民们对基层干部的深深失望：在这种说是"村民自主"的选举中，所谓"正式候选人"都已事先定好，只不过让我们来划个圈，那么选谁都不见得能代表村民的利益，那就随便选谁吧。这种对选举的儿戏态度，主要来源于农民们对"选举"这一形式究竟能否真正代表"民意"的怀疑。

先来看看农民们通过这种"选举"给自己选了一些怎样的领导班子。江洲镇以前由当地政府控制选举选出来的镇长岑焕仍,其所作所为令镇民失望且愤怒:1993年至1994年,这位镇长大人除了花掉大笔公款吃喝玩乐之外,竟在澳门葡京赌场赌掉了公款1500万元人民币。[①] 富的地方如此,穷的地方也未遑多让,不少贫穷地区的村级干部也同样利用职权,谋取私利,贪赃枉法。如湖南怀化地区某县在1993年对82个村和114个乡镇企业进行财务清理中,竟查出违纪人员1505人,违纪金额91.3万元。1994年该县又对8个村的财务进行清理,发现有6个村的部分干部存在经济问题。[②] 山东省莱阳县西留乡沈家村,经济落后,被市政府定为"扶贫村"。但就在这样一个贫困村里,自1993~1995年担任村党支部书记的张连波还可以干出如下一大串"政绩":贪污扶贫款5000元,价值1000元的木材一立方米;私自索要粮所和学校修路款1.1万元;将村民的农业税小麦差价款1500元装进自己腰包,共贪污公款2.24万元;采取公款私存、用公款归还个人借款及借给他人进行营利活动等手段,挪用公款3.236万元;村吃喝送礼用款20多万元;数次嫖娼,曾两次被公安机关抓获处理。[③] 农民们既然已经对上面圈定"正式候选人"的选举结果有亲身体验,在只要有可能的情况下,他们就以各种形式开始了自己的选择,或是来一点类乎于上面的那些"黑色幽默",或是通过自己的选举去碰"运气",运气不好的就碰上了前文提到的何长利之类的地方恶势力,何长利就是通过农民们的"选举"当上"父母官"的。这种"选举"能够成功的原因,一方面是由于这些原来在农村中没有掌权的有头脑者,深深

① 《中华工商时报》(1996年5月16日)。
② 中共湖南怀化地委办公室:《省际边界村级组织日渐弱化应引起重视——对湘、桂、黔边界地区的调查》。
③ 《南方周末》(1996年11月29日):《扶贫村里的肥支书》。

懂得"选举"是他们通向政治权力之路,用了政治、经济等各种方法进行了参选活动。另一方面则和选举者的态度有直接关系,他们或是盲目信任"能人"的能力而忽视了"能人"的道德品质,或是为了那些"物质利益"(包括现实的或承诺将来支付的物质利益)。在这样一个农村社会中,社会基本准则大都被破坏,政治作用也被奇怪地严重颠倒。

概言之,从1978年以后,中国农村的基层组织已发生严重的权力移位现象,这种权力移位是通过各种各样的形式达到的。有的地方是老掌权者继续延续其统治;有的地方是新力量借助于宗法组织,在势力日大以后,老的掌权者还需归附宗法组织这面旗下;有的地方则是通过"选举"这种形式。只是这"选举"既有利用势力操纵的,如何长利之类;也有用"钱"达到目标的。其中到底有多少代表了农民们"民主"意识的觉醒,则很值得怀疑。但不管获得权力的途径有多少,事实是基层的社会控制已为不同的人们和集团所利用,既可为恶,又可为善。在国家对基层控制较弱的地方,这些基层利益集团的剥削性和掠夺性就表现得特别突出。这种社会控制发生变化的深层根源则是源于人们对1978年以前的基层统治丧失信心,原因很简单:在以往的政治实践中,政府只注重了社会控制两大基本活动的一种——调控,却忽视了另一种——服务。更兼改革在农村那种轻而易举的成功,以及后来城市经济体制改革的艰难行进,使大家很长一段时间内只注意了农业的低效益和农村庞大的过剩人口问题,却忽视了农村的社会控制力量正在发生巨大的变化。还必须引起高度注意的是另一种社会控制力量,一些相当愚昧落后的邪教也在农村中开始有了活动天地。

这方面最典型的一篇调查报告是中共湖南怀化地委办公室的一篇题为《省际边界村级组织日渐弱化应引起重视——对湘、

桂、黔边界地区的调查》的报告。这篇报告中谈到,在湘黔边界地区,一些会道门组织如"门徒会"、"梅花会"以传教为名,宣扬"世界末日来临,地球要爆炸,人类要毁灭"等观念,在湘、桂、黔边界地区未经批准而滥建的佛道教寺达789座,信教徒众达50万人。部分退休干部也加入了信教行列,据不完全统计,信教的党员有100人以上,正式退党信教的有25人。

造成中国农村目前这种现象的原因很复杂,既有历史文化的沉淀,也有许多现实的因素。由于中国自清代以来帮会文化已深深渗透民间,人们早已习惯于成立以血缘或地缘为纽带的组织来保护自己,人民公社这种组织形式一旦撤消,人们从还未完全褪色的记忆中,很容易找到"宗法组织"这种形式作为自己的社会组织形式——这是土壤;而基层干部选拔制度的严重缺陷,以及农村中不存在数量较多的素质较高者这一事实的局限,最终导致大批缺乏社会责任感、甚至有流氓无产者恶习的素质低下者成为基层掌权者,则是这块土地上生长出来的"树木"①。

美国著名的政治学者塞缪尔·P·亨廷顿曾说过两句言简意赅的话:"真正毫无希望的社会,不是受到革命威胁的社会,而是无法进行革命的社会。"中国农村社会现在的这种格局,对中国

---

① 农民整体素质差,可以从下列事实略见一斑:

"邓州事件"的主角徐楼村党支部由党支部书记3次组织支部会商量杀人,事后问起当事人,其回答令人深思。杀人凶手张德庆,是经过部队锻炼的共产党员,问起他为什么杀人时,他居然回答:张德恩是党支部书记,党叫我干的事还有错?再说他还是俺哥,哥哥怎么会坑害弟弟?担任村治安主任的王玉宽杀人动机更简单,7月3日张德恩问他:我对你咋样啊?王玉宽回答:你对我好,要不好能叫我当治安主任?张德恩接着问他:那安排给你个事,你干不干?王玉宽一口答允,乃至听说是杀人时也没有怎样犹豫。

现代化进程将起到根本性的制约作用。对中国来说,最大的难题在于如何将农村纳入现代化进程中,而不让城市文明被农村文化吞没。近20多年来,探讨什么是"落后",已成为发展经济学家的热门话题。几乎所有的发展经济学著作,开宗明义的第一章往往是关于如何识别"落后"的学术讨论。在总产值、人均产值、国民收入、人均收入、增长速度、生活质量、人口素质……一系列指标后面,发展经济学家们对于造成"落后"的原因,认识倒也渐趋一致:落后的本质规定,是人的素质差。

长期以来,农业、农民和农村问题(即所谓"三农问题")始终是影响中国改革开放和现代化进程的主要问题。我们解决的主要方法就是加速推进农村剩余劳动力的转移,加快城市化进程。但是农村和城市的区别不仅只体现在物质生活水平上,从根本上说,城市和农村的差别,其实是一个社会最现代部分和最传统部分的差别。农民有了钱,并不等于完成了现代化;原来的村社组织形式变成了公司,并不等于城市化进程完成。在进行现代化的社会里,社会发展的一个根本问题就是消除城乡隔阂。所谓城市化,实际上就是一次从文化价值观念上消除城乡隔阂的革命。

在经济信用严重失常的情况下，一些经商者和政府基层单位因用正常手段保证不了自己的应得利益，竟启用一些地方流氓来帮助自己催欠款甚至收税费。

"发如韭，割复生；头如鸡，割复鸣。"用这句古诗来形容当今中国的假冒伪劣商品和地下工厂真是再贴切不过。

目前某些领导干部中已出现伴大款、伴上司、伴黑的"三伴现象"。前两种现象已出现好些年，后者则是近几年才有的"新时尚"。

第十章
黑色经济活动与黑社会组织的勃兴

黑色经济是地下经济活动的重要部分，这里先简单介绍地下经济的含义和门类，以及纳入本章研究范围的黑色经济的内涵。

"地下经济"之定义

地下经济在不同政治体制的国家,其生存状态各不相同。本书所要讨论的,主要是我国转轨期以国有资源和国有经济为掠夺对象以及一些对社会危害极大的黑色经济活动,未统计经济与未申报经济不包括在内。

关于"地下经济"的称谓很多,各国对这种经济的名称饶有趣味地说明了它在各国的伦理地位:德国称之为"影子经济",法国名之为"秘密经济",独联体及东欧各国则命名为"第二经济",意大利冠以"潜在经济"之名,英国和印度则呼为"黑色经济"。一直到70年代后期,意大利经济学家杰尔吉·弗阿(Giorgio Fua)提出"地下经济"这一概念,国际上才算是统一了这个称呼。

对地下经济的界定有广义和狭义之分。《经济与管理大辞典》概括得比较全面:"地下经济是指官方控制不到的经济活动,这类经济活动不纳入官方统计的国民生产总值之内,不向政府申报和纳税。它一般可以分为以下几种类型:1、对外不公开的非法经济活动,如地下工厂、黑市交易、地下金融机构、走私等等;2、对外不公开的违法经营活动,如毒品买卖、非法卖淫等等;这两类经济活动可以称之为黑色经济活动。3、通过合法经营单位取得非法收入的经营活动,如第二职业、偷税漏税经营等等。这类地下经济一般只向税务部门申报一项经营活动,对其它经营所得少申报或者不申报,从而获取非法收入。"

近几年来中国的经济学界只热衷于谈论由政府统计机构、银行及官方调查机构公布的数字所构成的"地上经济"。但实际情况是日益肥胖的地下经济已引起了社会严重不安,到了扰乱正常经济秩序、动摇政府统计的地步。这些未出现在统计公报中的财富、生产及服务，已经形成了巨大规模，它在很大程度上影响着经济统计的精确性。如 GNP（国民生产总值）、生产率、失业率、储蓄率等，并构成了社会经济的潜伏力量。至于它到底在中国国民经济中占有多大比重，由于一般不公开谈论这一问题，也严重缺乏这方面的统计数据，故无法进行估计。有人认为约占 20％左右，这种估计缺乏依据，事实上远比这一比例为高。

从目前的情况来看，中国的地下经济大致可分为非法经济（黑色经济）、未申报经济和未统计经济等三种类型。非法经济在中国主要有以下几种形式：走私、贩毒、卖淫、贩黄、拐卖人口、贪污受贿、开办地下企业、制造假冒伪劣产品、制造假票证及货币，以及偷税抗税等等。未申报经济是指经济主体没有按照国家有关法律、法规和政策的规定，未将其经营活动向行政主管部门申报。与黑色经济相比，这类经济除了未申报之外，一般情况下如不造成严重后果，不构成犯罪。未统计经济是指国家统计机关没有进行统计或遗漏统计的，以及由于错报、假报等所导致的"统计错位"，而没有真实地反映在有关统计报表、统计年鉴上的经济活动。

地下经济的存在是全球性的现象，只是在不同的社会制度、不同的经济体制和不同的政策下，地下经济的生存状态各不相同而已。本书所要讨论的，主要是我国转轨期以国有资源和国有经济为掠夺对象以及一些对社会危害极大的黑色经济活动。

黑色经济活动分析

本节分析我国黑色收入产生的主要部门、黑色财富的持有形式，以及将黑色财富变成合法收入的几种常用方法。

黑色收入产生的主要部门

根据近几年各种传媒披露的材料,最容易产生黑色收入的是下列几类经济活动(或部门):

1、走私、毒品交易。

2、娼妓。

3、赌博。

4、拐卖人口。

5、合同回扣、贿赂和其它金融违法行为。

6、各类泡沫经济,如股票、地产等类市场上的收益。由于中国这两大市场极不规范,许多"内部人"在这两大市场上获得了相当巨大的黑色收入。

7、旅馆、饭店和娱乐业。由于近些年"黄色行业"大规模介入这类第三产业,故是黑色收入产生的主要部门之一。

8、倒卖各类批文和许可证。

9、地下工厂,这是近年中国假冒伪劣商品的源头。

10、虚开各类发票,尤其是增值税发票。

11、侵吞、私分、挪用国有资产。

12、金融拆借、信贷及其它生产要素调配部门。

上述部门和经济活动有些属于法律禁止的行业,如娼妓、赌博、走私、贩毒、拐卖人口、虚开各类发票、地下工厂之类,除了虚开发票及开办地下工厂者之外,前几类人大都属于社会边缘人物,具有各种社会恶习及强烈的流氓无产者意识。有些在中国则是属于新兴行业,如股票、房地产之类。有些则是属于体制性的漏洞,如金融拆借、信贷及其它生产要素调配部门,及倒卖各类批文和许可证,侵吞瓜分国有资产等,都是以国有资产和国有资源为掠夺对象。在新兴行业与体制存在漏洞的行业中,最容

323

易得利的是那些掌握资源管理或资源配置权力的"内部人",这些人在社会上都是"有头有脸",在政治经济两大科层组织中占据一定地位的人物。

从上述情况可以看出,黑色收入可以在合法的经济活动中产生,如合法范围内的商品生产与服务、资产的销售与采购、资本构成与商品的进出口;也可以在非法经济活动中产生,如走私、贿赂的支付方式、接受回扣及卖淫等,而这些收入在任何国度都是无法进行统计的。所以要分析黑色收入在中国到底占整个国民收入的多少份额,在目前这种极不透明的情况下,简直没有任何可能。国外常用的财政分析法、倾向分析法、物量投入分析法、劳动市场分析法与国民账户分析法等方法,如用于分析我国的黑色经济,都无法取得近似值。这里用汽车走私为参照,将1996年上半年日本海关对中国出口汽车和中国海关从日本进口汽车的数量相比较,可以看出走私活动之猖獗:

1996年1~6月日本向中国出口及中国从日本进口汽车数量统计表

单位:辆

	1月	2月	3月	4月	5月	6月	备注
日本向中国出口汽车	2365	2489	5047	2911	3347	3840	不含散件
中国从日本进口汽车	338	2848	2613	501	1664	1020	含散件在内

资料来源:中国汽车贸易中心副总经理陈萍的讲话。见《粤港信息日报》(1996年9月2日)。

两个海关统计数字相差如此之大,可见走私汽车的情况很严重。其它黑色经济行业的情况有类似之处。虽然无法精确统计出黑色经济在我国经济中到底占多大比重,但以汽车行业推断,应不低于 30%。此外还可以从目前经济犯罪案发率比较高的行业来推断黑色经济活动的大致状况,如从中国检察机关的反贪污腐败重点查处对象可以看出,1996 年国家司法机关公布,在金融、证券、房地产、建筑工程承包等经济热点部门,出现了很多新型经济犯罪案件。仅从 1995 年 1 月至 1996 年 3 月,全国检察机关共立案侦查在金融、证券业务活动中索贿、挪用资金的犯罪案件 3800 多件,4100 多人;查办房地产开发管理部门构成犯罪的工作人员 230 多人;此外还查办虚开增值税发票 1000 万元以上的犯罪案件、查办法人犯罪案件多件。[①] 但这充其量只说明这些领域是寻租活动高发地带,到底有多少财富流入"黑洞",永远是个说不清的谜。

黑色财富的持有形式

与世界上其它发达国家相比,中国的黑色收入在最终流向上稍有不同。由于上述财富在中国大多属于不能公开之列,故大部分收入不是用于投资后转化为地上收入,而是用于奢侈性消费或通过各种途径转移到海外。前几年香港楼市低迷之时,入市购买者竟多为大陆人,消息被香港传媒披露之后,港人舆论哗然。自从中资机构大量进入香港以后,不少中资机构工作者不但以自己或家属名义在外资银行开设账户,存放非法所得,还为内地存放非法款项,[②] 不少人最后都成为未公开的外国资产持有者。这种处理黑色、灰色财富的方式倒是和一般的发展中国家毫无二致。

一般而言,这些黑色财富的持有形式主要是下列几种:

---

① 新华社北京 1996 年 7 月 6 日电。
② 《信息时报》(1996 年 8 月 9 日)。

1、转移到国外的财产。这笔财富无法计算,随着中国人出入境自由度及对外经济交往的增加而逐年增多。

2、黄金、珠宝和古董。

3、处于隐蔽状态的地下金融投资。

4、房屋、土地等不动产。

5、银行存款。据一份时闻资料报道计算,在1995年审结的三宗百万元以上的经济犯罪案件中,犯罪金额与储蓄形成额分别为80/500、410/1600、90/700,平均为20.7%。[①] 从这一事实可以看出,犯罪所得收入中有不少由于高利率的驱动,最后形成了银行的长期储蓄。

现金并不是黑色财富的主要持有形式,主要原因一是因为现金并不带来任何收益,二是大量现金容易被发现。放置海外则主要是不少人在弄到一定数目的钱以后,为了逃避国内法律制裁有意为之。而其它各种形式的占有只是为了有效地保持资产的价值。

将黑色财富变为合法收入的几种常用方法

尽管中国的"阳光法"是个"软法",但许多人还是采用了多种方法将自己的黑色收入变成合法收入。大致来说,有下列几种方法:

1、伪称自己从国外某亲戚处获得大量遗产和馈赠。

2、让亲属开设商店,假称自己的收入主要来自该处。如果有那么一种店子,人们经常看不到多少顾客,但仍能维持下去,多半就是这一类商店。

3、将钱投入股市。这在目前的中国,是一种非常行之有效

---

① 《审判台》,1995年特号。

的方法,尤其是在市场极不规范、黑市交易盛行的 1991 年,根本没任何记录可查,使许多人成功地洗了黑钱,将其变为"白色收入"。

黑色经济活动的载体:黑社会组织

我国黑社会组织现在已有企业化经营型、以暴力为资本型等几种组织类型。这些黑社会组织主要从事贩毒、走私、贩卖人口、制造与走私伪币以及控制黄色行业等等违法活动,它们的大量存在与我国刑事犯罪率上升有直接关系。部分地区黑社会组织的存在,已对当地人民生活造成了威胁。

黑社会组织的主要形式

在中国曾经销声匿迹几十年的黑社会组织,近 10 多年来又经历了从无到有、从小到大、从零散化到组织化的过程。全国各省、区都有黑社会组织,广东、广西、云南、四川、山西等省,黑社会势力尤为活跃。1982 年 9 月,深圳市根据实际情况和上级的指示,发布了《关于取缔黑社会组织的通告》,以后每年都取缔和打击了不少黑社会团伙。在 10 多年打黑、反黑的基础上,广东省人大经过几年的深入调查、草拟、论证和反复修改,终于在1993 年 11 月 16 日,通过了中国首部反黑社会地方性法规《广东省惩处黑社会组织活动规定》。该条例规定,对黑社会组织一律予以取缔;对黑社会组织犯罪活动中的首要分子依法从重处罚;禁止黑社会组织成员以任何手段扰乱社会秩序,等等。近几年来中央政府更是不断颁布各种"打黑、反黑"的命令和通知,可见情况已非常严重。根据近几年作者对于黑社会组织类型的调查了解,大致可以分成以下几种类型:

327

企业化经营型：这是黑社会组织中比较成熟的高级形态。目前这种成熟形态的黑社会组织还不太多，但已有苗头。这些人与社会权力机构有较好关系，其组织成员已打破了血缘、地缘关系，一些头目还受过良好教育并有一定的社会身份。其主要财源收入有三大类，一是成立公司，如追债公司，有的叫"某某资产重组公司"，让人还觉得这是现代企业制度改革的产物。1995年3月5日在沈阳破获的"航天清款股份有限公司"，就是由一些黑社会成员组织的所谓"经济实体"。[①] 只是这一黑社会组织无论从组织形式还是从其背景来看，都属于"初级阶段"，不够成熟，与作者了解到的"某某资产重组公司"的背景与运作方式不能相比。二是跻身于一些新兴行业，如啤酒屋、健身行业，或由自己直接经营，或与别人共同经营，或参股。这种参股有的是看到该行业有利可图，用各种方法使原业主无法正常经营，最后挤走原业主；有的是原业主在经营过程中发现诸多困难被迫寻求保护，自己找上门来。三是向"妈咪"（即老鸨）收费。

以暴力为资本型：这是当前中国黑社会的主流形态，也是黑社会组织的骨干力量。这些团伙进行诸如走私、贩卖枪支、偷运毒品、组织非法偷渡、伪造各种证件、欺行霸市等活动。这类团伙一般为紧密型，多以地缘关系或血缘关系为结合纽带。如活动在广东S城的潮汕帮，主要是由揭阳、海陆丰一带人组成。这些组织最初主要是在菜肉海鲜批发市场欺行霸市，形成恶势力，然后走向娱乐业。尔后在公安系统也结纳了一定关系，渐渐走向"正规化"，打打杀杀之类的事逐渐干得少一点了。其主要收入来自酒楼娱乐业的"保护费"及向其"保护"场地的妈咪收"场费"，有些也参股娱乐业。

---

① 《粤港信息日报》(1995年5月6日)。

328

这些以暴力为资本的黑社会组织,正采用各种形式介入社会正常经济生活,比较典型的例子有海南的"南霸天"一案。这个案子很清楚地说明了黑社会组织和政府中掌权人物相勾结之后对地方的奴役。

"南霸天"王英汉是海南省澄迈县金江镇王宅村人。80年代初,王英汉凭借自己会两招武术,以开武馆教授武功为名,网罗门徒。1985年至1989年,他凭借多种手段当上了王宅村村长,进一步网罗流氓烂仔,为其充当打手和保镖。1988年海南办经济特区后,王英汉马上变"武教头"为"包工头",利用他纠集的黑社会帮会势力,强占工程项目。凡金江镇内的建筑工程,绝大多数得由他做,不做也得挂名分利,由此一举成为暴发户。这个带有宗教、行帮性质的黑势力,其骨干成员都是"两抓两放"或"三抓三放"的刑事犯罪分子。几年来,这个团伙共打死2人,打残13人,遭其侮辱、殴打、抢劫、敲诈者不计其数。一位主持正义的县公安局副局长想依法处理王家的一起刑事犯罪案件,就被莫名其妙地免了职,罪犯也在15天后获释。这个团伙在其鼎盛时期,对当地一些企业的负责人和政府的某些部门也进行公开威胁和敲诈勒索。1993年12月,海南顺安实业公司经理李某某与县政府签订了一个修路合同,修建县政府门前至电视塔一段水泥路面。王英汉得知后要求分一部分工程做,遭拒绝后竟用武力威胁工人停工,李最后被迫送了18万元钱给王,才将此事了结。①

这种例子在目前绝对不是个别。如1996年福建惠安县侦破了一个专门发放高利贷,并操纵民间帮会从而引发多起刑事案件的黑社会团伙,其头面人物连希圣认该县公安局局长郑妈

———————

① 《清除"流氓头"》,《南方周末》(1996年1月19日)。

魁为义父,姐夫任水津又是县公安局巡警大队大队长。这一团伙仗着有这些铁杆人物撑腰,平日欺男霸女,横行霸道,大发横财,无恶不作。[①]

最值得注意的是这样一种倾向:在经济信用严重失常的情况下,一些经商者和政府基层单位因用正常手段保证不了自己的应得利益,竟启用一些地方流氓来帮助自己收欠款甚至税费。如江西漳树市淦阳街财政所和鹿汇街财政所于 1996 年 4 月分别聘请了 3 名社会无业人员(其中有劳改释放后劣迹累累不思悔改者),向来往的三轮车收税费,据说是因为人们税法意识淡薄,有人偷税漏税,赖税不交,故需借助这些地痞的力量,以"毒"攻"毒"。某全国著名的小商品市场的一些个体老板,因为人家欠债不还,不得已请了一些黑社会人物帮助催讨,据说这些人物讨债"成效显著",只要他们一上门,不仅欠债赖债者会分文不少地送上欠款,连一些多年的"死账"也被他们讨回。[②]

有的黑社会帮会头目对地方的控制较之上述人物还要厉害得多,如山西临汾的老百姓流传一句话:临汾有两个市长,一个是白道市长,一个是黑道市长。黑道市长即黑社会组织的龙头大哥安小根。据披露,这个"安市长"是个城府很深、谋略智慧型的犯罪行家,统领整个临汾八大黑帮的行动。他不管在临汾的哪一个歌舞厅里出现,老板都要出门迎接,歌手要专门献歌献艺,所到之处,群呼"万岁"。他看中一个村子的地,村民们响应市政府"绿色计划"而辛苦栽种的 3000 株树苗,顷刻之间就被他手下的爪牙用推土机铲掉。设局赌博吃大户更是他的拿手好戏。有人因听别人呼他为"市长",出于好奇多看了他一眼,竟惨

---

① 《惠安摧毁黑社会团伙》,《中华工商时报》(1996 年 6 月 5 日)。

② 《南方周末》(1996 年 11 月 1 日)。

遭杀身之祸,杀人者却逍遥法外。他一位手下的妻子因有几分姿色被他霸占,只因说了一二句不满的话,便被其另外几位手下打残。① 从上述这些事情中,可看出在这个小小的临汾市黑帮势力之"鼎盛"。

黑社会组织与刑事犯罪率上升的直接关系

大多数黑社会组织从事与黄、赌、毒及拐卖人口有关的违法活动,有些组织且有自己的武装。据公安部公布,从 1991 年至 1995 年,全国公安机构共破获拐卖人口案件 9.5 万起,查获拐卖人口犯罪团伙 1.9 万个,抓获人贩子 14.3 万人,解救被拐卖的妇女儿童 8.8 万余名。共查获卖淫嫖娼人员 153.3 万人,查获卖淫团伙 3.2 万个,摧毁卖淫窝点 3 万个,收容卖淫嫖娼人员 17 万人。自 1996 年 4 月开始"严打"以来,已收缴各类非法枪支 56 万支,其中军用枪支 1200 余支。② 犯罪率现在正以每年 60% 的比率上升,从各类传媒零零星星披露的材料来看,这些黑社会组织的大量存在与中国刑事犯罪率上升、社会治安形势日益严峻有密切关系。1996 年 2 月 29 日,中央政府又以新华社通传的形式向全国重新发布了 1991 年 2 月 19 日曾颁发过的《中共中央国务院关于加强社会治安综合治理的决定》,在"决定"中特别强调"我国社会治安形势仍很严峻,刑事犯罪和其它治安问题有增无减,不少地方人民群众缺乏安全感",要求有关部门"充分认识新形势下加强社会治安综合治理的特殊重要性","狠抓落实'谁主管谁负责'的原则",取缔"七害"(即黄、赌、

① 原载《山西青年报》,转摘自《深圳法制报》(1996 年 8 月 25 日)。

② 新华社 1996 年北京 9 月 4 日电;《中华工商时报》(1996 年 7 月 9 日):《"严打"已获取黑枪 56 万支》。

毒、黑等），特别是要防止境外黑势力和我国的犯罪分子相勾结。

贩毒活动成为浪潮　近几年来，中国的走私贩毒已成为一大社会公害。从下列数据可以看出毒品在我国的蔓延之势：仅是公安部门掌握的吸毒人数，1991 年为 14.8 万人，1992 年为 25 万人，1994 年达 38 万人，而到 1996 年增为 52 万人，其中 80％以上为青少年。1991 年到 1994 年，共破获各类毒品违法犯罪案件 8.7 万起，查获涉案违法人员 13.9 万名。在这四年中，中国共强制戒毒 18 万人次。1995 年全国公安机关共破获毒品违法案件 57524 起，抓获涉案违法犯罪人员 73734 名，缴获海洛因 2376 公斤，鸦片 1110 公斤，大麻 466 公斤，共逮捕毒品犯罪分子 12990 人。广东、福建、北京、上海等地公安部门相继破获了一批制贩冰毒大案，查出 20 多个地下加工点。① 而到 1996 年，这种贩卖毒品的犯罪活动继续呈上升趋势，仅是第一季度，全国共破获毒品违法犯罪案件 11832 起，比去年同期增加 37％；缴获海洛因 575 公斤，鸦片 234 公斤，分别比去年同期增加 73％和 10％。截止目前，全国共开办强制戒毒所 500 多个，年强制戒毒 5 万人次，劳教戒毒所 65 个，在所戒毒 1.8 万人次。② 报纸、电视台及电台，频频传出吸毒者家破人亡的报道，其中云南、广西、广东等是吸毒案发率较高的地区。据吸毒者交待，其犯罪最开始都是出于好奇或为了排遣忧愁等。但往往一吸上，就能造成家庭分裂，人生不幸，最后走上毁灭之途。毒品市场的迅速扩大，对社会造成了极大的威胁。

中国对毒品的量刑不可谓不重：贩毒 50 克以上，情节特别

---

① 《粤港信息日报》(1995 年 5 月 13 日)。

② 《南方周末》(1996 年 6 月 28 日)，《中华工商时报》(1996 年 6 月 29 日)。

严重的毒贩判处死刑。但由于高利润的吸引,还是有不少人陆续加入这一行列。从 90 年代初开始,广东的贩毒分子呈明显的团伙化趋势,其中粤东又以家庭团伙贩毒的特点,明显区别于广东其它地区。1996 年 3 月 29 日破获的一桩跨国跨省大毒案,就是由广东普宁沈氏三兄弟及其他家族成员组成的贩毒集团所为。[①] 贩卖毒品的利润一般高达百分之百,号称 1995 年世界第六大毒案、中国第一毒案的主角王世鉴,在金三角地区以每只 4.3 万元价格买下的海洛因,一到广州就能以每只 9 万元的价格出手。[②] 而这里只是批发价,最后到吸毒者手里,零售价格还要比批发价格高出百分之百以上。其间的差额,就成了这些贩毒的黑社会团伙的收入来源。据海关总署透露,从 1989 年到 1996 年 11 月,我国海关共缴获各类毒品 1575.4 公斤,精神药物 146.6 公斤,可制毒化学原料 25.5 吨。[③]

对贩毒团伙每年的总收入,国际上有一个形成惯例的估算比例,那就是每年被查获的毒品只占整个流通量的 5% 左右。如以此比例估算,我国每年损失在毒品一项上的社会财富就相当惊人。

毒品犯罪发展到 20 世纪 90 年代,已呈现出许多新的特点,并衍生出许多社会问题。而作为一个在国际禁毒中起重要作用的大国,我们有关禁毒的理论研究和指导现在都大大落后于形

---

① 《粤港信息日报》(1996 年 4 月 13 日)。

② 《南方周末》(1996 年 6 月 28 日):《中国第一毒案》。仅在这一编号为"9601"跨境贩毒大案中,缴获的海洛因就达 598.85 公斤。据各种报道分析,中国现在的走私毒品案规模越来越大,在"3·29"沈氏家族贩毒案中缴获毒品 28 公斤;惠东县"4·22"特大贩毒案缴获 42 公斤;广州市卢汉强特大贩毒案缴获 80.25 公斤。

③ 新华社北京 1996 年 11 月 26 日电。

势需要。为了扼制毒品犯罪,加强戒毒,降低复吸率,提高破案率,必须从社会学、经济学、医学等角度来研究毒品犯罪问题,以加强禁毒工作的科学性,这在中国确实是当务之急。

逐渐被黑社会组织控制的"黄色"行业 近10多年来,中国的"黄色"行业发展得很快。这种"快"后面隐藏着一种价值伦理观念的变迁。这一点可以从这些黄色行业的从业者的动机得到证实:据调查,这些人当中没有多少人是出于生活所迫,而主要是认为这一行业挣钱快且多,还无需投入资本,只要年青就行。

中国黄色行业中的女性,在80年代还大多处于自由状态,没有黑社会涉足其中。但由于这一阶层基本处于无助状态,她们的财富很容易成为别人觊觎的对象,导致涉娼凶杀案逐渐增多。[①] 在这种情况下,她们比较倾向于找"保护人",这就是广东俗称"鸡头"产生的部分原因。另一方面,由于色情行业获利巨大,许多黑社会组织也逐渐介入这一行业。所以到了90年代以后,色情行业渐为黑社会势力所控制。1996年1月15日大连破获的"三女神"酒吧一案,就是一个由黑社会组织控制的卖淫集团。该酒吧秘设暗道,齐备淫秽物品,形成了自己的一整套管理制度和利益分配规则,并豢养着大批维护妓院规则的打手。在这类由黑社会组织管理的妓院里,卖淫女已失去了"自由竞争"时代的自由和经济收益,嫖客的嫖资大部分被黑社会组织榨

---

① 《致命的欲壑——对我市涉娼凶杀案件的调查分析》,《深圳法制报》
（1996年1月10日）。

取①。

在全国范围内,黑社会组织介入娱乐业已不是秘密。以著名的 S 城为例,该地的啤酒屋、歌舞厅基本上都有黑社会组织介入。据调查,该城各辖区的派出所都设有内保科,要求宾馆、歌舞厅、啤酒屋之类进行治安联网,缴纳治安费。如不加入联防网络的单位,派出所对其治安问题就不负责。而这些地方向派出所交纳治安费,不一定就能买到平安,因为派出所无法分出警力坐镇该娱乐场所。而向黑社会组织交纳治安费,黑社会组织会派人看场子。故此这些娱乐场所的老板,一般"黑白"两道都需混得开,否则没法维持经营。黑社会组织在一个"场子"所得,除了老板所交的之外,还有在该"场子"内活动的"妈咪"上交的供奉。色情活动在这些地方都是较公开的,如 S 市 1995 年 11 月 16 日查获的"金台湾"娱乐城,经常在该处出现的"三陪女"等类从事色情服务行业的人,就有 200 人之多。这些地方一般都有黑社会组织收取"保护费",如 S 市×瓜岭×田食街,就有海丰与陆丰两个黑社会组织成员强行向各酒家和服务小姐收取保护费,每家酒楼每月交 200 元,服务小姐每晚交 10 元,最后发展到向各酒楼每位食客收取 10 元做"保护费"。另一个在 1996 年 5 月被破获的以张国进为首的黑社会团伙,从 1989 年起,就在 S 市文锦渡、皇岗这两个口岸,专以福建籍的客商为敲诈对象。他

① 《中国青年报》(1996 年 4 月 8 日):《捣毁地下淫窟》。据这篇文章所载,这个"三女神"酒吧表面上是个酒吧,实际上从事卖淫活动。该酒吧后有秘密通道通往 3 楼的 8 个包房。警方缴获的两个账本上,详细记载着自 1995 年 7 月以来该酒吧接待嫖客 420 余人次的账目。该酒吧老板安凌云供认,嫖客只要花上 500 元嫖资便可通过通道,由暗道里的服务生送往 3 楼的包间。卖淫女接待一次嫖客,便可拿到一张小票,凭票可以领到 200 元钱,其余 300 元便归老板所得。

们对福建在 S 市做进出口贸易的公司和来往车队强行收取"保护费"，并迫使福建籍公司、车队支付其吃喝玩乐的费用。仅福建三远集团有限公司一家就被收取"保护费"以及被迫支付张国进等人各种费用累计近 100 万元人民币。还有 10 多家公司也遭此厄运，被收取巨额保护费。凡不服其控制的企业负责人均被这个黑社会团伙用暴力伤害。这类黑社会组织如不是那种树大根深者，就容易被绳之以法。但另一类和当地警方有联络的，就不那样容易清除。

在广东沿海一带，"黄色行业"的老鸨俗称"妈咪"。这批人一般都是在江湖上久经历炼，颇有呼风唤雨之能的人物。以 S 城为例，目前在该行业中称为"行尊"的"妈咪"已是第二代人物，无论是在素质还是手腕上，都已远远超过第一代"妈咪"。

所谓第一代"妈咪"，都是从卖淫女中"脱颖而出"的人物。本身都是"三陪女"之类，由于时间久，认识的客人与"三陪女"日多，每逢一家新的娱乐场所开业，往往被聘请去做"公关部长"之类的角色。这些人手面大，其去留往往能决定一家娱乐场所的兴衰。但发展到后来，就有一些并非"三陪女"出身的交际花人物介入了这一行业。如 S 城从 1995 年以后崛起的"四大妈咪"，就都是受过高等教育的交际花。这些人对黄色行业的介入，竟使这一行业有了"行规"。为了让大家了解这一行业，这里简单介绍一下这些"妈咪"的活动情况。

宋某，女，28 岁（1996 年），四川外国语学院毕业，原在 S 市某政府部门工作，与高层人物熟悉。后看准了"妈咪"是一个很赚钱的行业，便辞职做了专职"妈咪"。其手下管有 7 个小"妈咪"，组成了一个庞大的网络，这个网络下统属的"小姐"有 700 人之多。在她管理的场子中，三陪女陪客的小费都由客人交给"妈咪"，妈咪收上来以后，扣除各种费用以后再发给小姐。不在其网络上的三陪女无法在其场子内"工作"。宋某在一个规模中等的"场子"凯×啤酒屋所上交给黑社会组织的费用为 4 万(标准并非一成不变,常根据实际情况修订),自称是"中国最大的'妈咪'"。另一个名列宋某后面、在天×宾馆活动的"妈咪",原为导游,号称懂四国语言,其活动手段与宋差不多。这"四大妈咪"由于跟"黑白"两道都特别熟悉,据说"扫黄"都扫不到她们的坐镇之地。①

　　贩毒、卖淫、暴力集团的商业活动,无一不是违法的行为,在其中产生了大量的地下经济。从上述分析可以看出,地上经济和地下经济并不是固定不变的两个范畴。如上述贩毒、卖淫所得的收入如用之于购买公寓、汽车、时装等,那么地下经济又可以转化为地上经济。由于中国目前不少人的收入处于不透明状态,无法断定地下经济所产生的收益在国民经济总产值中到底占了多大份额。但从消费的最终需求看,有不少还是转化成了地上经济。可以说,中国目前的体制上有许多罅隙可乘,在地下经济和地上经济这两个范畴之间,金钱来往自如,穿梭不息。

　　危及正常经济的伪币制造活动　近几年来,中国货币市场受到制造伪币者的严重扰乱。各种传媒不断报道伪造货币者受到惩处的消息。就在 1996 年 2 月 6 日,不少传媒都登载了一桩到当时为止的最大走私伪造货币案,走私总额达 2700 余万元。②台湾在 1996 年侦破的一个伪造人民币集团,几年来竟伪造了 5～6 亿人民币,而这些假人民币,绝大多数都通过走私流

---

① 　这一段材料来自作者调查手记。
② 　新华社 1996 年 2 月 5 日电。

入了中国大陆。① 印制伪钞,用经济学的术语来说,叫做"地下资金生产"。这些伪钞主要都用于非法经济活动,如前一案中的伪钞,其中的950万元,被以10.5∶100和17∶100的比价出售给另一伙从事非法经济活动的人。这些伪钞流入市场,严重扰乱了经济秩序,毒化了国民经济。

泛滥成灾的假冒伪劣商品和地下工厂

假冒伪劣商品为什么在中国盛行?众说纷纭。有一点却是不容置疑的——利益的冲突必须靠法律制衡,刮风式的打假运动其效用不能长久。

泛滥成灾的假冒伪劣商品和地下工厂,严重破坏了中国市场经济的游戏规则,使中国市场形成了"坏车市场模型",对经济发展极为不利。

"发如韭,割复生;头如鸡,割复鸣。"用这句古诗来形容当今中国的假冒伪劣商品和地下工厂真是再贴切不过。大量地下黑工厂是假冒伪劣商品产生的源头,中国各地都有。这些工厂专门生产一些冒牌商品和劣质产品,从药物、食品、建材到电器产品,无所不包。采取的方式五花八门,如擅自使用与他人特有的商品相同或近似的名称、包装、装潢、商标或者标记;擅自使用他人特有的企业名称、字号或姓名;在商品上隐匿依法应当标明的质量、成分、性能、用途、产地、生产者、生产日期、有效期限等,或对此做虚假的表示,以及欺骗性的价格表示;利用广告等形式对

---

① 《伪造人民币数亿元,假钞集团在台落网》,《深圳晚报》(1996年8月12日)。

338

商品或服务的质量、成分、性能、用途、产地、生产者作虚假不实或引人误导的宣传,等等,不一而足。

大量伪劣产品充斥市场,严重损害了消费者的利益,中国政府不得不对产品质量问题表示关心。1991 年国家监督抽查产品综合合格率为 80%(发达国家为 98%),市场抽样的商品合格率仅为 55%,这意味着在市场上出售给消费者的商品,有将近一半是不合格的。各地消费者权益保护委员会经常接到各种各样的投诉,从 1992 年开始,中国政府一直将打假扫劣列为工作重点,开展了"质量万里行"等一系列活动,每次"打假"也都能清除一大批制造伪劣产品的地下工厂,但由于这些地下工厂投入少,获利大,且不用纳税,故此有如韭菜,割了一茬又冒出一茬来,简直有除之不尽之势。据不完全统计,1993 和 1994 这两年,全国就查处标值 52 亿元的假货,立案 21 万多起。[①] 据中国质协理事会提供的资料,中国近 3 年产品质量连年滑坡,抽样合格率 1992 年为 73.3%,1993 年为 70.4%,1994 年为 69.8%(该数据是抽查 4591 个企业的 6028 种产品所得出的)。1995 年一季度产品质量合格率更降为 65.9%,是历年来抽样合格率最低的一次。[②] 国务院的有关领导在一公开场合表示,当前产品的质量状况令人担忧,在国际市场上,我国产品质量、品种、档次缺乏竞争力,质量总体水平大约落后发达国家 10～15 年;原材料、基础件、元器件质量差,影响最终产品质量;企业生产过程中的不良品(包括废品、次品、返修品)损失浪费惊人,据估计约占工业产值 10%,相当于有 10% 的工厂长期生产废次品;产品

---

① 《中国市场经济报》(1995 年 1 月 24 日)。
② 《经济日报》(1995 年 4 月 17 日)。

适用性质量差,滞销产品数量多,1994年库存积压增加1000多亿。①

在这些伪劣产品中,对社会危害最大的莫过于假药、假农药、假酒、伪劣建材了。下列事实虽然零散,但管窥蠡测,从中可以测度到伪劣商品为害之烈:

中国年产酒量达2000万吨,其中有不少假酒。据不完全统计,从1985年到1994年,全国共发生假酒中毒事件20多起,中毒人数为5400多人,其中有200多人死亡。② 这些假酒的生产者主要是一些产品在市场上无竞争能力的地方酒厂。据北京市卫生检疫局进口食品处一位负责人介绍,福建已出现假洋酒生产线,对高档酒采用"釜底抽薪"法,先用焊枪将水晶瓶底烤软,钻一小孔将真酒抽出后,兑入假酒,一瓶真酒通常可胎生100多瓶假酒。对于中低档酒则用注射器插入软木塞抽酒出来后,再兑入假酒。③ 云南电视台1996年8月26日晚在"今日话题"中播出"会泽毒酒案",案犯李荣平、彭传云从云峰化学工业公司购买甲醇3420公斤,非法勾兑成有毒假酒销售,致使192人中毒,其中35人死亡,6人重伤。

至于假药更是充斥市场,各地随时都可以查处一大批。曾风靡一时、被列为某运动会"指定保健药品"的"东方魔液",就是一大伪劣产品。甘肃文县的党参(文党)有数百年历史,驰名全国,但被一些不法分子以次充好,将一些白条参、黄参等低档次的参掺入文党参中,结果砸了文党参的牌子,使当地药材业蒙受巨大损失。山东、辽宁、四川等都是全国假药的集散地,1995年

---

① 《法制日报》(1995年4月26日)。
② 《深圳商报》(1995年3月15日)。
③ 《中国市场经济报》(1995年1月24日)。

5 月卫生部、国家医药管理局、国家中医药局等几家单位联合宣布,全国共查处非法医药经营户 6451 家,取缔药品集贸市场 36 个,查处价值 2000 多万元的药品共 11309 批(件),罚没款 230 多万元,21 人被刑事处罚。① 这当中,山东查处 508 处经营户,取缔药材市场 2 个;辽宁查处 143 处经营户,取缔药材市场 5 个;四川查处非法经营户 1000 余处,取缔药品市场 3 个。② 即便是计划生育用药品,也有伪劣产品,深圳市 1995 年 1~3 月共缴获假冒计生药具 100 多个品种,计 15.7 万件。③

各地消协接到有关食品的投诉也很多,1994 年下半年沈阳市对几十家经销进口食品的单位进行检查,发现在数百个品种中,有 131 个品种超过保质期,95 种无"三期"或"三期"标识不明显的食品仍在销售,有的食品就要过期了,可仓库还有大量库存。一种进口的口香糖已超过保质期达 15 年之久,却还在柜台上销售。④ 1995 年 3 月在北京农业展览馆举办的"'95 春季生活用品展销会"上,北京市朝阳区技术监督局共检查食品、服装、日用百货等 18 类 107 种商品,结果发现其中 30% 的商品存在质量问题。⑤ 据近两年各类传媒报道,在展览会上销售假冒伪劣商品的事全国各地时有发生。

与此同时,假洋货也充斥中国市场。据各地消费者协会 1994 年的统计,消费者对进口商品的投诉增多,且多集中在彩电、空调、音响、录像机、摄像机、小录音机、电池、服装、皮鞋、食

① 《法制日报》(1995 年 5 月 12 日)。
② 《法制日报》(1995 年 5 月 15 日)。
③ 《深圳商报》(1995 年 4 月 3 日)。
④ 《中国市场经济报》(1995 年 1 月 24 日)。
⑤ 《粤港信息日报》(1995 年 4 月 6 日)。

品等 19 类日常用品上。进口家电的问题最严重,直接危及人的生命与健康。1994 年 12 月,北京市丰台区一市民家中的 25 寸彩电因机内线路短路发生爆炸,在场 4 人被大面积烧伤。据调查,市场销售的进口电器问题严重,如四川广汉川工贸公司经营销售的 180 台日本松下 TC—2189XR 彩电,显像管为深圳赛格日立彩色显示器件有限公司生产,其输出变压器、电子调谐器、开关电源变压器、继电器等关键元件均为中国各有关工厂制造。云南消费者协会根据广大消费者的投诉反映,曾会同有关部门对昆明市场的进口家电进行了一次突击检查,发现不少商店在没有向有关部门报验的情况下,擅自销售进口家电。在这次检查中,发现有 43 家商店销售伪劣家电产品,共 17 个品种,2116 件。其中一家国有大商场销售的一批松下彩电,其显像管没有一个是松下公司制造,有的整机铭牌竟是用易拉罐铝皮制成。更为严重的是,这批 7 个型号的彩电,有两个不符合中国国家标准要求,直接危及到消费者的生命安全。

据中国消费者协会有关人士介绍,假劣洋货发源地很多,以家电为例,目前中国市场上销售的进口家电不少为进口散件,国内组装;国内产品假冒国外名牌的现象也十分严重。造成这种现象的原因主要是近年来国家对家用电器的经营放开,国内市场进货渠道越来越多,一些不符合国家安全质量标准规定的国外产品,通过非正常渠道进入中国市场,其中有一部分是国外厂商未申请中国安全质量许可证书,其产品非法进入中国市场;还有些是国内部分外贸公司违反国家有关法规,通过边境贸易易货进口的国外产品。1994 年,据抽查北京、上海、广东等 13 个省市 91 家大中型商场的 161 种型号上述进口商品,有 84 种型号没有经过商检部门的安全质量检验,加贴商检标志,占被抽查商品的 52.17%。在有些城市,没有加贴商检安全标志的商品占到 90％ 左右。由于这些商品未经中国商检部门检验,安全质量得不到保证,一旦出现质量问题,消费者不仅会蒙受经济损失,人身财产还可能受到严重损失。

本章所述进口商品存在的问题,绝大多数发现于国有大中型商场。中国社会经济调查研究中心等单位,于 1994 年 8 月份采取整群分层抽样的方法,对北京市假冒伪劣商品进行调查,得出了令人震惊的调查结果:消费者在国有大中型商场购买过假冒伪劣商品的人数比例非常之高,达 23.5％,赶上了个体商店,而且超过了个体摊位。

甚至防伪商品也有假。据中国防伪行业协会统计,全国目前生产激光全息防伪标志的企业已有近 200 家,且呈不断扩大的趋势。其中不少厂家并无必需的技术和设备力量,从而使大量水平低、易于仿制的劣质防伪产品充斥市场,导致社会产生质量信誉危机。《南方周末》曾组织一次关于假冒伪劣商品的公众调查,结果显示,公众认为假冒伪劣最多的商品是:名牌服装(56.7％)、食品及饮料(50.8％)、保健品补品(47.2％)、音像制品(39％)。[①] 也正因如此,在 1996 年中国工商业企业才会推出以保证商品质量为主要内容的承诺制,这种承诺制的出台,只能说明中国的消费者目前在日常购物中连基本权益都难以保证。

假冒伪劣商品为什么在中国盛行? 各方面人士这些年来发表了许多看法,最有代表性的看法是认为我国生产力水平低下,生产决定消费。有人统计,国人消费的日用品 95％ 来自于集市贸易,这就很能说明问题。销售"假冒"商品违法,但销售"劣次"商品却不违法,而这些商品往往有其相应的低价格,老百姓愿意接受。如一件衣服,小商品市场上卖的价格往往是大商场的几

---

① 《南方周末》(1996 年 7 月 26 日)。

分之一,同样的使用价值,而且质地相近,选择低价是正常的。

美国经济学家阿克罗夫早在 20 多年以前就针对上述消费者偏好,提出"坏车市场模型"之说。他认为市场上有好车和坏车,坏车进入市场以后,人们对车有了价格预期,愿意付出的价格降低。好车成本高价格也高,但由于坏车不断进入,导致好车也卖不了高价,最终使好车反而卖不出去。这一现象是由两方面原因决定的:一是坏车市场对好车市场具有外部性。坏车影响对好车的评价,影响对产品愿意付出的价格;二是信息不对称,买车的人不知道好车坏车的整体信息,只有当使用后才知道好坏。由此造成相信真品的人少了,愿意为真品付出高价的人少了,最终导致市场失败。

1995 年初,广东举行过一次"广东企业与商标研讨会",数百个与会代表签署了一个类似宣言的特别文件。在那份特别文件上,有这么一段话:"一个国家也好,一个地区也好,如果她的管理者和她的人民容忍甚至纵容商标侵犯行为,那么这个国家或者地区的经济,注定只能是第二流的。"这段话,无论如何应当引起人们的深思。因为在市场经济条件下,利益的冲突通常要靠法律制衡,刮风式的打假运动其效用不能长久。在打假方式与打假成本、效率方面,运动式的打假必然比不上法制约束。

黑色经济泛滥的严重后果

黑色经济泛滥是对政府和法律尊严的极大蔑视,它使我国统计数据严重失真,打乱了人力、物力资源的分配,极大地嘲弄了以劳动生产率为本位的分配法则,使人们看到另一种以投机或机会为本位的分配法则更有利可图,扭曲了人们的道德观念,毒害了社会心理。更值得警惕的是,我国目前这种黑色经济活动和政府少部分腐败分子有密切关系,这类"官黑结合"的事实说明,走向法治化的现代公民社会与走向"意大利模式"这两种可能性在我国现阶段同时存在。

黑色经济的泛滥使少数人得利,但是这少数人的得利是建立在社会性的牺牲上的。它的危害在世界范围内均引起了重视,我们采取"驼鸟政策"回避这一问题,却并不等于这一问题不复存在。倒是正视它还有可能解决问题。经济学家忽视地下经济的存在,其结果是使自己对中国经济状况的分析严重失真,使本应成为当代"显学"的经济学在中国变成了纸上谈兵的东西。政府根据这些不实的数据和错误的理论去制定政策,后果就会更严重。

概言之,黑色经济的严重后果可以从这几方面进行概括:

一、地下经济破坏公平竞争的原则,干扰市场进入和退出规则的实施。地下经济活动的参与者在从事经济活动时,往往没有经过规范的市场准入过程。如地下工厂以及走私贩私者,根本不具备市场主体资格,他们用非法手段进入市场,从事经营活动的成本很低,更兼他们的利益是建立在消费者利益受损的基础上,其行为短期化的特征很明显,通常是打一枪换一个地方,捞足了就一走了之。正是由于他们的大量活动,整个市场秩序陷入混乱。

二、它严重打乱了人力、物力资源的分配,极大地嘲弄了以劳动生产率为本位的分配法则。使人们看到以投机或机会为本位的分配法则更有利可图。中国这些年来以机会为本位,凭借关系网和投机进行分配大行其道,就是黑色经济盛行的结果。

三、黑色经济的大量存在是对政府和法律尊严的极大蔑视。由于黑色经济鼓励违法和投机取巧,最终导致守法者和违法者的收入出现相当大的差距,其结果是严重扭曲了人们的道德观念,毒害了社会心理,使人们普遍寄希望于投机取巧,引导了更多的人铤而走险去干违法的事。在这种情况下,政府被迫在有限的国家财政中,不断增大惩治犯罪的公共支出投入。

四、使政府的统计数据严重失真。大量的黑色经济——黑色收入的存在,使得政府在分配和消费方面所公布的数据均蒙上了一层不可信的色彩。由于大家都觉得统计数字掺水(这一点甚至在人大会议上由人大代表们提出质询,需要由国家统计局的官员出面力陈数据的可靠性),与政府公布的统计数据相比,现在人们更愿意相信其实有很大局限性的局部调查。

必须指出的是,我国目前黑色经济活动猖獗和政府部门少部分腐败分子的暗中支持甚至直接参与紧密相关。那些以国有资产和国有资源为掠夺对象的黑色经济活动基本上是"内部人"所为,即便是那些走私、黄色经济活动,也有少部分政府中的腐败分子支持,前面所述惠安县公安局长只是其中一例。在 1996 年 6 月,广东省政协主席郭荣昌在一个公开场合指出,沿海走私为什么屡禁不止,其原因就在于缉私部门出现"护私内鬼"。据有关传媒透露,广东部分地区走私仍然猖獗,在 1996 年上半年的两个月内,仅湛江就先后组织 6 次区域性联合打私活动,查获走私案 86 宗,案值 4637 万元。广东省政协副主席林兴胜和康乐书在 6 月分别带领视察组到惠东、汕尾、陆丰、惠来、湛江、雷州、徐闻等七个市县以及走私严重的甲子、碣石、江洪、企水等九个乡镇港口、码头实地视察,发现问题不少,如走私案主犯、团伙头子未抓获归案,缉私部门出现少数"护私"者等。① 广东惠东县自 1994 年 12 月 28 日至 1995 年 11 月 20 日,对走私货物

----

① 《报刊文摘》(1996 年 7 月 4 日)。

罚款放行共 16691 车(其中挂军警牌车辆 10689 车,占总车次的64％),罚款 4595.7 万元,运载走私货物约 10.9 万吨,货值估算4.4 亿元,累计使走私分子逃避关税约 2.8 亿元。据查,惠东县对走私货物罚款放行,首先是县公安局、县打私办于 1994 年底、1995 年初自行上路设卡、自定标准实行的。对此,县委、县政府主要领导和分管领导先是失察,而后赞同、支持,并作出某些错误决策,使罚款放行从执法部门的违法行为逐步演变成"工商为主、公安协助、财政监督、打私办协调"的政府行为。一些执法部门的负责人为攫取非法利益,不惜与走私分子内外勾结,搞"假罚款"、"假拍卖",进行权钱交易,使惠东县一度成为全国的一个走私重点地区。[①] 不少企业也参加了走私活动,1996 年 6 月 10日广东省高级法院审结广东湛江富力公司走私案,该案走私物品价值达 10.4 亿元人民币,偷逃关税和增值税达 5.4 亿多元。[②] 广东省湛江市遂溪县委副书记、县长刘强辉,因放纵庇护走私,造成国家近亿元的损失,于 1996 年 9 月上旬被湛江市委勒令停职检查,同时被立案停职检查或移交司法机关侦查的还有该县打击走私办公室、工商局、公安局、农业银行遂溪支行的负责人等 6 人,其罪状主要是或与走私犯罪嫌疑人通谋,或为走私活动提供巨额资金(贷款)[③]。

但和另一些黑权结合现象相比,这种目的只局限于赚钱的黑权结合似乎又算不了什么。

已有传媒指出,目前某些领导干部中已出现伴大款、伴上司、伴黑的"三伴现象"。前两种现象已出现好些年,后者则是近

① 《惠东县"罚款放私"真相大白》,《羊城晚报》(1996 年 7 月 26 日)。

② 《中华工商时报》(1996 年 6 月 15 日)。

③ 中新社湛江 1996 年 9 月 10 日电,见《深星时报》(1996 年 9 月 11 日)。

几年才有的"新时尚"。一些基层干部对治下的黑社会势力不但不进行约束制裁，反而引之为"可以借助的力量"，或明或暗，互有往来，甚至互为倚恃，以此来实现自己的某种"私人目的"。如此行事的人，往往还自诩为"上交权贵，下交江湖"，获得在"上九流"和"下九流"中都能应付裕如的"好名声"。广东阳春市两名副市长为翦除自己仕途中的障碍，居然与黑道人物联手，出钱请黑社会杀手杀害现任市长，谋杀黑网甚至编到了海外，连加拿大的黑道人物都参与了这次谋杀行动。① 如此局面都已出现，对"黑权结合"现象还不予以有力制裁，任其坐大，后果实在堪虞。

中国目前这种地下经济泛滥的局面，其危害性已经有目共睹。如何才能遏止它的继续泛滥已经成了一个不容忽视的问题。

从目前的情况看来，降低黑色收入的最佳方法莫过于通过政策来加大犯罪的经济成本，使犯罪变得无利可图，进而达到减少或制止犯罪的目的。1992 年的诺贝尔经济学奖得主、美国芝加哥大学教授加利·S·贝克，就是因他将微观经济分析的领域扩大到非市场行为的人类行为及其相互作用的广阔领域，而摘取当年桂冠的。

与同时代经济学家有着显著区别的是，贝克研究分析的社会问题常超出一般经济学家考虑的范围。他在其名著《人类行为的经济学分析》中，集中论述了罪与罚，亦即犯罪行为和对付犯罪的公共政策问题。传统观点对犯罪通常持如此看法，即认为犯罪行为是精神病和社会压迫造成的，罪犯是社会制度可怜的"牺牲品"，这一观点最著名的表述是法国文豪雨果在《悲惨世界》里一再强调的那句名言："当一个人心里充满了黑暗的时候，

---

① 《南方周末》(1997 年 9 月 26 日)。

犯罪的不是犯罪的人,而是制造黑暗的人。"这面人道主义的旗帜曾在两个世纪里高高张扬,一直作为批判司法制度缺陷以及体现人类对弱者的关怀精神而存在。尤其是当著名的心理分析家米林格的《罚之罪》一书于 1961 年出版以后,这种态度开始对美国社会政策施加重大影响,法律日益向扩大罪犯的权利改变,从而减轻了对罪犯的警惕与定罪,对守法的人民提供的保护日益减少。但由于现代社会中人们犯罪的动机和犯罪的内容已和 18 世纪有了很大的不同,再用这种人道主义观点来分析犯罪行为,尤其是分析以贪污腐败为主要内容的经济犯罪与以贩毒或财产型犯罪为主要内容的刑事犯罪显然已不合适。贝克根据自己对社会犯罪行为的长期观察,认为犯罪实际上是一种"经济活动",犯罪分子有自己的"成本"和"收益"。犯罪分子之所以实施犯罪,是因为他预期犯罪收益大于成本,所以犯罪是在权衡各种谋利方式的成本和收益以后作出的理性选择。而犯罪量不仅决定于可能犯罪者的理性与偏好,也决定于政策创造的经济和社会环境,包括用于警察局的支出、不同罪行的惩罚,以及上学、就业、训练计划的机会。贝克因此提出,对付违法行为的最优公共政策就是提高违法成本,使违法"不合算"。

贝克认为,一般而言,犯罪成本包括三方面:一是直接成本,即实施犯罪过程中产生的成本,包括作案工具、作案经费、作案时间等直接用于犯罪的开支。二是犯罪的时间机会成本,由于一个人把一部分时间用于犯罪,那么通过合法活动谋利的时间就会减少,由此自动放弃的经济活动可能产生纯收益,即为犯罪的机会成本。三是处罚成本,即犯罪被司法机关侦破并被判处刑罚对犯罪分子所造成的经济损失。

由于这些预期的犯罪成本能否成为现实中的犯罪成本,还取决于司法机关的破案率,基于此,犯罪学专家将犯罪成本用如下公式表示：

　　犯罪成本＝犯罪直接成本＋犯罪机会成本（犯罪惩罚成本×破案率）

　　从犯罪成本的计算公式中，我们可以看出影响犯罪成本高低的因素有4个，其中犯罪直接成本和犯罪机会成本与人们所受教育程度、工资收入、就业机会、年龄等相关，在短期内是相对稳定的常量。惩罚成本则是以破案率为前提，破案率越高，犯罪者就越少。从犯罪经济学的角度看，一流的罪犯就是用最小的犯罪成本获得最大的犯罪收益，而政府要采取的措施则是通过一系列社会公共政策，使罪犯的犯罪成本最大化，最后达到减少犯罪率的目标。鉴于此，贝克特别强调，一个人犯罪以后被捕的概率比监禁期限有更大的阻遏犯罪作用。

　　借用贝克的理论来分析中国的现状，会发现一个非常危险的倾向：黑社会力量渗透社会的范围越来越广泛。而上述那种"官黑"结合的直接结果是大大降低了犯罪成本，而只要犯罪成本低于守法的成本，那么"劣币驱逐良币"的现象就还会存在，黑色经济活动就不会停止。这类"官黑勾结"的活动，毫不含糊地向社会公众表明，对转型期的中国来说，走向法治化的现代"公民社会"与走向"意大利模式"的两种可能性同时存在，今后若干年内国家的努力方向会决定社会的生存状态。

深刻反思改革中的全部难点问题就会发现，成为改革最大阻力的因素就是权力市场化。

国有资产流失到个人口袋的成本大约是 7:3，即每流失 1 万元国有资产，其中有 70% 的资产要作为掩盖这种流失的"成本"。那 30% 也还不一定能转化为国内的生产资本。

至于那些拥有"别墅、轿车、美女、叭儿狗"这 90 年代的"四大件"的暴发户，在我眼中，也只不过是全身披挂着现代物质的野蛮人。

结　语

公平和正义：
评判社会制度的阿基米德支点

通过对转轨期政治经济学问题及种种不良事后反应的条陈缕析，应该承认，以效率优先为基础的"先增长、后分配"的经济增长战略，实践后果是相当严重的，必须尽快予以矫正。

351

"效率优先"经济增长战略的缺陷

以"效率优先"为价值取向和政策目标的经济增长战略,其伦理支持是这样一个观点:生产先于分配,发展和公平不可兼得。要想发展经济,必须牺牲社会公正。这一战略在我国的实践引起了社会各方面的不良政治反应,以破坏法律制度和社会公德达到互利目的的社会性腐败必将使改革夭折。因此我国现在一定要放弃那种以效率优先为目标、没有发展的经济增长战略,重新选择具有社会内容的发展战略。

正如前面讲述过的那样,效率优先的发展战略实质上是一种经济增长战略,这种战略的价值取向和政策目标是效率优先,这种观点表现在经济生活中,就是对 GNP 的努力追求,对高速度的强烈攀比。为达到这一目标,需要大规模地增加投资,而大规模投资,又要求有较高的资本形成和储蓄率。这方面的理论代表是"哈罗德-杜马模型"。这一理论模型的伦理支持是在国际经济学界曾流行一时的看法:生产先于分配,发展和公平不可兼得。尤其是在第三世界国家,尚不足以从社会公正方面思考并付出平等改革的代价。要想达到经济发展,必须牺牲社会公正。

这种思路在我国改革初期被演绎成这样:在经济发展初期,收入分配不公平有利于资本形成和经济增长,腐败也有利于消解旧体制,GNP 的高速增长就是一切,为此甚至可以付出社会、政治、文化方面的代价。只要把蛋糕做大了,经济增长的效益就会通过"涓滴效应"自动流入社会下层,一些社会经济问题就会自动改善。这种观点在政治学上的反映,就变成了"实力论"。

"实力论"者认为,衡量一个国家的实力,就应只以军力、国力、GNP 等作为发展的指标和尺度。总之,效率优先的增长模式和实力论者的共同特点就是将政治参与和社会参与丢在一边不予考虑。

这种以效率优先为价值取向的发展战略,在本世纪 50～60 年代曾在刚赢得民族独立,希冀迅速摆脱贫困的后发展国家中风靡一时。联合国也与此相配合,于 60 年代初制定了第一个 10 年(1960～1970 年)国际发展战略,强调把经济增长、GNP 和工业发展速度作为最主要的发展目标和衡量经济增长的指标,并具体提出发展中国家 GNP 年均递增 5％的数量指标。

在收入分配领域,发达国家在 19～20 世纪上半叶确实曾经历了为效率而容忍一二代人的不公平分配,甚至使这些国家的人民付出了惨痛代价,如丧失尊严、品质恶化、金钱压迫、不安全感、社会动乱等等。但是今天的发展中国家有发达国家的历史经验在前,人民的福利意识普遍增强,大家认为,贫富差距过大远比普遍贫困更难忍受。今天广大贫困国家的人民可以理直气壮地宣称,平等是一个应该在实践中付诸实施的政策目标。也正因如此,先增长后分配的发展战略在今天的发展中国家的实施结果令人失望,因推行这一战略而陷入困境的典型就是拉丁美洲以及南亚诸国。巴西、墨西哥、阿根廷、哥伦比亚等国以高通胀、高失业率、高度腐败、严重的收入两极分化和累累外债为代价,虽然换得了 GNP 的高速增长,但由此引发的社会矛盾如贫穷、人口激增、资源短缺、分配恶化、政局不稳等却使这些国家陷入了苦难的深渊。南亚的巴基斯坦到了 1958 年,由于大规模的腐败与经济、社会和政治矛盾而导致了"民变"。这些国家共同的特征是:民众只是政治的对象而不是政治的主体,政府亦不能有效地通过法律和民主手段来进行利益整合,官僚、商人、内阁部长等组成了一个个剥削民众的联盟,这些带垄断性的恶性分利集团,垄断了国家的经济,影响政策制定,操纵舆论,向政府寻租,其结果是经济增长的好处广大民众没有享受到,相反却流向富裕阶层,种种社会病反过来又严重阻滞了社会发展。先增长后分配的发展战略因此也就成了没有发展的增长战略,到了60年代后期受到了严重挑战。

这一战略在我国实践的结果一方面是本书提到的种种社会不良反应,另一方面在经济上也导致了严重的后果。如果将这种仅仅在经济领域内推进的改革历程梳理一下,对自1978年开始的这场改革在经济发展中的表现,可以做出如下概括:

经济发展仍未摆脱"膨胀—紧缩—萧条—再膨胀—再紧缩—再萧条"这种一热一冷反复交替的不良循环。

政府的改革思路仍然未跳出"只有国有大中型企业才能救中国"的框框。这种思路注定企业改革只能沿着放权让利的路子走下去。而10多年改革实践告诉我们,放权让利救不活国营企业。由于国有企业在我国经济中占有相当重要的位置,国有企业的改革因此也就会成为中国经济改革进程中一个相当危险的瓶颈口。

在调校"需求过热"病症之后,中国现在正面临着有效需求不足的痛苦。从实际情况分析,贫富差距过大,民众整体购买力不足是有效需求不足的真正根源。承认这一现实,就会发现目前通过刺激消费来启动市场的政策目标有可能无法达成。

如何看待上述问题,是一个亟待厘清的理论问题。只要对中国历史稍有认识的人,都不会认为上述问题是改革带来的。正如本书所一再强调的那样,上述问题有着深刻的历史根源和体制根源,只不过是在改革进程中集中暴露而已,是改革还不够深入全面的具体表现。要想解决这些矛盾,使中国真正走上富强之路,唯一的出路是深化改革和继续加大改革力度。如因为改革进程暴露了种种问题而否定改革,无异于因噎废食,这种"倒洗澡水时连浴盆里的婴儿一起倒掉"的做法,必将使我们再度陷入深重的灾难之中。但是对改革中出现的上述问题,尤其是腐败对改革侵蚀的严重性估计不足,甚至视而不见,那种权钱交易、以破坏法律制度和社会公德达到互利目的的社会性腐败必将使改革夭折。基于此,我们需要对前十几年的改革进行真正的反思。首先一定要放弃那种没有发展、以效率优先为目标的经济增长战略,重新选择具有社会内容的发展战略。对改革的认同不应只认同"名",还要注意其实质内容。

我们应选择什么样的发展战略

为克服传统经济增长战略的缺陷,发达国家学者提出了一种新的发展观,认为发展应以民族、历史、环境、资源等条件为基础,具体来说,发展是经济增长、政治民主、科技水平提高、文化价值观念变迁、社会转型、自然协调生态平衡等多方面因素的总和。这种以人为中心的发展战略,应该成为我国下一阶段的政策选择。

强调"效率优先"、只注重经济发展的经济增长战略由于自身的缺陷而受到了挑战,世界各国都根据自己的国情进行战略性调整,相继为发展战略引进了"公平"这一社会因素。1963年,美国人率先建立包括社会、经济、文化、环境、生活等各项指标在内的新的社会发展指标体系。第一次冲击了以单一的GNP为中心的"发展＝经济"的经济学发展观。也就在此时,罗马俱乐部为批判以"经济增长"为中心的发展观而提出了"增长极限论"，认为经济增长已临近自然生态极限，谴责技术对环境的破坏。虽然罗马俱乐部是从技术性角度以人口、工业化资金、粮食、不可再生资源和环境污染 5 大方面预言经济增长已达到极限，但实质上的深刻含义却是宣告传统经济增长战略在西方工业化国家的结束，为人类认识未来和发展开辟了广阔的新视野。

在未来学提出"增长极限论"不久，由欧美一些经济学家组成的"新经济学研究会"（TOES）提出了生存经济学。这一观点和罗马俱乐部报告有相似之处，他们强调健康的经济发展建立在生态持续能力的基础上，因此他们将自己这一派的论点称之为"持续发展观"。其要点是重视社会与自然界的协调发展，重视改革社会关系，改革权力结构，提倡社会公正，提倡人民参与。在持续发展观里，实际上已隐含把个人的充分发展当作追求的目标。有人将这一理论观点简单概括为："发展 = 经济 + 社会"。但到了 80 年代，各国学者继续就发展观进行了跨地域、跨学科的研究，形成了一种"综合发展观"，这种发展观以法国学者撰写的《新发展观》为代表，对持续发展观既有继承又有突破，提出了人与人、人与环境、人与组织、组织与组织的新主题。综合发展观认为发展应以民族、历史、环境、资源等条件为基础，具体来说，发展是经济增长、政治民主、科技水平提高、文化价值观念变迁、社会转型、自然协调生态平衡等多方面因素的总和。

到了 90 年代，世界经济获得前所未有的发展，物质财富空前增多，但是各国的社会紧张程度却在增加。全世界有 1/5 以上的国家近年来经历过民族冲突，自从 1990 年以来，全世界发生 80 多起战争和武装冲突，政变此起彼伏。在财富增加的同时，穷人越来越多，失业队伍日益庞大，各种犯罪案件急剧上升，和平与发展因此也就成了全球关心的话题。在这种情况下，持综合发展观的未来学家们提出了"以满足人的需求为中心的价值取向",从而将发展的内涵界定为"发展＝社会＋人"。1995年3月在哥本哈根召开的各国首脑会议通过了《宣言》和《行动纲领》,这两个文件阐发了不少重要的理论观点:

1、社会发展以人为中心,人民是从事可持续发展的中心课题,社会发展的最终目标是改善和提高全体人民的生活质量。

2、社会发展与其所发生的文化、生态、经济、政治和精神环境不可分割。

3、社会发展是全世界各国人民的中心需要和愿望;也是各国政府和民间社会各部门的中心责任。社会发展应当列入当前和跨入第21世纪的最优先事项。

上述观点是对综合发展观和持续发展观的继承和突破。作为国际大家族成员中的重要一员,中国在1994年已经提出过"经济和社会的发展要以实现人的全面发展作为出发点和落脚点",表明我们已把握社会发展本质,关键的问题是如何在实践中落实这一点。

要落实这一点,归根结底还是要回到"公平与效率"这一亘古常新的话题上来。

为经济学引回人类关怀

公平与效率,是人类文化中带有终极意义的一个基本命题。它的意义,主要在于作为一种理想,根植于社会制度和人们心中,成为人类世世代代追寻的目标。不少中国经济学者对中国问题的研究之所以被人评为"既不是对中国经济发展的事前科学预测,也不是对社会经济现象事后的实际分析",成为一门严重脱离中国现实的"屠龙术",其原因就在于缺乏人类关怀精神,在对现实经济问题的分析中"见物不见人",只注重编制数学模型,陷入了数学观点的方法论陷阱。中国经济学家要努力的,就是为经济学引回人类关怀,恢复经济学的本来意义:经济学是文化的而非自然的科学,归属于社会性而非技术性范畴。

公平与效率,在经济学、哲学等一切社会科学和人文科学领域,都是一个带有终极意义的基本命题。它的意义,不仅仅只在于它能否为地球村的全体居民在现实中寻求到公平和正义,更重要的是在于它作为一种理想,根植于社会制度和人们心中,成为人类世世代代追寻的目标。可以说,本世纪共产主义运动就是人类寻求公平的大规模实践。我们从巴贝夫的《平等共和国》、圣西门的《实业制度》、傅立叶的《和谐制度》这些19世纪杰出思想家的著作,以及本世纪不少杰出学者的著作,如哈耶克《通向奴役的道路》、冈纳·缪尔达尔的《世界贫困的挑战》《亚洲的戏剧》等,都能清晰地看到他们对"社会公正"这一人类理想的张扬和追求。尤其是冈纳·缪尔达尔对平等的看法值得我们深思。他在考察了南亚11国的政治经济状况以后,明确地提出,"研究这些国家的经济问题而不将腐败作为严重问题来对待的理由是不恰当的,显然是浅薄的或干脆是错误的",在这些国家,社会不平等是经济不平等的一个主要原因,同时经济不平等又加剧了社会不平等,最终使一个国家很难摆脱贫困。

公平与效率在经济学中到底占有什么位置?这只要看看中国经济学的遭遇和难题,就知道丧失了对公平的追求,一门学科会堕入什么境地。

人类历史上至今为止已有过四种"显学":原始社会中巫术至高无上,中世纪神学称雄,到近代哲学一跃成为众学科之王,而降及现代,经济学则成了学术"皇冠上的一颗明珠"。与学科尊荣相适应的是，这几门"显学"的大师级人物都分别是各时代天空中闪烁的明星。神学(后来演变为神权)的威势更非其它学科所能望其项背，连赫赫王权都曾被迫对它低下高贵的头颅。

近几年来中国经济学也日渐成为"显学"，不过这种"显耀"还仅仅只体现在传媒的渲染和部分经济学家的自我感觉上，并非体现在社会评价上。面对"时代呼唤大经济学家"的焦灼和急切，中国经济学界陷入了一种相当难堪和痛苦的境地。

可以说，中国经济学界的痛苦由来已久。只是如今这"痛苦"的来由和改革以前并不一样，改革以前是受外部条件约束而无法展示智慧与才能，因而生出"智慧的痛苦"，而现在则十足是一种难堪和失落。试想，西方的同行们莫不"出将入相"，上结权贵，下交商界。从政者可以入阁，成为部长、总理和大臣；经商者可以成功地在股票、期货、资本市场上纵横驰骋，腰缠万贯。尤其是那些在行内熬出了名气的经济学家，即便人在学府，也照常可以用自己的思想影响政府决策，对金融界、商界颐指气使，那风光，那得意，真是让中国的同行看了以后不自禁要从心底里生出几许羡慕之情。

反观中国，经济学家的风光大有不同。一些据说曾轰动一时的中国经济学家，在纸上纵马驰骋之时游刃有余，而一将理论用之于实践则一触即溃，凡"下海"者大多铩羽而归，偏偏是那些未入流的准文盲在商海中如鱼得水。长此以往，经济学莫说成为中国学术"皇冠上的明珠"，就连以何为本立足于众学科之林都成问题。当笔者到南方一所建校数十年的大学去教了一学期书以后，这感觉便不由得又深了三分：无怪乎我们的"经济学家"要谦虚地声明"经济学家只教人家怎样赚钱，自己并不赚钱"；无怪这个省及省会城市的政府领导并不请这些"经济学家"去为政府筹谋擘画，原因很简单，就是因为这些常在深墙大院里处于半幽闭状态的经济学教授、副教授们，长期以来就凭着一两本经典和数本东抄西凑的教科书"治天下"，对中国这10多年改革到底是如何进行都不甚了了。既然连了解都谈不上，又怎能指望他们对现实经济问题"望、闻、问、切"地进行诊断？这情景确实令人难堪。要知道，经济学在它的发源地一直就是一门学以致用的实用学科，但"淮桔"最后易地竟成了"枳"，到了中国后被"创造性地发展"成了一门只是在纸上奢谈的"屠龙术"。此情此境，又怎能指望时时刻刻需要在现实中"操刀作手术"的政府和商界倚重这样空有"屠龙之术"的"经济学"和"经济学家"呢？

为什么会如此？关键在于我国的经济学家这些年来在对现实经济的分析中见物不见人，只注重编制数学模型，陷入了数学观点的方法论陷阱，整个社会制度差不多不在他们考虑的视野之内。有学者形象地概括了这一现实："(目前)经济论文中充满大量的数学公式，以数学推导代替了经济机理分析，特别是把经济生活中活生生的人客体化，然后再抽象化为符号，建模、输机，而制度问题不见了，人消失了，这样的数学模型必然失去可操作性[①]。"有部分学者甚至还公开声称"历史从来就是靠不公平推进的"，"在中国目前这种状况下，根本不能考虑公平"，"不要反对行骗，要骗出一个新体制来"。我国不少经济学者对中国经济问题的研究之所以被人讥为"既不是对中国经济发展的事前科学预测，更不是对社会经济现象事后的实际分析"，成为一门严重脱离现实的"屠龙术"，其原因就在于此。

中国经济学界的现状告诉世人，中国的经济学亟需引回人类关怀，中国的现状也亟需人文道义评价。人文道义评价不在于它能否在短期内改变社会现实，使"人皆为尧舜"，而在于它为

① 曾昭宁，《公平与效率》。

世人高张了公平和正义的旗帜,昭示了什么是值得人类为之追求和努力的目标。在人类历史上,从来就没有道德理想国的存在,但道德理想却赋予了人类以生存意义与追求目标,一些民族对其不懈的追求,终使自己的生存环境变得较为理想;而另一些奉行功利主义的民族却受到了惩罚,如南亚和南美诸国,他们的短视行为最终使自己的生存环境变得恶劣不堪,其结果是没有任何人在那种制度下感到生活愉快。

没有人类关怀精神的博大,中国的部分经济学者们才会忽视了"分配"的公平规则,忽视了"腐败"在资源分配中的巨大作用,而一再强调"腐败是消解旧体制力量的最佳选择,成本最小,效益最大",才会对中国正在进行的资本原始积累过程视而不见。对社会转型期问题的关注缺乏终极关怀,就不愿意去正视权力市场化的恶劣结果:分配法则早已被扭曲为凭权力、人情关系和投机进行分配。中国当代的资本原始积累就是在这种分配法则下完成的!

现实对中国经济学界的惩罚已经够多了:忽视地下经济在中国国民经济中的地位和作用,根据并不包括地下经济在内的统计数据对中国经济所作出的种种分析预测,因为其失去准确性而陷入空论,进而使人们开始质疑"经济学家"的存在价值。回避国有企业对职工的历史债务,去谈压在国有企业头上的"三座大山"如企业办社会、冗员过多等问题,永远使国有企业的问题无法得到真正解决。不去正视腐败已成为中国经济运行的润滑油,就使经济学者对现实的许多解释成为一纸虚文,最后使经济学在社会公众心目中丧失信誉。而要让公众信服,就必须以公平原则为价值取向来进行制度安排,中国经济学家所要努力的,就是将经济学重新引回到道德的、政治的道路,为经济学引回人类关怀。

向政治之癌宣战

深刻反思改革中的全部难点问题,就会发现成为改革最大阻力的因素就是权力市场化。正是权力市场化造成了大面积的社会分配不公、社会腐败和高通胀率,阻碍了改革的深化进行。

现实表明,在中国进行的经济改革,如果不考虑中国现存的社会、政治和经济结构,只是生吞活剥地照搬西方经济理论,抛开制度特点去谈市场功能,往往会出现权力市场化的情况,从而导致不少改革措施出现"淮桔成枳"的局面。中国这 18 年改革最大的教训就在这里。

深刻反思改革中的全部难点问题就会发现,成为改革最大阻力的因素就是权力市场化。

追寻 18 年改革的轨迹,权力寻租活动领域总是随着改革重点的变化而变化的:商品的价格双轨制——生产要素双轨制(股票交易和土地的批租)——买卖中小国有企业。几乎在每一个阶段,都可以看到权力这只严重变形的手在操纵着利益的分配。越到后来,这种权力寻租活动越明显,越肆无忌惮。大量俯拾即是的事实表明,正是权力市场化造成了大面积的社会分配不公、社会腐败和高通胀率。可以毫不夸张地说,权力市场化阻碍了改革的深化进行,并为改革埋下了许多隐患,这些隐患一旦爆发,其后果不堪设想。中国的现实告诉我们,不谈公平、仅以效率为中心的"经济学"已无力指导中国的改革实践。我们必须从墨西哥危机中总结经验,从南美国家软政权化和分利集团化所造成的农业凋敝、通货膨胀、全社会高度腐败、政治不稳和突发事件频繁等问题中认真吸取教训,既要避免墨西哥式的危机在中国出现,也要避免近百年来不断重复的"中国特色"的社会危机再一次出现。

廓清人们对腐败在社会转型期中所起作用的错误见解,已成了中国时下的当务之急。

腐败消解旧体制付出的社会成本真是最小吗

用腐败消解旧体制"成本最小效益最大"之说可以休矣。这种观点本身就是价值理性被严重扭曲的表现之一。任由现阶段被严重扭曲的价值理性发展下去,只会使中国经济陷入过度投机的旋涡中,造成一种恶性经济环境。

就在《现代化的陷阱》一书杀青之际,从一些朋友那里得知,北京有一些经济学者和其它学科的学者还在发表他们持之已久的看法:用"腐败"来消解旧体制,成本最小,效益最大。

我不明白要用腐败来"消解"的体制到底是极左体制,还是目前新旧并存的"转轨期体制"? 亦或是我们民族那奄奄一息的公平正义? 因为事实表明,作为"腐败代价"的牺牲品不是极左体制,正是公平与正义。

80 年代中期,"腐败"面将会扩散至多大,以及在中国的经济与社会发展中将起什么作用,大家缺乏经验性体验。那时候看到的只是用贿赂等手段,很容易绕过旧体制的障碍,达到一些特定目的。不少人因此认为,这是因为转轨时期有许多体制缝隙给人钻造成的局面,一俟法律制度完善,情况就会改观。但不断出台的法律条文,包括"阳光法"在遏制腐败方面的软弱无力等所有事实都已证明,有"法制"未必就能形成"法治",大规模扩散的腐败造成的不平等分配对中国社会环境起了极为恶劣的毒化作用。面对这些事实,大家本应收拾起对腐败作用的一厢情愿的看法才是。但还有一批学者在大谈腐败有理,认为不管通过什么途径,只要"变"过来就行,一位近几年声名大噪的文化学者,这几年在所到之处都不遗余力地宣传一个观点:腐败有利于中国社会转轨,腐败者获得既得利益后,会为保住自己的既得利益而努力使社会通向法治之路。

——如此国情,却提出如此媚俗的主张,无论如何都使对中国有现实感的人想不通,《荀子》所提倡的"上不循于乱世之君,下不俗于乱世之民"那种绝不媚俗的中国传统人文精神,今天难道真要成为绝响了吗?

我不由得想起一位从事哲学研究的朋友向我谈到的一点感想:如今中国不少经济学者突然都走向另一极端,变成没有良心的数字机器,所有的研究都是"见物不见人",只谈生产力,不谈生产关系,这样的经济学叫什么"经济学"! 他认为今日中国亟需人文科学的道义评价与社会科学的结合。

旁观者清,我认为这位朋友谈的是有关中国当代经济学包括所有社会科学的价值取向的根本问题。产生这些问题的根源就在于这些年来不少学者对转型期的政治经济学问题理解失误,脱离了中国现在的实际变化、发展特点来大谈"对策"。

中国改革的深化,现在已不是诉诸"法律"和法规性文件的问题。因为已出台的许多法律,即使是关系到"国运"的"阳光法"与关系到民族生存的"环境保护法",都只是纸上谈兵,对政府官员和企业经理层缺乏约束作用。为什么会如此? 根源是在社会转型期间,中国人对生存的理解和适应发生根本性变化。在以满足私欲为价值指向的常识理性恶性膨胀的同时,是人文精神的大退缩。从一些贪官对权力的"解释",就如一位县太爷曾公开鼓吹的"读书就是为了当官发财,当官就是要当大官,发财就是要发大财","当官之道嘛,就是会做人,能合人,敢压人,善哄人",从中可知,涤清中国人的价值观是何等重要的当务之急,我国部分公仆的价值观念已被扭曲到何种可怕的程度,人的价值理性和工具理性发生了怎样可怕的劣变。而价值理性从个人来说,涉及的是每个人对人生意义的理解和追求;从民族来说,则关系到一个民族的精神高度。工具理性则涉及到个人的价值取向,在经济生活中则决定了人们追求、使用、管理财富的行为方式。

价值理性被严重扭曲的社会,社会生活其实已经丧失了高尚的生存意蕴。而在严重扭曲的工具理性支配下,人们的经济行为和社会发展的要求相悖。按照现阶段人们这种价值取向和行为方式发展下去,只会使中国经济陷入过度投机的旋涡中,造成一种恶性经济环境。如贪污腐败盛行下的化公为私、经济信用失常、职业道德水准的低下、教育问题上的短视、完全不顾及后果的环境污染。这些问题,笔者在第六章《缺乏伦理规范的市场游戏》中已经谈及。

认为贪污腐败在促进社会转型方面成本最小的看法,实际上正是价值理性被严重扭曲的表现之一。

腐败的路径指向:非法治的金权政治

认为腐败有利于推动社会转轨,并断言以腐败为手段获利的利益集团会进行努力建立法治社会秩序的人,全然没有想到腐败所要消解的"旧体制",即极左型专制已不是转轨时期的主要社会问题。在新法规不断出台的今天,腐败所要消解的就是这些新的法律约束。而腐败泛滥的最终结果只会是目前已露初兆(在少部分地区已型构成社会现实秩序)的"黑权结合";腐败推动的"社会转轨",其路径指向一定不是知识分子天天在纸上型构的"公民法治社会",只会是高度腐败的金权政治或政府和黑社会共同治理社会的"意大利模式"。

治理一个 12 亿人口的国家,要实现经济发展、民族统一,并非易事。在今后几十年内,经济发展会一直作为政府目标。但是社会持续发展是有条件的,那就是千万不能漠视公平,且不能视"腐败"为"社会发展"应付出的社会代价。因为腐败永远只会对参与腐败的个体在短期内有益,对社会则是为害久远。意大利、南亚和南美诸国的历史经验告诉我们:如果以腐败来推动经济发展,最终受惩罚的只会是我们自己。

贪污腐败在我国为什么会发展到如此肆无忌惮的程度?为什么还会有部分学者如此公开坚持、宣扬这种对中国的普通老百姓、尤其是弱者来说简直是非常残酷的"代价论"和"腐败有利论"?

不管是何种公共权力,从其诞生之日起,就都存在着否定这种权力的异化力量——腐败。不承认公共权力伴生腐败这一现实,愚弄的只会是自己。在建国后不久,我国就产生了两个严重的问题,一是政府中官僚主义泛滥,政府部门为公众服务的意识淡薄;二是贪污腐化问题。在这些问题的困扰下,一向特别相信精神力量的国家领导人毛泽东,采取了他习惯采用的非制度性方法,就是不断开展政治斗争和群众运动,以抑制腐败。1950年的整风运动,1951~1952 年的"三反"运动、"五反"运动,1954年及 1957 年的"整党"运动,1963 年的"四清"运动,实质上都是毛泽东对党内腐败分子和反对派进行的清洗。但他认为用这些方式清洗并没有到位,于是发动了文化大革命。毛泽东的晚年悲剧有其深刻的文化背景,和他本人对制度与精神二者作用的认识有关：人的精神力量作用于人和自然的关系之上，可以改天换地，那么在社会生活中，人的自律精神自然应该比制度约束更起作用。所以他一直强调用"整党整风"这类方式解决腐败问题，从来就未想到建章立制。应该说，在毛泽东领导中国的那几十年中，反腐败、反官僚主义的斗争一直没有间断，然而他使用的非制度化手段如极其残酷的阶级斗争、政治斗争、群众运动等对中国社会却十分有害，其结果是将中国拖入了动乱的深渊当中——被"极左"梦魇的余悸缠绕，就是一些学者主张用"腐败"来消解旧体制的缘由所在。

改革要变高度集权的计划经济体制为地方和部门分权的市场经济体制，这就必然要重新进行资源配置，所以在掌握资源配置权力的部门和一些行政执法部门，腐败现象丛生。政府也一直为迅速在全社会蔓延的腐败现象深深困扰，采取了以下三方面办法，一是逐步建立和健全立法机构、司法机构和监督机构，近两年还专门成立了反贪局；二是加速立法；三是不断地发动反腐败运动。这些都表明我国经济市场化和法制建设取得了一定成效，但是党内腐败和政府腐败的问题却一直没有得到有效的解决，严刑重罚之下，政府和庞大的国有资产还是成为各利益集团的寻租猎物。发展到今天，自上而下，社会各阶层都有腐败的倾向，"有肉的卖肉，有灵魂的卖灵魂"。腐败已成为我国政治生活、经济生活的严重污染源，正在毒化社会环境和民族精神。

从执政党和政府的角度来说，必须反腐败，因为"一个政府的腐败意味着另一个政府的诞生"（詹姆斯·哈林顿语），历史证明，高度腐败的政府从没有不垮台的。从人民来说，也必须反腐败，因为如果生活在一个高度腐败的国度内，一切不能诉诸法律，而必须诉诸金钱，诉诸关系网，那诉求的结果绝不是社会正义和公正，而纯粹成了利益诉求；得胜者亦不代表道义优势，只代表他们对掌权者的贿赂手段到家。可想而知,对无钱无势的弱者来说,这种生存环境绝对不会轻松。本书所有的章节中,都真实地分析了中国人的生存意蕴已经堕落到何种可怕的程度。鼓吹腐败有利,实际上是对既得利益者无耻的献媚取宠。

现在 40 岁至 50 岁的知识分子,属于这个共和国的第三代人,其经历无非是文革和后文革两个时期,人生经验中只有反右、阶级斗争、文革等政治运动造成的灾难,由于这些苦难太过深重,以至于其中一些人认为不管用什么手段、通过什么途径,只要能够永远和极左型专制告别就行。

这些主张"代价论"和"腐败有利"论的学者对于腐败的作用只是基于这种一厢情愿的设想:国有资产在这些"假老板"手中,最终结果只是不断的流失,直到消耗至无。奉送私有化既然在政治上得不到肯定,那还不如让"假老板"们趁早化公为私,成为私产以后,这部分资源就会得到合理使用。这种设想之幼稚,是因为他们根本就不知道国有资产流失的成本有多高,以及这些流失到私人口袋中的钱有多少能转化为生产资本。根据笔者多年来与不少局内人交谈而产生的调查体验,国有资产流失到个人口袋的成本大约是 7∶3,即每流失 1 万元国有资产,其中有 70% 的资产要作为掩盖这种流失的"成本",在无数中间环节流失、沉淀(其结果是刺激了黄色产业的畸型发展),那 30% 也还不一定能转化为国内的生产资本,相反倒是转化为国外的购买力,大量的事实表明,越来越多的人将来源不明的财产大规模地卷逃至国外。反过来说,如果一个腐败者贪污到手了 3 万元,国有资产的损失绝对不是这 3 万,而是要以 10 万来计算。以此观之,腐败绝对不是成本最小的推动社会转轨的方式,相反是最消耗社会资源的一种方式!

这些认为腐败有利于推动社会转轨、以腐败为手段获利的利益团体会进行努力建立法治社会秩序的人,全然不会想到,他们想要消解的"旧体制",即极左型专制已不是转轨时期的主要社会问题,在新法规不断出台的今天,腐败所要消解的正是这些新的法律约束。而腐败泛滥的最终结果只会是目前已露初兆(在少部分地区已型构成现实秩序)的"黑权结合",腐败推动的"社会转轨",其路径指向一定不是知识分子天天在纸上型构的"公民法治社会",只会是高度腐败的金权政治或政府和黑社会共同治理社会的"意大利模式"。这一路径指向已不仅仅只是第三世界国家的历史经验,而是已现雏形的中国现实。在本书的前六章中,作者对尚处于初级阶段的"金权政治"做了分析,在第八、九、十章中都剖析了"黑白合流"这一问题在中国的现实性。要知道,这并不是作者为作惊人之语而发的"新论",而是建立于大量事实基础之上的实证分析。

"代价论"或曰"腐败有利论"之缺乏道义和社会良知,还在于他们在设想中只将腐败面限制在经济领域,全然没有想到腐败渗透到司法部门之后,只会导致公义退位。而"作为公平的正义"本应是"不受存在的需要和利益支配,它为对社会制度的评判建立了一个阿基米德的支点[①]",没有了这一支点,司法部门只会变成"衙门八字朝南开,有理无钱莫进来"。所以说,这种"代价论"对中国的老百姓来说,简直是一种非常残酷的嘲弄。试想,如果现在中国的劳动监察部门和工会,也是按照腐败有利的原则来办事,只怕是劳动者根本没有权益可言,《劳动法》将成为聋子的耳朵! 因为任何一个老板,包括国有企业的"假老板",都在经济上比他的"打工仔"们更具经济优势,更能通过贿赂而使"正义"倾斜到自己这边。他们更没想到,腐败一旦蔓延到全

---

① 　罗尔斯《正义论》

社会,其结局绝对不会只限于通过贿赂越过条条框框办事以获取经济利益,而是会渗透到社会生活的方方面面,将整个社会变成坏人和无良者为所欲为的天堂。人的生存意蕴也会堕落不堪,连最能张扬人性之美的两性情爱也会堕落成金钱和肉体的买卖。

1996 年 8 月 26 日,韩国那场引起世界注目的"世纪审判"以两位前总统受到严正制裁而告落幕。这场审判对亚洲来说,其意义非同小可。自二次世界大战以后,韩国经济虽获得了长足发展,但韩国人民却长期生活在社会性腐败制造的痛苦之中。由于高层政府首脑贪赃枉法,导致中下级官员纷纷仿效,在日常生活中,装有手续费、加急费、礼金等的小包成了生活必需品,贿赂和回扣成为民众办事所必须的"敲门砖",黑金政治当道,特权经济盛行,红包文化泛滥,贪污贿赂成风。最终造成经济资源严重错置,社会两极分化严重,贫富差距悬殊,出现了"韩国病"这一流行腐败综合症,韩国也因此在国际社会中得到"腐败、舞弊的罪恶王国"这一"美称"。高度腐败最终严重制约了社会经济的发展,世界银行在 1992 年年度报告中把韩国从"四小龙"队列中剔除出去。

这一次韩国的"世纪审判",与其说是审判这两位前总统,勿宁说是审判韩国的黑暗历史。它对亚洲有非同小可的意义,这次审判提醒亚洲,现代化应有一定的政治标准。如果人民创造的财富都被权贵贪污挥霍,这样的经济发展又有什么意义? 这次韩国通过"世纪审判"来清算黑暗历史,昭示着韩国已经意识到自己必须走出"黑金政治"状态,朝着建立公正社会的目标行进。这场以反贪污腐败为目标的"不流血的革命",其意义早超出了国界,为纯洁亚洲的价值观做出了贡献,也为亚洲其它国家反腐败提供了榜样:只要下定决心,就有可能将腐败这种政治之癌根除。

在韩国忙于清算"黑暗历史"并不断在反腐败的同时，我们又有什么理由认为腐败会推动社会前进，牺牲公正就能换来经济发展？韩国经验昭示给我们的是：为纯洁中国人价值观做出努力的时候到了。

应当承认，学者们主张腐败有利也好，反对腐败也好，都不能从实质上改变当前的腐败现状，因为决定社会现状的毕竟不是这些声音。但是学者作为知识分子的一个特殊高层次群体，他们的态度、他们的声音却代表了社会良知。部分学者在腐败已成为社会发展走向何方的生死存亡的关键问题时，还在主张"腐败有利于消解旧体制力量，对推进改革有利"，只能说明社会公共价值观念已被扭曲到非常可怕的程度。倘若这些学者愿意将"腐败有利论"化为纸面上的文章，我想那一定会成为后人论证我们这一代知识分子丧失良知的具体例证。

上述情况表明，为学术研究引回人类关怀精神，尤其是在中国的国情研究中，对现在所发生的一切进行道义评价，已刻不容缓。

人的品质取决于人文教育的品质

人文科学的意义，绝不止于道德精神层面，转型期许多经济问题难以解决，就在于没有将人文科学的道义评价与社会科学的理性判断结合起来。我们必须摆脱古典经济学单一的人性观，通过人文意义教化启动人性中利他与自我超越的一面。

我曾不止一次听过一些在司法部门工作的人感叹，现在的问题早已不是无法可依，而是有法不依；也曾不止一次地在调查中知晓，假冒伪劣商品得以大行其道的原因，是因为商业部门负责进货的人拿了回扣；更曾听不少国有企业的员工谈到，他们的老总是如何贪污，而大家明知他的腐败劣行却无法可施，因为他早已用钱将上级部门的领导"搞惦"，职工告他不但没用，反还会砸了自己的"饭碗"，等等。这些谈话者有的因格于形势而不得已做过一些事，如因为某种原因在某件事上曲法枉法，放过了本不该放过的腐败分子；或是为领导造假账，为其领导贿赂有关部门人士尽过力等等，但他们在心底深处都没有认为腐败有利，相反还因腐败行为的泛滥而感到茫然无措，不知这样发展下去，国家前途如何。他们能够这样判断，是因为他们还有社会良知，还没有丧失起码的是非感。这种社会良知如再不加以重申，只怕到了下一代，连分辨何者为是，何者为非也会成为难题。

社会良知是靠人文教化长期培育并代际相传，而不是靠空唱利他主义的高调进行说教式教育。我们现在要恢复的不是文革中肆虐的血腥理想和虚假的崇高，而是趁社会成员还没有完全丧失是非感的时候重申民族的固有道德，恢复社会良知。而恢复社会良知就必须仰赖于人文教育，因为人的品质决定于人文教育的品质；尤其是在当今社会道德大滑坡、人心浮躁飘荡之际，我们更须如此。

但恰恰是我们的人文教育品质出了严重的问题。和世界上其它国家不一样，其它发达国家在社会转型时期，恰好是人文科学辉煌、文化大师灿若群星之际。且不说文艺复兴、法国的启蒙时代、德国的古典哲学那些至今都令人类受益的伟大文化成就，就连沙俄时代那样一个黑暗统治时期，他们都出了普希金、托尔斯泰、陀斯妥也夫斯基、别林斯基……就是由于有了这些文化巨匠的存在，就是由于这些文化巨匠用自己的思想信念昭示了人类存在的价值，用他们的信仰、价值、道德、伦理观点燃了爱和智慧之火，维系人类精神于不坠，这才为近现代精神文明提供了原动力，才将世界近、现代史熔铸成人类历史上一部辉煌的史诗。观诸人类文明史，不是阶段性物质成果的产出者，如发明蒸汽机的瓦特等杰出人物，而是阶段性精神成果的产出者，如荷马、亚里斯多德、苏格拉底、伏尔泰、洛克、卢梭、孟德斯鸠……等等文化巨擘，才使我们能准确判断他们所代表的那一时代的文明所具有的价值——强烈的尊严意识和人道主义精神；正因为有了一大批被这种人文素质和历史良知熏陶出来的人民，才能在国家机器与历史要求之间构成一种弹性，使得西方现代文明具有蓬勃向上的精神。

　　我们的问题究竟出在哪里？我们究竟是从什么时候开始出的问题？我们有反右、文革这种世界历史上都罕见的浩劫，但对这两段历史，我们至今最多只有展示运动经过的著作，却没有一本著作昭告世人，中国为什么会发生反右、文革？更没有产生过代表这一时代阶段性文明成果的大思想家或文化巨匠。即使是五四时期或30年代曾辉煌过的一些文学大师，经此两役以后，也大都成了"不唱歌的夜莺"，以至俞平伯先生临死，竟觉自己毕生心血所浇铸的"红学研究"没有价值。老一代的悲剧已尘埃落定，而我们这一代在思想领域内能否为自己建立纪念碑，却也值得怀疑，虽然我案头有一篇某人写的"时报书评"，正在竭力让读者相信最近出版的一本经济学著作的"巨大包容性无论是以往我国经济学的教科书，还是西方的经济学教科书都难望其项背"，但我的感觉却是"数风流人物，难看今朝"，代表着爱和智慧之源的人文科学在中国正处于日益衰竭之中。尤其是从事经济学研究的学者，几乎忘记了这门学科的本质：经济学是"文化"的而非"自然"的科学，归属于社会性而非技术性的范畴。他们更忘了，具有强烈人文精神的自由主义经济学大师哈耶克就曾告诫过世人,他起初满怀对自然科学方法普遍有效的信心开始详尽探讨自己的论题,"后来才发现,当自然科学家急于尝试将其专业思维习惯应用于考虑社会问题时,却常常不可避免带来灾难性的后果。"而哈耶克的思想为什么能垂之久远,至今仍是西方思想界的重要精神资源,就在于他的学说充满了人类关怀精神。人文科学的意义,绝不止于道德精神层面,转型期许多经济问题难以解决,就在于没有将人文科学的道义评价与社会科学的理性判断结合起来。

教育的困境,尤其是人文教育的困境,已无须我在这里细说。文革之前的 30 年,中国根本就没有真正的人文研究和人文教育。自改革开放以来,由于科技当令,举国上下视经济增长为最高目标,因此教育也就理所当然成了经济发展的工具。而教育政策短视和偏差的后果,就是使教育实践沦入了实用的技术性和工具性教育,重视价值和意义创造的人文教育在大学里日渐萎缩,如北京大学、复旦大学这些名牌高校的历史系和哲学系多年来连招生都感困难。人文研究(实际上还只是处于一种介绍西方思想的初级阶段)除了在 80 年代中期的"文化热"中曾热闹过一阵之外,日渐处于一种萎缩的弱势状态。发展到今天,竟有中国最高学府北京大学中文系的学生们向自己的老师们提出疑问:"作为一名文科学生,我们目前所耗精力所学的一切,对于校园外那个熙熙攘攘的世界,到底有什么用?"这些问话的悲剧性在于,问话者根本就不了解人文教育和科技教育的本质区别:技术性、工具性教育培养人的谋生技能,而人文德性作为本体价值从来就无法作为商品进入市场。

中国人文科学那种令人揪心的困境,于此可以感知一二。尤其是想到这一问题竟源出曾哺育了老子、孔子、屈原、司马迁、杜甫、顾炎武等一代又一代文化巨擘的古老中国,那种令人震颤的揪心感更是使人灵魂不得安宁。只有短短两百多年历史的美国,他们的学者已注意到人文精神对社会经济制度的内在结构性支撑,新制度经济学就体现了信仰体系的经济制度意义。1993 年诺贝尔经济学奖得主道格拉斯·诺斯在他的理论中,摆脱了古典经济学"经济人"的单一人性观,而注意到人性利他与自我超越的一面,认为人文意义教化依然是社会发展的重要动力,人文知识分子在社会中有不可或缺的职能功用,从社会总成本核算角度提到了"意识形态的知识型倡导者的报酬体制"。而我们这个国度,可以每年花 200 个亿的公款去洗桑拿浴,可以花近 2000 个亿的公款去吃喝玩乐,却只能拿出 1000 万来作为社会科学基金。人文科学这种外在的困境反过来又影响师资队伍水平和生源质量,从而导致中国现在出现了大批拥有博士、硕士头衔的知识贫乏者。社会价值观的转变更使当代学者的气度和功力受到影响,以至于 1996 年出了这么一本对中国及世界历史及现状缺乏常识理解、令中国的有识者为之汗颜的《中国可以说不》。这本书能引起轰动,除了说明我们的国民已肤浅到了何种程度之外,什么都不能证明。

到了这种地步,我们的民族,我们的政府,难道还不应该关心一下中国人文科学的现实困境?

发展是以人为中心的发展

事实证明,缺乏人文精神的经济发展,使人们在利益的角逐中将不再受到自制、理性、公正、博爱等精神的约束,只有对金钱赤裸裸的无耻追逐。这样的"发展"就算是暂时获得了效益,但充其量只是一种残缺的发展。从动态操作上来说,公平与效率理论虽然表现为时序问题,但哪一原则是解决另一原则的前提和基础，是经济发展中的主要价值判断之一。在进行制度设计时，必须对新制度倾注社会公正与平等的思想。一个国家如不能为自己的国民寻求公平和正义，将永远不可能获得真正的发展。因此社会公平和正义，既是我们评判改革的阿基米德支点，也是评价我们现代化成就的全部出发点。

世俗社会从来就离不开对人文意义的依赖，有深厚宗教资源的国家更还通过宗教精神陶冶教化全社会。事实证明，缺乏人文精神的经济发展，在利益的角逐中人们将不再受到自制、理性、公正、博爱等精神的约束，只有对金钱赤裸裸的无耻追逐。这样的"发展"就算是暂时获得了效益，但充其量只是一种残缺的发展。广东、浙江农民的富裕已让人看到了残缺发展的活生生样板。生活在沿海已经数年，我常常在想，现代化的标志到底是什么？如果说是物资充裕，那么广东沿海及浙江温州一带的农民已经非常富庶，现代物质文明所能给予他们的一切他们都应有尽有，包括买台奔腾586回家玩游戏。但我从来就不觉得这些农民们已经"现代化"；现代化甚至也不是第三产业产值占GNP比重、非农业就业人口占总就业人口的比重、受高等教育人口占总人口比重，以及人均住房等一切有关金钱、人才、技术的总和。因为这些指标在广东沿海几乎都已达到相当高的水平，但我从来就不觉得这个地方已完成了"现代化"。至于那些早已拥有"别墅、轿车、美女、叭儿狗"这90年代的"四大件"的暴发户，在我眼中，也只不过是全身披挂着现代物质的野蛮人。在反复思考以后，我终于悟出，一个富有的社会，如果缺乏对人类充满终极关怀的人文精神，如果缺乏对社会批判力量的博大包容，缺乏对除物质之外更深远的精神追求，这个社会一定不知道自己应该走向何处，那些财富最终也只会被用在一些对社会有害无益的追求上，如吸毒、赌博、玩女人、花天酒地、造豪华阴宅……处于这种生活状态的社会，无论对其怎样宽容地进行评价，都不能认为这种状态算是完成了"现代化"。现代化应该有其特定的精神内容，没有精神追求的社会，财富最后都会花费到畸形消费上去。这是历史对素质低下的暴富者的惩罚，也是对片面强调物质现代化的社会的惩罚。因为这些个人、这个社会既缺乏人文精神的熏陶，又缺乏宗教信仰对人的制约，不少人已丧失了起码的道德感和羞耻感。人之所以区别于动物，就是因为人是唯一能够创造精神生活的高级动物，苏格拉底曾经说过，"人应该追求更美的生活，远过于生活本身"，这位先哲所说的更美的生活，应该是精神和物质的双重富有与和谐。从这一意义来说，人的存在就是一种精神的存在。丧失了精神家园的人类，与动物又有什么区别？物质文明毕竟只解决物质生活的问题，一上升到精神世界，它就无能为力。精神世界的所有问题，只能仰赖于人文科学作出解释。人文科学的作用，就是为人们寻找精神家园。轻视、削弱人文科学的行为，不但使我们现在正在付出代价，将来注定还要受到更严厉的惩罚。

以人为中心的发展观，并不需要我们去创造，世界上已有现成经验可循。如前所述，1995 年哥本哈根社会发展世界首脑会议通过了《宣言》和《行动纲领》，特别在第四条中规定了"社会发展与其发生的文化、生态、经济、政治和精神环境不可分割"，从而使发展观进入了以人为中心的新阶段。结合中国国情，我们在进行非经济领域改革的同时，重视以意义为"导向"的人文教育，赋予社会以理想，赋予社会成员以生活意义。因为金钱不能代替价值，科学技术不产生伦理道德，工具理性不能取代价值理性。正如作者在本书"导论"中所强调的，我们不能在抛弃"计划偶像"的同时,又引进"市场偶像"。在引进市场经济模式时,不要只注意发达国家的科学技术、经济法规,要根据中国的国情对转轨期的经济发展进行人文调剂,否则照现在这样发展下去,终有一天会引起危机共振。

转轨期的中国,比以往任何时候更需要人文精神。没有植根于人文精神这块沃土上的人类关怀,人只会沦为纯粹的经济动物,丧失人所应具有的一切生存意蕴。在进行制度设计时,那些能够对决策产生影响的理论家,尤其是经济学家们,不应该对民众的要求显得过于"冷静",反对进行分配改革,而应该考虑公平与效率两者之间何者为先。因为从动态操作上来说,公平与效率理论虽然具体表现为时序问题,但哪个目标作为经济发展起始阶段上的优先考虑,哪一原则是解决另一原则的前提和基础,是经济发展中的主要价值判断之一。在进行制度设计时,必须对新制度倾注社会公正与平等的思想。

所有发展中国家面临的困难都表明,平等和经济发展密切相关。一个国家如果不能为自己的国民寻求公平和正义,将永远不可能获得真正的发展,并跻身于世界强国之林。

社会公平和正义,既是我们评判改革的阿基米德支点,也是评价我们现代化成就的全部出发点。

后记

追寻学者生命的真谛

一

　　这些年常有朋友问到同一问题:不少和我生活在同一地方的学者都感叹,这地方没法做学术研究,我为什么还能坚持做下去? 每逢听到这问题的时候,我总是半开玩笑地回答说,可能因为我是女人,金钱和权力的吸引力有限。因为要说真实原因,恐怕有张扬之嫌。

　　记得尼采说过,有的人是将自己的伤痛化为哲学,有的人是将自己的富足化为哲学。我想,这句话的意思对学者来说,无非是说一个人的治学思想莫不与其生活经历有关。对于我个人来说,经历和秉性使然,即使是在这个视权势和金钱为生命一切意义的地方,我也没法将自己变成一架追逐权力和金钱的机器。

　　我出生在湖南省邵阳市,由于家乡近 20 多年来治道不佳,有时候想到它时,几乎连自己都很难相信这里出过魏源、蔡锷这些在近代史上璀璨一时的名人。只有忆及那些在我生命成长过程中,曾在思想上深深地影响了我的那批朋友,才会感到一丝温暖。

　　60 年代中期的邵阳市,曾生活着一批颇有"铁肩担道义,妙手著文章"之志的青少年,这批人后来成了该市"文革"中两大圈子的核心人物。一个圈子是以一批知青为核心的"小兵"圈子

(因他们的组织名称为"小兵司令部"而得名)，另一个是以该市的重点中学二中六六届高中学生为核心的"谁主沉浮"圈子(亦因为他们的组织名称为"谁主沉浮"而得名)。他们的才华在文革的特殊产物大字报上尽展风采，读到这些大字报的时候，我还只是个小女孩，也被他们文章的气势所震慑，更为那种被革命英雄主义和道德理想主义陶冶出来的精神气质所感动。我是直到十五六岁，那两个圈子因其核心人物星流云散而不复存在时，才和其中的部分人交上朋友。那时的他们已经不再有"文革"初期那种激情和浪漫主义，多了几分成熟和凝炼。从他们那里，我常借到一些19世纪俄罗斯古典文学与法国启蒙时代的文学作品，对别林斯基的作品更是情有独钟。也许正是受了这种影响，几乎在青少年时期起，我对生活的观察和思维就不太像一个小女孩。这段时期的思想营养以及影响我一生的那种道义责任感，几乎全得益于这个圈子的一些朋友。17岁以后我被迫到湘西山区修枝柳铁路，繁重的体力劳动之余那点可怜的业余时间，还常被无穷无尽的政治学习所占用。由于在同龄人中几乎难以找到可与之深谈的人，我常常一个人穿过茫茫的芦苇滩，孤坐宁静的沅水河边，避开人群去读书——之所以要避开人群，完全是为了"安全"，当时曾因读一本《唐宋名家词选》而被同住一个工棚的女孩检举，说我读"封资修"的东西，书被没收，人也成为当时连队中"反资产阶级腐蚀"的反面典型，大字报贴到我所住的工棚门口——几本能找到的马克思、恩格斯著作和鲁迅作品，就成了当时的主要读物。我无法估计这些朋友对我的影响，但我知道自己的思想成长史上确实打上了这段友谊的深深烙印：在他们中间，我懂得了什么是人生的责任，萌生了人道主义思想的幼芽。这就是我在年龄上不属于"老三届"和"六八年人"，但思想特征却和他们惊人地相似之根源所在。由于时代原因，这些朋友只有少数几个人后来能进入大学深造,但这些人也几乎没有在中国当代思想史上留下痕迹。近10多年来与这些旧友偶然见过几次,我常常为他们今日思想和生活的黯淡感到神伤。他们在青少年时代表现出来那种敏锐的思维,博大的志向,对社会深切的关怀,使我有充足的理由相信,如果生长的环境正常,他们当中原本可以出不少杰出英才。我后来很少再去见这些旧友,这倒不是我不恋旧,而是因为我宁愿让他们当年那种奋发向上、充满了生命力的形象在我心目中定格。也许是因为他们思想生命史上不应该的夭折,我常常觉得自己现在做的事情,并不仅仅只是代表自己。后来到了深圳这块人文学者几乎没有办法生存的地方,我之所以还能坚守自己的信念并坚持这种于我个人并无现实物质利益的学术研究,大概就是因为有这种"代表"意识在冥冥中起着作用。我现在用这本《现代化的陷阱》来祭奠我青少年时期的友谊和那批"思想史上的失踪者"——那些已在我的生活中成为回忆的朋友,是我对他们一种最好的纪念,因为我永远记得他们当年以"知青"和中学生身份忧国忧民的赤子情怀。

二

阐扬自己思想的学术研究因此也就成了我追寻并体现自己生命意义的唯一方式。

学者和政治之间,文运和国运之间,进入20世纪50年代以后,其关系变得前所未有的复杂和微妙,恩怨相缠,遗恨难消。行将进入世纪末,关于这个话题的讨论,才进入探讨学者生命真谛的境界。近年学界对陈寅恪、俞平伯、顾准、吴晗等前两代学者的学术价值取向，人格、信仰、与政治的恩恩怨怨等身前身后事的凝眸回望，其实是文革后成长起来的一代学者对自己生命意义的追寻。也许，我们这一代学者(被称之为"共和国的第三代人")今后学术上的建树将以各自对学者生命真正意义的感悟为基点。

对我本人而言，对学者生命意义的追寻不是开始于现在，而应追溯到10多年前刚进入大学时。当时我在湖南师范大学，学的是历史学，其时正值五六十年代的"五朵金花"之"新史学"重放光彩之时。但那些公式对历史的解释之单调与不可信，凡是爱思考的初学者都会感到有很大的问题。曾将这些疑问向数位教师提出过，但那些在五六十年代进入大学接受教育的教师并无能力解答这些疑问。促使我后来改学经济学的契机，是缘于理论界对我国"商品经济"为什么不能导出资本主义社会无法作出自圆其说的解释。而我到复旦大学经济系读研究生之时，正是"苏式经济学"遭到严重质疑，并被早我入经济学之门的青年学子们抛弃之日。当某位治《资本论》数十年，并在行内颇有名气的老学者去世后，他的几位研究生在参加追悼会后曾悄声议论：这时候离世还避免了难堪，否则再过两年看到自己穷毕生心血所研究的东西竟被后学者弃而不顾，那才比死还难受。

"学问"何以竟到了如此速朽的程度？更令人悲哀的则是我们这一代后起者除了少数师从当年旧学颇有功底的导师者之外，许多人只能靠自己去摸索和架构自己的思想体系。这种没有学术传统可秉持的状态，对我们这一代学者到底意味着什么？至今恐怕还难定论。

学术的价值不仅在于其能舒缓地展示每一个民族精神的文化源流，还在于它达到一定境界时，能够阐扬人类生存的终极意义，并超越时代维系人类精神于不堕。如果学术成了附丽于政治的趋时之作,"学术"还能成其为学术,"学者"还能成其为学者吗? 上述那些作为代表人物的学者,虽然各自的遭际不同,但其生前身后的悲剧根源却在于他们和政治的"不解缘"与"不了情",陈寅恪命运的悲剧性之分外突出,就在于他本是纯粹意义上的学者,他研究的学科本来可以与现实政治无关。在一个正常的社会环境里,他完全可以坐在书斋里神追太古、遨游八极,他本人亦无心政治,不求通显,但"政治"却偏偏不让他平静地做一个与世无争的学者,硬要将他强行拉入一次又一次的政治运动中,"直至灭亡"。其余几位秉持的治学精神、学术传统虽有不同,与政治的缘分也各各相异,但在这份与政治的"不解缘"牵引下,最后都殊途同归,大都死于"文革"劫难之中。即使劫后余生的俞平伯,在其晚年却又对自己的学术生涯进行深刻检讨并自我否定,这种否定的悲剧意味,只有能感知那一时代的学者那种深切的无奈和悲哀的人才可以体味。陈寅恪先生在政治世俗化潮流浩浩荡荡之际,不曲阿附世,坚守自己的文化信念最终成为殉道者,显示了中国传统文化精神的大智大定,以及一个跨越三朝的世纪老人对人生的大彻大悟;而俞平伯晚年的"渐悟",其意虽可悯,其情虽可悲,倒也不失一个真学者的勇气和真性情。只有吴晗的悲剧留给后人追忆的才真正令人有种幻灭感:他忠心耿耿为之奋斗服务的伟人,却用一种非常残酷的方式将他抛弃,那种奉命所做的影射史学,其"学术研究"的"价值",实在令人可悲;其个人命运因这"影射史学"而遭际之惨,则更令人可叹。在缅怀前辈学人的坎坷遭际之时,我常想起克雷洛夫的一句诗:在猫爪子下的夜莺,有谁能唱出好听的歌? 在生和死、贵和贱、荣和辱、闻达与淡泊的生命交叉点上,这两代学者没有谁能把握自己的命运,都只能无可奈何地任由自己被政治的惊涛骇浪颠来簸去。即便是尊荣几十年且最后能正常辞世的郭沫若,又有谁知道他在作了那么多无聊的趋时之作后,心里究竟蕴含了几许无奈和悲苦?

<h1 style="text-align:center">三</h1>

这两代学人的命运,向人昭示了两种类型的文化品格:陈寅恪悲剧性的个人命运和他所代表的文化命运纠缠在一起,为中国传统学术划上了一个有浓郁悲剧色彩的句号,传统史学在达到近现代的最高境界时戛然而断,使后人不能不为他个人及他所代表的文化黯然神伤。而那些跟风意识强烈的学者,姑且勿谈身后事是否寂寞,生前已是毁誉接踵而来。他们的才华几乎都消蚀在服从政治需要的"学术研究"和一些"只领风骚三五日"的文章中,学术良心对强权的屡屡屈从,学术观点服从政治需要的常常改变,都没有为他们换得一生平安。这一事实昭示了,文化本是寂寞的,所谓"热点""焦点"与文化无缘,曲阿附世的文章必定不能长留于世;学者本是寂寞的,一旦成为政治人物,就已不成其为学者。

这个问题关乎到学者的学术良心。中国古代先贤喜欢将"道德文章"二者并称,强调"文以气为先",其实就是指学术的生命力往往取决于其中蕴含的道德力量。爱因斯坦在悼念居里夫人时曾说过一段著名的话:"第一流人物对于历史和历史进程的意义,在其道德方面,也许比单纯的才智成就方面还要大,即使是后者,它们取决于品格的程度,也远超过通常所认为的那样。"

然而吴晗这些学者的命运,又不仅仅只是他们个人的命运。其命运的血脉可从历史文化的长河中找到源头。中国的知识分子们从来就有"达则兼济天下"的抱负,即便是那些"隐者",也大多是"翩然一只云中鹤,飞来飞去宰相衙",为知识而知识的学者少而又少。这一代知识分子命运之特殊,是在于他们碰上了一位精通文史、对中国传统文化怀有独特情结的领袖。领袖的历史文化情结最终要外化为意识形态并一统思想,其后果之惨酷,有大量历史文献为证。自 50 年代以来,本与政治不一定要结缘的哲学、史学、文学、"红学"等,竟都成了"意识形态领域斗争"的兵家必争之地,在多次政治运动的暴虐摧残下,中国学者们的最后一丝自尊与独立都被剥夺得干干净净,在文史哲这几大领域内经过历代学人智慧道德凝成的学术传统被无情腰斩,绵延两千年之久的中国传统文化至此彻底凋零,所谓知识分子群体在中国其实已堕落成一个纯粹的"饭碗集团"。

中国传统的"养士"说道出了中国知识分子的悲剧内核:人文知识分子的本体价值从来就没有作为一种独立的价值被中国社会进行评价。到市场经济发育了 10 余年的今天,人们已深切意识到,人文学科和科技知识二者存在着本质区别:技术性、工具性教育才培养人的谋生技能,而人文德性作为本体价值从来就无法作为商品进入市场。人文知识分子在前几十年的中国曾经有少数人红极一时,那是因为他们已完成了从人文知识分子到意识形态专家导师的角色转换,这一角色转换使这些人文知识分子的人格受到极大扭曲。准确一点说,从他们完成这一转换并成为政治人物后,他们其实已不再是真正的人文知识分子。这也就是那些早年曾屡有佳作问世的一代知识分子,从 50 年代起就再也没有佳作问世的根源所在,作为意识形态导师而发的"作品"自然缺乏感人的人格力量。

四

80 年代后成长起来的中国学者,注定是空前绝后的一代。

说他们"空前"，是因为这代人的经历使他们对社会的感悟和任何一代都不一样；说"绝后"，只是笔者希望造就这一代知识分子的苦难环境将不会在中国再现——如果那种苦难要再现一次，只能说这个民族对苦难几乎没有反思能力——较之前面提到的那些学者，这些人对中国底层社会具有的经验要丰富得多，对世事的洞察力（绝不是陈寅恪那种对历史的洞察力）比之他们的前辈要强得多。他们秉承的不是陈寅恪那种学术传统，倒更多的是秉承了毛泽东时代那种学术政治化的传统和英雄主义教育下那种道义责任感（在经过上山下乡等多种磨难后还剩多少姑且存疑），更兼政治意识形态化时代那种将学术问题变作政治问题的惯性还起作用，所以中国的学术研究从80年代至今还带有很强的"炒作"色彩，热点频出，有过不少文化明星和趋时之作。然而这一代面临的另一种痛苦马上接踵而来，商品化大潮将使许多没有被政治摧垮信心的人文学者面临自生自灭的境地。除了经济学和社会学之外，历史学和哲学都面临一种前所未有的危机，"道"之不传已是现实。

在广东沿海地区这种危机表现得最充分。这些地方物质充裕，但就是没有人文学者一席立足之地。不少人文学者来到这些地方，不是像一缕烟尘一样消失在这个城市，就是对自己原来从事的冷门学术绝袂而去，现炒现卖地做起了"经济学者"，不断在报上发表各种关于经济问题的热门话题，如深港衔接、国有企业改制、企业文化等等，无所不包。以此观之，仿佛中国一夜之间开出了若干个"经济学家"速成班，产出"经济学家"的速度远非英美诸国能够相比。但只要对北京经济学界的话题不陌生的人，就会发现他们做的只是"天下文章一大抄"的功夫。不过现实对他们最大的嘲讽就是他们只被这里的传媒和有关方面尊为"学者"，他们甚至无法被国内同行视为"学者"。

在面临商品大潮的挑战表现得张皇失措的"学者"们,用自己的无聊和追求功利表明:没有自己独立思想的趋时之作,连短暂的生命之花都不能开放。

<h1 style="text-align:center">五</h1>

历史转了一个圈后,又回到了一个老话题:人文科学到底有价还是无价? 知识有用还是无用? 和"文革"中知识无用论不同的是,市场经济接纳了那些知识能外化为商品的科技知识分子和科技知识。纯文化意义的学说竟成了这个物质富庶的时代负担不起的"无用之物",虽然不再像"文革"中那样被政治粗暴地强奸,却成了商品时代的弃儿。

我们这个"商品社会"拒绝人文精神,但市场游戏缺乏规则的状态和当代经济伦理的恶性畸变却又昭告我们,经济的发展必须要有一种人文精神作为支柱和动力,这种人文精神对经济的发展具有规范和推动的作用。如果丧失了人文精神的支撑,财富的追求欲望就必定会沦丧为纯利欲的冲动,导致人们动物性的膨胀、人性的泯灭、社会秩序的混乱和财富的浪费。于此我们可以看到,人文科学的意义,绝不止于道德精神层面,转型期许多经济问题难以解决,就在于没有将人文科学的道义评价与社会科学的理性判断结合起来。

上述这种情况说明,中国现在不但需要人文科学,更需要一些具有人格力量的人文知识分子承担中国文化建设的大任。这种责任历史地落在 40 岁以上这一代知识分子的身上,完全是因为这一代学者的经历所决定的。

40 岁以上这一代学者遭际艰难,饱受磨砺,但却看到了前几代知识分子的命运。从前辈学者的身前身后事中,大家至少可以悟出一些有意义的东西。在中国特殊的国情下，政治和学术之间恩怨相缠的局面注定还将无休无止地继续下去，人文学者生活上的困境在短期内也不可能根本改观。留给纯粹学人的立足之地无论是过去还是今后，都不会让人觉得舒展。前路坎坷，荆棘丛生，在一页页翻卷的历史风云中，每一个关心民族前途的学者，其文章确实都应"合时而著"。但如何"合时"，却与每个人的道德修养及情操有关。那种以从海外引进新概念、新名词为能事，并曲阿附世的"学术研究"，其生命将有如朝露，充其量与以前那些意识形态专家一样，领三五天风骚而已。

学者生命的真义，其实并不需要我们去创造，陈寅恪先生早已在他为王国维立的碑文中说得很明白："唯此独立之精神，自由之思想，历千万祀与天壤而日久，共三光而永光。"我们重新明白这一点，是以几代学人的生命和才华为代价。在前辈学者留下的斑斑血迹和泪痕中，我们这一代学者应该明白什么才是自己治学的"阿基米德支点"。

但愿我们这一代人在探求前辈学者的晚年心境时，多多少少能悟出学者生命的真谛。唯有将自己对生命的体验熔铸到学术研究中去，我们这一代人的学术生命才不会有如朝露。

这本书的问世，则要归功于思想界一些朋友的鼓励。因为我现在的生存环境及时间等一切外部条件，都不容我考虑写这样一本耗时巨大，需要在资料上下许多功夫，并且还要在"说法"上反复琢磨的书。是这些朋友近年来对我所进行的实证研究之意义的充分肯定，给了我很大的精神支持，使我能够在业余状态中坚持做这项比较艰苦的研究。全书初稿完成于 1996 年 8 月底。看过书稿的全国共有数十人，大多是学者和北京的政府官员，因为这本书，我结交了不少新朋友。

中国经济体制改革研究会副秘书长石小敏先生在看过这本书的初稿以后,认为这本书的问世有两个意义:一是书中所谈到的许多问题都是中国现在应该研究而没有研究的问题,此书的问世将为中国的经济学、社会学开拓广阔的研究空间;二是为理论界人士及政府提供了一些新的思路。而国家体制改革研究院的副院长邹东涛先生告诉作者,他是怀着相当激动的心情读这部书稿的。他写了如下一段话:"读了这部书稿后,深感在这30万余字的字里行间,反映了作者富有深厚的社会良知、社会正义感、社会责任感和呼吁社会健康发展的强烈愿望。作者对改革过程中存在的各种社会弊端,特别是腐败问题,透视深刻,分析精辟,无疑是一部有价值、有分量的著作,将产生大的社会影响。"所有这一切,都让我感到很大的安慰。

我永远记得朋友们表现出来的道义精神。在本书出版的过程中,徐友渔、萧功秦、秦晖、朱学勤、尤西林、梁晓燕、陆建华、韩少功、姚莎莎,以及张华夏先生和另一些我未提到名字的朋友,都曾不遗余力地为这部书稿联系出版事宜,其中一些朋友还对书稿提出过一些中肯的修改意见。他们对这本书的关心,远远不是对一个朋友著作的关心,而是对中国改革大业和民族命运的关心。在世俗化潮流浩浩荡荡之际,身处非功利性友谊日益难觅的地方,我常常想起"海内存知己,天涯若比邻"这句流传千古的诗。

值得一提的还有一件事。北京一位朋友将书稿遗失在出租车上,辗转到了国家地矿部的陈战杰先生手中,他看过以后,被其中内容深深打动,立即与我联系并将书稿寄还。他在电话中谈到这部书稿时的激动和真诚,我一直记忆犹新。

作者1997年6月写于深圳市莲花北村

主 编 手 记

何清涟的这部书稿送到我们手中,已有一段时日。为了决定是否出版它,我们踌躇再三。这部书的立意、材料、文字均好,但我们很长一段时间仍是不能决定。这主要关涉到如何估计改革的大趋势? 如何估计改革中出现的新事物及问题,"好得很还是糟得很"?

改革18年来,我们每前进一步几乎都伴随着各种思想的论争。各种观点的尖锐对立是明摆着的。我们回避不了各种理论问题的尖锐性和紧迫性。何清涟这部书是谈问题的,而且是尖锐地谈问题的。在改革取得众所周知的巨大成就时,我们出版这样一部肯定会引起关注和争议的著作,为了什么呢?

首先,盛世不能不讲"危言"。这是十五大报告的一个观点,也是众多的历史教训之一。江泽民同志在十五大报告中,讲到党的建设与反腐败斗争时,语重心长,言之铿锵:党不能自己毁掉自己。在党的正式文件中将党的建设已经遇到和可能遇到的问题及危害提到这种高度来认识,在党的历史上还是第一次。文革灾祸中,明明是百业凋废,人心不齐,偏偏要讲"形势大好""一天比一天好",等我们睁眼看世界,自己已处在崩溃的边缘。邓小平理论的核心是实事求是。十五大报告坚决贯彻了这个精神,在肯定改革取得重大的历史性成就的同时,郑重指出:党内也存在问题,而且问题已发展到关系到党的生死存亡。何种问题发展到如此严重？腐败！腐败不除，改革无望。这是全体公民的呼声。本书利用公开披露的材料，从理论上剖析了这个问题的种种复杂性、危险性。这无疑是一种盛世危言。危言并非耸听，诸君读完全书，就可以了解，出版这部著作，从作者到编者、出版者，何等用心良苦。

第二，本书的一个基本立意是呼唤市场机制中的人文关怀。我们完全支持这一正确的必要的观点。这可能会引起一部分经济学家的不满。有的经济学者主张或以为，铁的无情的市场规则会将中国引向现代化的港湾。从这点出发，他们甚至为改革中出现的大面积的腐败作辩护。这种"腐败有理"论不除，中国的改革绝无希望。请诸位睁眼看看一些腐败分子如何利用改革从不成熟走向成熟的过程中必然会产生的"空隙"，贪婪地掠取国家与社会的财富，就足可以掩卷警思了！在"过程"中产生腐败是必然的，因为公众一般而言不会天生懂得遵守法律和信守道义。但是像陈希同这样大大小小的掌权者的腐败则绝不是必然的，这也不可能是必然的。

没有许许多多优秀者的忘我奋斗，中国的改革不会取得今日的成就。在制度不成熟时造成的种种可能和机遇面前，只有一小撮意志不坚定者成为腐败者。所以，在体制从不完善走向完善的历史发展中，需要一批坚定的爱国者甚至是职业革命家去堵塞这个体制的漏洞。需要一大批人，这批人在领导者的岗位上，具有理想主义的情怀而不只是作为"利益"的代言人，从而去影响和带动全民族走向健康发展的改革轨道。本书的这种立意，我们是支持的。

第三，本书对阻碍改革深层发展的主要问题，即"权力寻租"进行了剖析。腐败者只是一小撮，但这一小撮却危害深远。他们利用自己手中的权力进行寻租活动，大肆侵吞国有财产，败坏了社会风气,加深了社会矛盾,最终,会将改革引向毁灭。本书的妙处不在于泛泛地进行道德讨伐,而是仔细地层层剥离,让这些热衷于权力寻租的腐败分子的伎俩,暴露在光天化日之下。例如,好奇的读者一定想知道,一个好端端的国有企业,怎么会七拐八弯,最终变成外商的囊中之物?那些在杯盘交错、灯红酒绿之中张开血盆大口吞食国有财产的现代江洋大盗,不管挂着什么名头,作者都无情地将他们赤裸裸地展示出来。好不快哉!

同时,作者也作出了体制改革深入发展的展望。其主要观点是:将过分集中的权力从经济活动中逐渐分离出来,使经济活动按照有机的市场规则运作,达到公正和法治的社会目标。在这个问题上,我们佩服作者从大量的第一手材料出发,切中时弊地揭示了在传统体制形成的格局中"权力资本"在市场经济形成过程中的恶的历史作用。但作者似乎过多地对"权力的剥离"倾注了理想主义的热情。因为,权力从过度地干涉经济活动到市场经济机制的完全确立,这一定是个很长的历史过程,同时,在任何时候,政府及行政权力对经济活动的干预(宏观的或局部微观的)是必不可少的,特别是在实行公有制为主体的中国。所以这不是解决目前问题的"最终方案"。这个问题本身具有的难度和实践品格,即使再写九本书恐怕也难以透彻地说明,但有一点是明确的,在这个历史过程中,权力可以产生腐败,权力也可以将运动引向良性发展,这要看什么人掌握权力了。

本书提出的问题是多方面的。在此不可能一一加以详述。如作者对贪渎行为的文化分析就很有新意,能使人认真地考虑我们文化传统中的负面影响。这也令人认真地去分析我们的改革的社会心理文化基础的特殊性。

同时,本书提出的警告也是十分鲜明的,社会财富占有份额的两级分化,不劳而获成为巨富的阶层的形成,种种社会不公正的存在，失业增加和黑社会的勃兴……都足以告诫我们要防患于未然，才能引导改革继续健康发展。需要指出的是，作者在对现实深层考察中所感到的切肤之痛，在披露"恶"的方面做到了不遗余力，然而针砭之笔有时难免偏颇，相信读者能够理解作者对于民族前途命运的拳拳之心。

作者是研究经济学的，她清醒地了解到，不管目前有多少种方案，对于中国的改革来讲，总是一个过程中的过渡。由于我们的法制基础太弱，公民素质有待提升，政体改革还未走上正轨，制度创新过程远未完成，一切均在试验之中。十五大开创了改革发展的一个新的广阔的可能，然而，再好的政策和方略也需要人去实现。所以，作者在本书中呼吁："建立道德与政治责任是改革成功的关键！""转轨期的中国，比以往任何时候更需要人文精神！"

忠言并不逆耳。我们期盼一切关注中国改革命运的有志之士有此共识。

本书的学术特点也颇给人启发。近几年来，中国的人文学术界不断有人提倡远离中心，回到书斋。不说是考据学派复辟，也可说是乾嘉传统回潮。这不是说，在中国的学术发展中，考据工作不需要人去做，问题在于研究和解决紧迫的现实问题，这更需要，更艰难，更学术。清三百年考据之风大盛，义理之学中断。17 世纪开始，世界资本主义以"利炮坚船"拉开了扩张的序幕。世界历史以一日千里之速度突变，而此时的中国文人们在做什么呢？他们匍匐在科举、八股和考据之学中枉度年华。——当然，这种对中华民族历史进程的延误责在政治和历史条件；但问题在于，历史一旦成为惯性，似乎就成为真理，中国的文化人似乎就该这样生活。然而近十几年来，学术界所掀起的一股中国文化热中，也有一股清新之气。一些明白之士重在开掘中华文化的义理之精髓,思考传统文化的现代转型,为今日中华民族安身立命寻找历史文化的依据。同时,对现实深层问题的研究、思考也屡有突破。这些,正是《中国问题报告》丛书所追求的目标。何清涟女士的这部著作正是对于中国具体问题独立思考的结果,的确是学界的一股清新之风,它的重大价值是毋须置疑的。

许　明

1997 年 12 月 10 日

图书在版编目(CIP)数据

现代化的陷阱:当代中国的经济社会问题/何清涟著.
北京:今日中国出版社,1998.1
(中国问题报告)
ISBN 7—5072—0908—3

Ⅰ.现… Ⅱ.何… Ⅲ.经济犯罪–社会问题–中国 Ⅳ.D
669.8

中国版本图书馆 CIP 数据核字(97)第 29579 号

中国问题报告

现代化的陷阱
——当代中国的经济社会问题

*

今日中国出版社出版

(北京百万庄路 24 号　邮编 100037)

新华书店经销

外文印刷厂印刷

1998 年 1 月第一版　　1998 年 1 月第一次印刷

850×1168mm　　32 开本　　300 千字　　13 印张

印数:1—30000

ISBN 7—5072—0908—3/C·32

定价:21.60 元